Das Buch

Beethovens Symphonien kann man nicht »unverändert in der Seele, ohne Ergriffenheit und Aufschwung, ohne Schrecken und Scham oder Trauer, ohne Weh oder Freudenschauer« anhören – so umschrieb Hermann Hesse, was heute unverändert gilt: Beethovens neun Symphonien, uraufgeführt zwischen 1800 und 1824, faszinieren Hörer und Konzertbesucher auch in unseren Tagen, so im Februar/März 1995 durch den großen Konzertzyklus des Bayerischen Rundfunks unter Leitung von Lorin Maazel. Aus diesem Anlaß haben zwölf Autoren, unter anderem so namhafte Musikwissenschaftler wie Egon Voss, Martin Geck, Peter Rummenhöller, jede einzelne der neun Symphonien durchleuchtet. Der Leser erfährt die Entstehungsgeschichte im biographisch-historischen Umfeld, wird in die Werkanalyse und die ästhetischen Aspekte eingeführt, er kann lesend miterleben, was hinter den Tönen und Klängen steckt. Jeder der Beiträge ist ergänzt durch Briefzitate Beethovens, Kritiken der Uraufführungen und zeitgenössische Bildnisse.

Die Herausgeberin

Renate Ulm, 1957 bei Augsburg geboren, studierte Klavier sowie Musik- und Theaterwissenschaften und arbeitet seit ihrer Promotion als Redakteurin in der Hauptabteilung Musik des Bayerischen Rundfunks.

Die 9 Symphonien Beethovens
Entstehung, Deutung, Wirkung

Vorwort von Lorin Maazel
Im Auftrag des Bayerischen Rundfunks
herausgegeben von
Renate Ulm
Mit 10 Beethoven-Porträts

Bärenreiter
Verlag

Deutscher
Taschenbuch
Verlag

Gemeinschaftliche Originalausgabe
Deutscher Taschenbuch Verlag GmbH & Co. KG,
München, und
Bärenreiter-Verlag Karl Vötterle GmbH & Co. KG,
Kassel · Basel · London · New York · Prag
1. Auflage Dezember 1994
2. Auflage April 1995: 9. bis 11. Tausend
© 1994 Bärenreiter-Verlag, Kassel
Umschlaggestaltung: Antonia Berger
Umschlagbild: Andy Warhol, © 1994 The Andy Warhol Foundation
for the Visual Arts, Inc. (unter Verwendung des Gemäldes von Joseph
Karl Stieler und einer Seite des Autographs der sog. *Mondscheinsonate,*
op. 27/2)
Gesamtherstellung: C. H. Beck'sche Buchdruckerei, Nördlingen
Printed in Germany · ISBN 3-423-30458-8 (dtv)
           ISBN 3-7618-1205-1 (Bärenreiter)
           ISMN M-006-31058-6

INHALT

Einleitung 9

»Vom Herzen – möge es wieder zu Herzen gehn«
Vorwort von Lorin Maazel 11

»Er floh die Welt« – Biographische Anmerkungen zu
Ludwig van Beethoven (1770–1827)
von Doris Sennefelder 17

Die Beethovensche Symphonie – Skizze einer allgemeinen
Charakteristik
von Egon Voss 29

I. Symphonie in C-Dur, op. 21
Analyse und Essay von Peter Rummenhöller

Die Symphonie als Kristallisationspunkt musikalischen
Schaffens – Beethoven weist sich mit der I. Symphonie
»öffentlich« aus 56

Carl Philipp Emanuel Bach und Ludwig van Beethoven –
zwei »Originalgenies« 68

II. Symphonie in D-Dur, op. 36
Analyse und Essay von Armin Raab

Wider das Klischee von Beschaulichkeit und Ausgeglichenheit – Ist die II. Symphonie ein »heiteres« Werk? 79

»Mozarts Geist aus Haydns Händen« – Beethovens
Symphonik im Kontext der Wiener Klassik 91

III. Symphonie in Es-Dur, op. 55, »Sinfonia Eroica«
Analyse und Essay von Egon Voss

Nur heroische Musik? – Betrachtungen zur *Eroica* 100

Beethoven und Bonaparte – Versuch, die Beziehung
nüchtern zu betrachten 115

IV. Symphonie in B-Dur, op. 60
Analyse und Essay von Wolf-Dieter Seiffert

»Heiter, verständlich und sehr einnehmend« – Beethovens
»unscheinbare« IV. Symphonie 124

Die »griechisch-schlanke« Symphonie? – Die Wirkung der
Symphonik Beethovens auf die Romantik 143

V. Symphonie in c-Moll, op. 67
Analyse und Essay von Martin Geck

Konvention und Originalität – Die Dimension des Symphonischen in der V. Symphonie 151

Beethoven auf dem »Neuen Weg« – Zur Philosophie seiner
V. Symphonie 168

VI. Symphonie in F-Dur, op. 68, »Sinfonia pastorale«
Analyse und Essay von Rüdiger Heinze

Eine Umarmung der Welt – Hinausgehoben über bloße
Tonmalerei: Die VI. Symphonie 181

Zum Lobe Gottes und der Natur – Tradition und zeitgenössische Einflüsse in der *Pastorale* 193

VII. Symphonie in A-Dur, op. 92
Analyse und Essay von Renate Ulm

Freudentanz und Trauermarsch – Rhythmus als beherrschendes Element der VII. Symphonie 203

»Mir ist das geistige Reich das liebste« – Beethoven und der
Wiener Kongreß 217

VIII. S̲ʏᴍᴘʜᴏɴɪᴇ ɪɴ F-Dᴜʀ, ᴏᴘ. 93
Analyse und Essay von Klaus Döge

»Viel verkannt, weil viel zu vordergründig verstanden«
– Das Wesen der Tradition in der VIII. Symphonie 227

»Lachende Philosophie« – Der musikalische Humor in der
VIII. Symphonie 239

IX. Sʏᴍᴘʜᴏɴɪᴇ ɪɴ ᴅ-Mᴏʟʟ, ᴏᴘ. 125
Analyse und Essay von Wolfgang Stähr

»O Freunde, nicht diese Töne!« – Der Menschheitstraum
der IX. Symphonie 246

»In einem Nebel von hohen Worten« – Beethovens
IX. Symphonie im Wandel der Gesinnungen 258

Cᴏɴᴄʟᴜsɪᴏ
»Das moralische Gesetz in uns, und der gestirnte Himmel
über uns« – Versuch über den Beethovenschen Ton
von August Gerstmeier 264

Über die Autoren 271
Literatur 274
Personenregister 281

Einleitung

Als bekannt wurde, daß Lorin Maazel in der Konzertsaison 1994/1995 mit dem Symphonieorchester des Bayerischen Rundfunks die neun Symphonien Ludwig van Beethovens aufführen würde, entstand die Idee eines Buches zum Konzertzyklus, das nicht nur Aufsätze zu den einzelnen Werken, sondern auch Essays mit einem jeweils besonderen Thema zu Beethovens Leben und Werk enthalten sollte. Darüber hinaus sollten Porträts und dazugehörige ikonographische Texte sowie Briefzitate und Ausschnitte aus Kritiken bzw. Uraufführungsberichten von Zeitgenossen aufgenommen werden. Schließlich wurde das Konzept mit einer kurzen Biographie, einem Einführungsartikel zum symphonischen Schaffen Beethovens und einer Conclusio über den Beethovenschen Ton abgerundet – allem vorangestellt ein Vorwort des Dirigenten des Zyklus: Lorin Maazel. Nun liegt die Gestalt gewordene Idee vor, an der 13 Autorinnen und Autoren mitgewirkt haben.

Wie lassen sich – lautete eine häufig gestellte Frage – Texte so vieler Autoren und Autorinnen zu einer gewissen Einheitlichkeit zusammenführen? Allen Mitwirkenden wurden deshalb gleichermaßen die Vorgaben, also die äußere und innere Form der Kapitel, unterbreitet. Das Ergebnis läßt sich am besten durch einen musikalischen Vergleich mit Beethovens Scherzo umschreiben, das die Tradition als Folie benutzt, d. h. die Form A-B-A und die damit verbundene Tonarten-Konstellation als Voraussetzung ansieht. Doch was macht Beethoven daraus? Er überrascht den Hörer mit verblüffenden Kunstgriffen in der Gestaltung der Übergänge – bis hin zur Regelwidrigkeit –, in der Handhabung der instrumentalen Mittel sowie in der Erweiterung der dreiteiligen zur fünfteiligen Form. Auch im Kleinen ist man vor Überraschungen nicht gefeit: Hier stolpert der Rhythmus und ein plötzliches Fortissimo erschreckt, dort verstört ein unvermittelter Anfang und die geradtaktige Ordnung wird aufgelöst, dann setzt ein Instrument vermeintlich zu früh oder zu spät ein. Beethovens Scherzi bieten immer wieder etwas Neues, vor allem weichen sie ständig von der Norm ab.

Die Autoren haben die Vorgaben wohl zur Kenntnis genommen, aber jeder schrieb das ihm zugedachte Kapitel von seinem »point de vue« aus, setzte die Schwerpunkte dort, wo er ganz subjektiv vom Werk Beethovens angezogen wurde – ohne jedoch die »vorgegebene Form« völlig zu ignorieren, sondern sie als variable Folie betrachtend. Die Essays mit jeweiligen Spezialthemen sind – um auch dies musikalisch auszudrücken – als »freischweifend« (Carl Philipp Emanuel Bach) anzusehen, also ohne formale Zwänge. Im Sinne von »quot homines, tot sententiae« sollten außerdem ganz unterschiedliche wissenschaftliche Standpunkte und Analyseansätze zu Beethoven und seinen Symphonien in diesem Band zusammengefaßt werden.

An dieser Stelle sei nun auch allen gedankt, die zu diesem Buch beigetragen haben. Besonderer Dank geht an Dr. Ernst Emrich, den Hörfunkdirektor des Bayerischen Rundfunks, und Prof. Jürgen Meyer-Josten, den Leiter der Hauptabteilung Musik des Bayerischen Rundfunks, die das Zustandekommen des Buches außerordentlich unterstützt haben. Weiterhin bedanke ich mich bei meinen Kolleginnen Doris Sennefelder und Dr. Larissa Kowal-Wolk, die neben ihrer täglichen Redaktionsarbeit, soweit es möglich war, Korrektur gelesen und Diskussionen in Zweifelsfragen angeregt haben, bei Heidi Slavik für hilfreiches Konvertieren systemfremder Disketten, wenn das eigene kleine (Computer-)Latein am Ende war, bei Ariane Horzinek dafür, daß völlig unkonvertierbare Autoren-Disketten und prähistorische Manuskripte dennoch auf dem Bildschirm erschienen; bei Mirl Bushart für wichtige kunsthistorische Ergänzungen; bei Ruth und Eugen Ulm für moralische Unterstützung und ausdauerndes, geduldiges Babysitting. Schließlich sei ganz besonders herzlich meiner Tochter Anna Lea gedankt für die Anregung, daß »obligates Akkompagnement« und »durchbrochene Arbeit« nicht nur musikalisch zu definieren sind.

Augsburg, im August 1994   Renate Ulm

»Vom Herzen – möge es wieder zu Herzen gehn«
Vorwort von Lorin Maazel

Beethoven war in der Lage, die Kräfte seines Genies so erfolgreich umzusetzen, weil er erstens selbst ein ausübender Musiker war und zweitens, weil er sein Leben lang daran arbeitete, sein kompositorisches Handwerkszeug zu vervollkommnen. Der zwanzigjährige Beethoven trat als Pianist auf – wann und wo immer er konnte. Er spielte eigene Werke und die seiner Zeitgenossen in Klavierkonzerten, Klaviersoloabenden und Hauskonzerten, wo besonders sein Improvisationstalent gefragt war. Man schätzte seine individuelle Interpretation und seinen pianistischen Stil und zählte ihn zu den größten Virtuosen seiner Zeit.

Beethoven meisterte die wichtigste Aufgabe für einen Musiker: das Wesentliche der Musik im richtigen Maß und Tempo mitzuteilen. Er verstand es, das Interesse des Zuhörers zu fesseln, das dramatische Geschehen eines Werkes herauszuarbeiten, das Gleichgewicht zwischen rhythmischen, melodischen und harmonischen Elementen herzustellen und dadurch die Botschaft der Musik zu verdeutlichen. Er wußte bei jeder Aufführung genau, welchen Erfolg sein Spiel hatte. Wie andere geniale Komponisten, die zugleich Interpreten waren – Bach, Mozart, Mendelssohn, Brahms, Bartók und Prokofjew –, wußte er aus seiner Konzerterfahrung, wie man die Mittel, die einem Interpreten zur Verfügung stehen, wirksam einsetzt. Er hatte begriffen, was »funktioniert«, und setzte diese Erkenntnis beim Komponieren um, indem er den Musikern die Lösung für interpretatorische Probleme gleich mitlieferte. So zeigt seine Musik sogar in den Händen der Unfähigsten und Unsensibelsten noch ihre Stärke. Gleichzeitig erkannte Beethoven, wie wichtig es ist, sein Handwerk als Ton-Setzer (komponieren bedeutet – nach dem lateinischen Wort »componere« – Töne zusammensetzen) zu beherrschen. Er studierte sein Leben lang Kontrapunkt, die Kunst des Fugenschreibens und italienische Prosodie, um sein kompositorisches Handwerkszeug zu vervollkommnen. Nie ließ er zu, daß die melodische Einfallskraft, die aus seiner Seele drang, das

Übergewicht bekam und das Gleichgewicht einer Komposition gefährdete.

Es ist ein überraschendes (und erfreuliches) Phänomen, daß die Kompositionstechnik die Inspiration zügeln und dabei dennoch stimulieren kann. Indem der Komponist den Strom seiner Fantasie in geordnete Bahnen lenkt, gewinnt dieser an Kraft und Richtung und wird eines Tages Spieler wie Hörer mitreißen. Beethovens ganzes Werk ist ein Zeugnis dieses Phänomens.

*

Beethovens neun Symphonien sind auf die Aufführung hin konzipiert, wie es nur ein Komponist *und* Interpret vermochte. Vom ersten Takt der I. Symphonie bis zum letzten Takt der IX. Symphonie ist keine einzige Note überflüssig. Die Aussagen sind bündig, jeder Takt steht für sich selbst und leistet doch genau den richtigen Beitrag zum Fortgang des Werkes. Andererseits gibt es gerade genug Noten, um die Botschaft der Musik kundzutun, und dies scheinbar ohne jede Anstrengung und Eile. So entsteht der Eindruck, daß die Zeit – die gemessene Zeit – aufgehoben ist, sobald man sich als Hörer ganz Beethovens Musik hingibt. Diese Musik macht das Unmögliche möglich: eine Verschmelzung des Vorwärtsdrängens (letzter Satz der VII. Symphonie!) mit dem Gefühl, daß die Zeit seit dem Beginn des ersten Taktes stehengeblieben ist. Dieser Eindruck stellt sich aber keineswegs zufällig ein, sondern ist das Ergebnis höchster Meisterschaft.

Als Interpret wird man immer wieder nach seinen Lieblingswerken gefragt. Darauf kann ich nur antworten: das Werk, das ich gerade spiele. Denn jeder ernstzunehmende Musiker muß sich vollkommen mit der Musik, die er gerade aufführt, identifizieren, wenn er sie dem Hörer nahebringen will. Nur wenn er diese Musik liebt, wird sie auch der Hörer lieben können.

Dennoch gibt es unter den 37 Sätzen der neun Symphonien einige, die mir besonders am Herzen liegen und die ich, wenn auch mit einigem Zögern, hier auflliste.

1. Am letzten Satz der I. Symphonie liebe ich seinen Witz und Charme, seine Überschwenglichkeit und Brillanz,
2. am 3. Satz der II. den sprühenden Geist, schrulligen Humor und die Leichtigkeit,

3. am 2. Satz der III. seine Kraft, Einsicht, Tiefe und Intensität,
4. am 2. Satz der IV. seine unverdorbene Schönheit und feine Heiterkeit,
5. am 1. Satz der V. das Vorwärtsdrängen, den Trotz und die unbedingte Entschlossenheit,
6. am letzten Satz der VI. die Vision eines ländlichen Paradieses von unendlicher Zartheit,
7. am 2. Satz der VII. seine Strenge und edle Leidenschaft,
8. am 1. Satz der VIII. das liedartige Lob der Sonatensatzform und die ideale Integration aller musikalischen Elemente,
9. am 1. Satz der IX. schließlich liebe ich, daß er ein philosophisches Konzept in Tönen ausdrückt und zuweilen einem Gespräch zwischen Gott und Mensch gleicht.

Wenn ich diese Liste, wie gesagt, mit einigem Zögern hier niederschrieb, so deshalb, weil sie leicht mißverstanden werden kann. Ich ziehe diese Sätze in keiner Weise den anderen vor, ich mag sie zwar besonders, doch vergesse ich das, sobald ich einen der anderen Sätze dirigiere.

Außerdem ist, meiner Meinung nach, der letzte Takt der IX. weder großartiger noch inspirierter als der Anfang der I. Symphonie. Als Beethoven die I. schrieb, war er schon der reife, gedankentiefe Künstler, der später die IX. Symphonie schuf. Er war vielleicht weniger erfahren, aber nicht weniger vollkommen. Die musikalische Substanz seiner Werke war von Anfang an von allerhöchstem Rang.

*

Wie unendlich viel ärmer wäre die Menschheit, hätte Beethoven nie gelebt, nie Musik geschrieben. Für sein Leben müssen wir alle dankbar sein. Doch kann die Ehrfurcht vor solch einem Giganten den Künstler leicht von seinem eigentlichen Auftrag abhalten, nämlich die Musik des Komponisten im Konzert zum Klingen zu bringen, sie lebendig werden zu lassen. Es ist nicht genug, begeistert zu sein, der Funke muß auch überspringen. Es reicht nicht aus, die Musik zu verehren, sie muß atmen, den Zuhörer anrühren, im Innersten erschüttern und ihn gänzlich durchdringen.

Eines ist sicher: Wenn man nur versucht, die historische Aufführungspraxis nachzuvollziehen, ohne dabei dem eigenen musikalischen Instinkt zu vertrauen, dann wird die Musik trocken und leblos. Sie spricht dann auch nur trockene und gefühllose Menschen an, das heißt solche, die vielleicht Musik lesen, aber nicht hören können. Natürlich ist es ebenso schädlich, wenn man der Musik willkürliche interpretatorische Konzepte überstülpt, die ihrem Geist widersprechen. Auch hier darf man sich nur von seiner eigenen Intuition leiten lassen.

Musikliebhaber verfügen zum Glück über eine gesunde Einstellung, weil sie fähig sind, die Musik zu lieben. Als Interpret bin ich in erster Linie Musikliebhaber. Meine Liebe zur Musik erzeugt die Energie, die für jeden Moment des Dirigierens notwendig ist. Es ist nicht schwer, Beethovens Musik zu lieben; sie aufzuführen, stellt hingegen hohe Anforderungen. Ich zwänge der Musik keine willkürlichen Vorstellungen auf (wie das Pochen des Schicksals an die Pforte etc.), sondern höre einfach zu und reagiere auf die Vielseitigkeit Beethovens: auf seine Leichtigkeit, seinen Sinn für Schönheit, sein Bedürfnis, in Tönen zu grübeln und zu meditieren, seine allumfassende Leidenschaft, seine Wut, seinen Trotz, seine Zärtlichkeit, seinen Einklang mit der Natur und seine Sehnsucht. Gleichzeitig reagiere ich als professioneller Musiker auf Beethoven als professionellen Tonsetzer, auf seinen gekonnten Einsatz kompositorischer und koloristischer Mittel.

*

Wie wichtig sind Kenntnisse über das Leben eines Künstlers für das tiefere Verständnis seines Werkes? Welchen Beitrag können Historiker leisten, und inwieweit hilft dem Zuhörer eine posthume Analyse des Charakters und der Persönlichkeit eines Künstlers, um das Schaffen des Genies leichter zu begreifen?

Ich persönlich halte biographische Fakten für sehr interessant, wenn auch nur am Rande. Briefe, zeitgenössische Berichte, Kommentare von Freunden (und Feinden) bringen uns den Menschen hinter seiner genialen Begabung nahe. Wir können mitfühlen, wie er kämpfte, die innere Ruhe, die Zeit und die passende Umgebung zu finden, um seinen Ideen Gestalt zu geben und sie in Tönen auszudrücken. Die Beschäftigung mit der Biographie eines Komponisten vermittelt uns zwar ein genaues

Bild vom Rhythmus und der Beschaffenheit seines Lebens, aber das Gefühl für das musikalische Werk erhalten wir daraus nicht.

Diese Ansicht beruht auf der Theorie, daß ein schöpferischer Mensch wie ein Gefäß sei, durch das der Strom der Erfindungskraft fließt. Das Gefäß bestimmt zwar die Richtung, Form und Geschwindigkeit des Stromes, es ist aber nicht notwendigerweise die Quelle, der der Strom entspringt. So betrachtet, überrascht uns die Fröhlichkeit und Wohlgelauntheit der VIII. Symphonie nicht mehr, die Beethoven doch in einer Zeit großer Drangsal schrieb. Man wundert sich auch nicht mehr über seine musikalische Fruchtbarkeit während der 30 Jahre, in denen er physische Qualen durchlitt, die selbst den Stärksten unter uns zermürbt hätten. Mit anderen Worten: Es gab soviel, was er sagen mußte, und auf keine Weise konnte sich Beethoven, der Mensch, dagegen wehren, daß es gesagt wurde.

Folgt man der Theorie, daß der Komponist, mit oder gegen seinen Willen, als Werkzeug für ein geheimnisvolles Ziel dient, so werden persönliche Eigenarten und Schwächen bis hin zu kriminellem Verhalten in gewissem Sinne bedeutungslos. Wenn wir also zugestehen, daß es für die Malerei unwichtig ist, ob Caravaggio ein Mörder war, warum sollte dann Beethovens angeblich mürrisches und unsoziales Wesen zum Verständnis seiner Musik beitragen?

Ich halte die Anmerkungen von Hector Berlioz über das Hören der neun Symphonien von Beethoven für die vielleicht beste Anleitung zum Verständnis der Musik des Meisters. Berlioz beschreibt seinen eigenen Gemütszustand, seine körperlichen Empfindungen während der Aufführung von Beethovens Symphonien. Obwohl er uns kaum etwas von der Musik erklärt, versetzen uns seine Äußerungen in die richtige Verfassung, um Beethovens Musik aufzunehmen. Es liegt mir fern, den Beitrag schmälern zu wollen, den Musikwissenschaftler und Interpreten mit ihren Analysen, Erläuterungen und gedankenreichen Aufsätzen über Beethoven und seine Werke geleistet haben. Da ich aber der Überzeugung bin, daß das Musikhören im wesentlichen eine seelische Erfahrung ist, muß man sich letztlich von seiner eigenen Intuition leiten lassen. Auch Beethoven wollte mit verbalen Anweisungen vornehmlich eine innere Haltung bezeichnen, wie z. B. wenn er »Mit Andacht« und »Vom Herzen – möge es wieder zu Herzen gehn« dem Kyrie seiner *Missa solemnis* voranstellte. Wenn man Beethovens Musik daher mit Andacht anhört und sie zu Herzen gehen läßt, wird man um diese Erfahrung für immer reicher sein.

(Übersetzung: Ulrike Steinhauser)

»Er floh die Welt«
Biographische Anmerkungen zu Ludwig van Beethoven (1770–1827)

von Doris Sennefelder

»Mit Mühe beherrschte ich meine Erregung, als ich die Treppe zu der ärmlichen Wohnung hinaufstieg, in der der große Mann lebte. Als sich die Tür öffnete, befand ich mich in einer Art Verschlag, der nicht nur schmutzig war, sondern sich auch in schrecklicher Unordnung befand« – so erinnerte sich mehr als dreißig Jahre nach Beethovens Tod Gioacchino Rossini an eine kurze Begegnung mit dem Komponisten 1822 in Wien. Und weiter: »Die uns bekannten Bildnisse Beethovens geben im großen ganzen seine Physiognomie ziemlich genau wieder. Aber was kein Kupferstecher ausdrücken kann, ist die undefinierbare Traurigkeit in seinen Gesichtszügen, während unter den buschigen Augenbrauen wie aus der Tiefe von Höhlen ein Paar Augen leuchtete, die, obwohl klein, doch durchdringend waren.«

Mag sein, daß sich Gioacchino Rossini seinem Gesprächspartner Richard Wagner gegenüber zu anekdotischer Überzeichnung hinreißen ließ. Immerhin aber beleuchtet seine Aussage einen Aspekt in Beethovens Biographie, der – selbst bei entromantisierter, entmythologisierter Betrachtungsweise – Zeitgenossen wie auch spätere Beobachter immer wieder in Bann zog: der (scheinbare?) Widerspruch von tragisch akzentuierter Lebensgeschichte einerseits und – pathetisch formuliert – genialer Schaffenskraft andererseits.

Eine bürgerliche Musikerlaufbahn jenseits des im 18. Jahrhundert üblichen höfischen Umfelds, wie sie Beethoven als einer der ersten konsequent durchleben sollte (und an deren Ende er Komponisten wie Franz Schubert oder eben Rossini begegnen sollte, die bezeichnenderweise ebenfalls keine Hofkomponisten traditioneller Prägung mehr waren): An solch eine Laufbahn hatte Vater Johann van Beethoven wohl kaum gedacht, als er mit der Ausbildung seines Sohnes begann. Er selbst war bereits in die Fußstapfen seines Vaters getreten, der – aus dem flämischen Mecheln stammend – über Löwen und Lüttich schließlich nach

Bonn gekommen und dort zum angesehenen Kapellmeister am kurfürstlichen Hof aufgestiegen war. Nie hatte Johann sich von der väterlichen Autorität ganz befreien können und eine Karriere als Kapellmeister blieb für ihn, den Tenoristen, unerreichbar; so liegt die Vermutung nahe, daß Johann eigene unerfüllte Wünsche auf seinen Sohn Ludwig projizierte.

Über die Kindheit Beethovens ist wenig bekannt, nicht einmal das Geburtsdatum steht eindeutig fest (vermutlich 16. Dezember 1770); die Taufe jedenfalls fand am 17. Dezember 1770 in Bonn statt. Als Vierjähriger erhielt Ludwig ersten Klavierunterricht vom Vater, dazu kamen tägliche Unterweisungen im Violinspiel, wobei – wie ein Zeitgenosse sich erinnert – Spannungen nicht ausblieben: »Lutwig spielte mal ohne Nohten, zufällig kam sein Vater herrein, sagt, was kratz du da nun wider Dummes Zeüg durcheinander, du weis das ich das gar nicht leiden kann, (...) allein aus deinem Kopf, dafür bist du noch nicht da.«

Vielleicht erhoffte sich Johann van Beethoven für Ludwig eine Wunderkindkarriere nach dem Vorbild Mozarts; so heißt es 1778 in einer Ankündigung zum ersten öffentlichen Auftritt des Kindes, der »Churköllnische Hoftenorist BEETHOVEN« werde »die Ehre haben zwey seiner Scholaren zu produciren«, darunter seinen Sohn. In der Folge ging Ludwig unter anderem bei verschiedenen Bonner Organisten in die Lehre, die er bald schon vertreten konnte. Zu systematischerem Unterricht kam es jedoch erst um 1782 unter der Obhut des neuen Hoforganisten Christian Gottlob Neefe: Der junge Beethoven übte sich in Harmonielehre und Kontrapunkt, vor allem aber spielte er nun – nach Aussage des Lehrers – »größtentheils das wohltemperirte Clavier von Sebastian Bach« sowie Werke von Carl Philipp Emanuel Bach. Als mindestens ebenso wichtig sollte sich jedoch erweisen, was Neefe seinem Schüler an aufklärerischem Gedankengut mit auf den Weg gab: die Erkenntnis, »daß Musik eine Sprache des menschlichen Herzens sei und infolge des vernunftbezogenen Menschenbildes von moralischen Grundsätzen getragen werde« (Dieter Rexroth).

1784 trat Beethoven als zweiter Hoforganist in die Dienste des Kurfürsten Maximilian Franz, unter dessen Amtsführung das ohnehin beachtliche Musikleben in Bonn weiter aufblühte; den kompositorischen Errungenschaften der »Mannheimer Schule« stand man hier ebenso aufgeschlossen gegenüber wie dem neuen

Stil eines Haydn oder Mozart. So bot es sich an, als Ziel einer Studienreise den Wirkungskreis dieser beiden Komponisten zu wählen: Im März 1787 brach Beethoven nach Wien auf; freilich veranlaßte ihn die Erkrankung seiner Mutter schon bald wieder zur Rückkehr nach Bonn. Kurz hintereinander starben sie und Beethovens eineinhalbjährige Schwester Margarete, sein Vater verfiel dem Alkohol und wurde vom Dienst suspendiert, so daß Beethoven sich zur Übernahme der Vaterrolle gegenüber seinen beiden Brüdern und zum Unterhalt der Familie gezwungen sah. Trotz dieser enormen Belastung reifte er zu einem brillanten, wenngleich höchst eigenwilligen Pianisten heran. Dem Einfluß des Grafen Waldstein, einem der wichtigsten Gönner des jungen Musikers in Bonn, ist wohl die Erlaubnis des Kurfürsten zu einer zweiten Reise nach Wien zu danken (wo Beethoven sich dann definitiv niederlassen sollte). Aus Waldsteins Feder stammt denn auch die prophetische Eintragung in Beethovens Stammbuch: »Durch ununterbrochenen Fleiß erhalten Sie: Mozart's Geist aus Haydens Händen.«

Tatsächlich nahm Beethoven 1793, also schon bald nach seiner Ankunft in Wien, Unterricht bei Haydn, eine Zeitlang zudem auch bei Johann Schenk, einem weiteren Wiener Komponisten, da ihm Haydns Korrekturen nicht gründlich genug erschienen. Später zählten Johann Georg Albrechtsberger, eine Kapazität in kontrapunktischer Satzkunst, sowie – wohl vor allem für Fragen der italienischen Metrik – der kaiserliche Kapellmeister Antonio Salieri zu Beethovens Lehrmeistern. In den Salons des Wiener Adels aber verblüffte der junge Feuerkopf aus Bonn, den Albrechtsberger als »exaltierten musikalischen Freigeist« bezeichnete, mit seinen pianistischen Fertigkeiten und Improvisationen. Bis zur Jahrhundertwende entstanden etliche zentrale Klavierwerke, wie zum Beispiel die *Sonate pathétique* (op. 13), aber auch – dem Publikumswunsch nach Unterhaltung entsprechend – Variationen über beliebte Opernmelodien. Am 2. April 1800 schließlich fand im Wiener Burgtheater Beethovens erste eigene »Akademie« statt – eine Konzertveranstaltung, bei der der Gewinn ihm selbst zufiel und die unter anderem die Uraufführung seiner I. Symphonie einschloß. Ohne Frage war nun ein entscheidender Punkt in Beethovens Laufbahn, der Abschluß der Lehrjahre, erreicht; dem freundschaftlich verbundenen Franz Gerhard Wegeler konnte Beethoven im Jahr darauf euphorisch mitteilen: »man akkordiert nicht mehr mit mir, ich fordere und man zahlt.« Und in stilistischer Hinsicht war mit den weiteren Werken, etwa den Klaviervariationen op. 34 und 35 (*Eroica-Variationen*), eine – nach Beethovens eigener Einschätzung – »wirklich ganz neue Manier« der Themenbehandlung erreicht.

Mögen die Jahre um 1800 also einerseits eine Periode der Konsolidierung gewesen sein, so mußte doch andererseits Beethovens beginnendes Gehörleiden zu einer extremen persönlichen Krise führen. Wohl 1796 schon hatten sich entsprechende Symptome bemerkbar gemacht, doch erst im Sommer 1801 wagte es Beethoven, in einem Brief an Wegeler zu bekennen: »Ich kann sagen, ich bringe mein Leben elend zu, seit zwei Jahren fast meide ich alle Gesellschaften, weil's mir nicht möglich ist den Leuten zu sagen: Ich bin taub.« Erst Jahre später war die Erkrankung so weit fortgeschritten, daß Beethoven seine sogenannten Konversationshefte benutzen mußte; gleichwohl hatte sich für sein subjektives Empfinden die Situation schon wesentlich früher in dramatischer Weise zugespitzt. Als erschütternder Beleg hierfür ist immer wieder das an seine beiden Brüder gerichtete *Heiligenstädter Testament* (1802) zitiert worden, das sich nach Beethovens Tod unter seinen Papieren fand und in dem er als »geheime Ursache« seiner Selbstisolation, seiner scheinbaren Misanthropie das seit sechs Jahren währende Gehörleiden nennt. Inwieweit Beethoven Selbtmordabsichten gehegt hatte, läßt sich kaum beantworten. Bei aller Verzweiflung siegte jedenfalls der Wille zu einem »Leben für die Musik«: »kömmt er [also der natürliche Tod] früher als ich Gelegenheit gehabt habe, noch alle meine Kunstfähigkeiten zu entfalten, so wird er mir trotz meinem harten Schicksal doch noch zu frühe kommen, und ich würde ihn wohl später wünschen.«

Ob Beethovens *Heiligenstädter Testament* wirklich in dem Maße als Paraphrase auf Goethes Briefroman *Die Leiden des jungen Werthers* gedeutet werden sollte, wie Claus Canisius in seiner Untersuchung *Beethoven – »Sehnsucht und Unruhe in der Musik«* nahelegt, sei dahingestellt. Zumindest aber dokumentiert es eine Art Selbstfindungsprozeß: »Man kann annehmen, daß Beethoven unmittelbar vor der Niederschrift (...) das Trauma seiner Ertaubung durchlebte und damit zugleich bewältigte« (Dieter Rexroth). Von den kompositorischen Früchten der nun folgenden Phase sei nur das Oratorium *Christus am Ölberg* genannt – uraufgeführt am 5. April 1803 im Rahmen eines Konzerts, bei dem auch die II. Symphonie erklang und Beethoven den Solopart in seinem III. Klavierkonzert spielte. Im selben Jahr nahm ihn zudem besonders die Arbeit an seiner III. Symphonie gefangen, die offenbar zunächst Napoleon, dem Helden des revolutionären Frankreich, gewidmet werden beziehungsweise *Bonaparte* heißen sollte. Der von Ferdinand Ries verbreiteten, allerdings äußerst zweifelhaften Legende zufolge soll Beethoven den Werktitel mit theatralischer Geste geändert haben: »Ich [Ries] war der erste, der ihm die Nachricht brachte, Buonaparte habe sich zum Kaiser erklärt, worauf er in Wuth gerieth und ausrief: ›Ist der auch nichts anders, wie ein gewöhnlicher Mensch! Nun wird er auch alle Menschenrechte mit Füßen treten, (...) ein Tyrann werden!‹« Beethoven, so Ries weiter, habe das ursprüngliche Titelblatt zerrissen, um der Symphonie die Bezeichnung *Eroica* zu geben.

Daß der Entschluß, einen anderen Titel zu wählen – wie auch immer er im einzelnen zustande kam –, nicht so sehr eine emotionsgeladene Reaktion auf Napoleons Machtstreben gewesen sein kann, sondern vielleicht eher ein unbewußter, symbolischer Akt der Befreiung aus übermäßiger Abhängigkeit von der Gunst des Adels war, daß also Beethoven Napoleon als Person nicht grundsätzlich abgeschworen hatte, belegt die folgende Episode einige Jahre später: Für das Angebot, bei Jérôme Bonaparte (Napoleons Bruder!) Kapellmeister in Kassel zu werden, zeigte Beethoven nämlich durchaus Interesse. Zumindest aber benutzte er es als Druckmittel, um mit seinen Wiener Gönnern Fürst Lobkowitz, Fürst Kinsky und Erzherzog Rudolph eine jährliche Rente auszuhandeln. Erstaunlich ist in diesem Zusammenhang vor allem, »daß Beethoven zu keinerlei Gegenleistung verpflichtet wurde und als Bedingung lediglich akzeptierte, in Wien zu bleiben. Diese Vereinbarung bezeichnet in der Tat in der Geschichte der sozialen Stellung des Künstlers eine interessante Übergangssituation: formal folgt sie noch den Gepflogenheiten des feudalen Mäzenatentums, mit denen Beethoven groß geworden war; inhaltlich aber hat sie mit dem alten Mäzenatentum nichts mehr gemein: Beethoven verfaßte selbst den Text und war aufs genaueste darauf bedacht, seine souveräne Unabhängigkeit gewahrt zu wissen« (Dieter Rexroth).

Doch welche Werke waren in der Zwischenzeit entstanden? Vor allem hatte Beethoven sich nun auf das für ihn neue Terrain der Oper vorgewagt, die Vertonung eines Librettos von Schikaneder (*Vestas Feuer*) jedoch aufgegeben. Erst an einem Stoff, der ganz in der Tradition der aktuellen französischen »Rettungsoper« stand, konnte sich seine Phantasie nachhaltig entzünden: Es war J. N. Bouillys Textbuch zu *Léonore ou L'amour conjugal* – bezeichnenderweise also eine Hymne auf die Gattenliebe, wie sie Beethoven zeitlebens versagt blieb! Vollendet im Sommer 1805, wurde Beethovens Bühnenwerk – nun unter dem Titel *Fidelio* – bedingt durch Schwierigkeiten mit der Zensur erst im November uraufgeführt und rasch wieder vom Spielplan abgesetzt; allein schon die Tatsache, daß ein Großteil des Wiener Adels aus der von Napoleons Truppen besetzten Stadt geflüchtet war und das Premierenpublikum sich überwiegend aus französischen Armeeangehörigen zusammensetzte, mußte zum Mißerfolg führen. Auch die zweite Fassung der Oper setzte sich einige Monate später nicht durch (dies gelang erst der dritten Version von 1814). Beethoven wandte sich nun wieder der Instrumentalmusik zu, es entstanden seine IV. Symphonie, das IV. Klavierkonzert, das Violinkonzert und die berühmten *Rasumowsky-Quartette*. Auch 1807/08 ließ die Produktivität nicht nach; kurz hintereinander wurden die V. und die VI. Symphonie (*Pastorale*) fertiggestellt; die VII. und die VIII. entstanden dann 1811/12 ebenfalls als Symphonienpaar. Fast scheint es, als habe Beethoven im zweiten Werk jeweils genau das formulieren wollen, was in den musikalischen Kontext des ersten nicht integrierbar war.

So wie das Jahr 1802 einen psychologischen Wendepunkt bedeutet hatte, der sich im *Heiligenstädter Testament* widerspiegelt, war Beethoven nun – zehn Jahre später – erneut in einen, wenngleich ganz anders gearteten, emotionalen Ausnahmezustand geraten. Auch dieser Moment ist belegt durch ein Dokument, das sich im Nachlaß des Komponisten fand: jenen berühmten *Brief an die Unsterbliche Geliebte*, den Beethoven am 6. und 7. Juli 1812 im böhmischen Teplitz verfaßte. Endlose Spekulationen knüpften sich an den Versuch, die namentlich nicht genannte Adressatin zu identifizieren. Mittlerweile gelten als mögliche Empfängerin Josephine von Brunsvik oder Antonie von Brentano – beide verheiratet und damit für Beethoven unerreichbar. »Kann unsere Liebe anders bestehn als durch Aufopferungen, durch nicht alles verlangen, Kannst du es ändern, daß du nicht ganz mein, ich nicht ganz dein bin«, heißt es gleich zu Beginn. Alles in allem symbolisiert der *Brief an die Unsterbliche Geliebte* wohl Beethovens Entschluß zu einem endgültigen Verzicht: Eine dauerhafte Beziehung zu einer Frau, wie er sie sich bis dahin immer wieder erhofft hatte und durch zwei vergebliche Heiratsanträge bereits zu einem früheren Zeitpunkt hatte verwirklichen wollen, sollte ihm versagt bleiben. Dieter Rexroth bemerkt hierzu in seiner Beethoven-Monographie, die psychologischen Vorgänge einfühlsam nachzeichnend: »Es ist, (...) als stünde hinter den Konflikten im Verhältnis zu der geliebten Frau als eigentlich ursächlicher Konflikt der Widerspruch zwischen dem Bedürfnis nach Selbstbestätigung als Mann durch das Glück einer erfüllten Lebensgemeinschaft einerseits und der Forderung seines künstlerischen Lebensplanes andererseits.«

Beethovens seelische Krise dauerte an, zumal er sich unter anderem durch den teilweisen Ausfall seiner Rente in finanziellen Schwierigkeiten befand. Mit Begeisterung aber widmete er sich schließlich einem Projekt, das ihm außerordentliche Popularität, ja die Anerkennung als patriotischer Komponist einbringen sollte: Auf Anregung von Johann Nepomuk Mälzel, jenem Konstrukteur mechanischer Musikinstrumente, der auch das Metronom erfand, schrieb er *Wellingtons Sieg oder die Schlacht bei Vittoria* zum Gedenken an die Niederlage der Napoleonischen Streitkräfte. Auch die Neufassung der Oper *Fidelio* brachte Beethoven großen Beifall ein; Gelegenheitsarbeiten zum Wiener Kongreß 1814/15 vermehrten seinen Ruhm.

Indes häuften sich Krankheiten und finanzielle Engpässe. Nachdem 1815 sein Bruder Karl gestorben war, hatte darüber hinaus ein nervenaufreibender Kampf um dessen Sohn begonnen. Beethoven erstritt sich, indem er seiner Schwägerin alle erzieherischen Fähigkeiten absprach, zunächst die alleinige Vormundschaft über den Neffen, verlor sie 1819 wieder und errang ein Jahr später zumindest einen Teilsieg – man stellte ihm einen Mitvormund an die Seite. Müßig, die Einzelheiten nachzeichnen zu wollen; festzuhalten bleibt, daß Beethoven sich offenbar der Illusion hingab, gleichsam ein Familienleben ohne Frau und eine Vater-Sohn-Beziehung erzwingen zu können. So kam es 1826 zur Katastrophe: Der junge Karl versuchte sich aus der »Gefangenschaft bei Beethoven«, wie er selbst es später nannte, durch Selbstmord zu befreien. Erst jetzt war Beethoven bereit, den Neffen freizugeben und ihm die Militärlaufbahn zu gestatten.

Beethovens Geldnöte waren immer größer geworden, so daß er sich hinsichtlich der 1823 vollendeten *Missa solemnis* zu gewagten Verkaufsstrategien verleiten ließ: Obwohl er ein Honorar für die Veröffentlichung bei Simrock in Bonn empfangen hatte (das er später teilweise zurückerstattete), ließ er sich auch von C. F. Peters in Leipzig die Rechte bezahlen und verkaufte die Partitur für 1000 Gulden an den Schott Verlag in Mainz. Unerbittlich war Beethoven mit den Bedingungen eines bürgerlichen Künstlerdaseins konfrontiert, was ihn einmal zu der sarkastischen Bemerkung veranlaßte: »ich schreibe nur das nicht, was ich am liebsten möchte, sondern des Geldes wegen, was ich brauche.« Nachdem er sich 1824 um eine Akademie in Berlin zur Aufführung seiner neuen, der IX. Symphonie bemüht hatte, zeigte sich in überraschender Weise, auf welch starken Rückhalt er in Wien nach wie vor zählen konnte: Musiker, Verleger und Musikliebhaber bewirkten durch eine Bittschrift, daß die Uraufführung der Symphonie wie auch dreier Sätze aus der *Missa solemnis* im Mai 1824 im Wiener Kärntnerthor-Theater stattfand. Trotz einhelligem Applaus entpuppte sich das Konzert unter finanziellen Gesichtspunkten freilich als Mißerfolg, und Beethoven fühlte sich betrogen. Der wachsende Ruhm des Komponisten und der daraus resultierende Ertrag in klingender Münze hatten sich nicht die Waage gehalten!

Ab Dezember 1826 verschlechterte sich Beethovens Gesundheitszustand rapide; er litt an Wassersucht und Gelbsucht, den Folgen einer Leberzirrhose. Zwar beschäftigte er sich noch mit Plänen zu einer X. Symphonie, doch sie blieb ebenso ungeschrieben wie eine Oper über den romantischen *Melusine*-Stoff (mit Franz Grillparzer als Librettisten). Das Verhältnis zu seinem Neffen Karl hatte sich nun endlich entspannt. So ernannte Beethoven ihn zum Alleinerben, und das Streichquartett cis-Moll op. 131 widmete er – wenige Tage vor seinem Tod – bezeichnenderweise Karls Vorgesetztem, Baron von Stutterheim.

Viele Besucher hatten Beethoven während seiner Krankheit ihre Aufwartung gemacht; am 26. März 1827 starb er in Gegenwart unter anderem seines Bruders Johann, der Freunde Stephan und Gerhard von Breuning sowie seines Adlatus und Biographen Anton Schindler. Franz Grillparzer bereits zeichnete in seiner Grabrede ein romantisch verbrämtes Bild vom unverstandenen Genie: »Er floh die Welt, weil er in dem ganzen Bereich seines liebenden Gemüts keine Waffe fand, sich ihr zu widersetzen. Er entzog sich den Menschen, nachdem er ihnen alles gegeben und nichts dafür empfangen hatte.« – Auch dies ein Beitrag zum Mythos Beethoven...

Joseph Karl Stieler
Porträt Ludwig van Beethovens
1820, Öl auf Leinwand, 72 × 58,5 cm
Auf der Rückseite bezeichnet: »Louis van Beethoven Tonsetzer nach der Natur gemalt von J. Stieler 1819«, Beethoven-Haus, Bonn

Joseph Stielers Porträt darf als das bekannteste aller Beethoven-Bildnisse gelten. Wie kein anderes hat es die Vorstellung von der Persönlichkeit und der Erscheinung Beethovens geprägt und daher zum »Mythos Beethoven« beigetragen. Stieler (1781–1858) scheint in seiner idealisierenden und heroisierenden Darstellung des Komponisten zugleich dessen schöpferischen Genius eingefangen zu haben. Daher verwundert es nicht, daß dieses Porträt Beethovens bis heute am häufigsten als Vorlage für Nachschöpfungen diente (so etwa auch für Andy Warhol, dessen Bearbeitung auf dem Umschlag unseres Buches abgebildet ist).

Man könnte vermuten, die Idealisierung sei Verfremdung und möglicherweise der Verlegenheit entsprungen, daß der Maler nicht bis zu Beethoven vorgedrungen sei. Das Gegenteil ist jedoch der Fall: Aus Beethovens Konversationsheften wissen wir, daß Stieler immerhin vier Sitzungen zugestanden bekam, und zwar von Februar bis April 1820 (die Datierung auf der Rückseite des Bildes ist demnach irreführend). Dieses »Entgegenkommen« – Beethoven empfand solches Stillsitzen als »eine Art Buße« – verdankte Stieler, der vier Jahre zuvor (1816) für den bayerischen König Maximilian I. den österreichischen Kaiser Franz I. porträtiert hatte, nicht nur seinen künstlerischen Fähigkeiten, sondern auch den Auftraggebern Franz und Antonie von Brentano. Ihnen machte Beethoven gerne dieses Zugeständnis, da er mit beiden seit 1809 in engem Kontakt stand und sie einmal als seine »besten Freunde in der Welt« bezeichnete.

Schon in dem fünfzehn Jahre früher entstandenen Porträt von Willibrord Mähler ist auf Beethovens Profession verwiesen. Hatte es Mähler beim Symbol der Lyra belassen, so konkretisierte Stieler nun das ikonographische Programm: Beethoven wird in der Ausübung seines Berufs dargestellt – sein neuestes Werk niederschreibend. Dies hat Stieler bis in Einzelheiten mit dem Komponisten besprochen. Am 10. April 1820 stimmte er sogar den Titel des abgebildeten Notenheftes mit ihm ab: »Aus welchem Tone geht ihre Meße, ich mögte blos auf das Blatt schreiben Meße aus D.« Beethoven wollte es aber anders, daher antwortete er schriftlich: »Missa solemnis aus D«. Neben der IX. Symphonie arbeitete Beethoven 1820 an mehreren Sätzen der *Missa solemnis* (op. 123). Daß auf dem Porträt gerade das *Credo* zitiert wird, war sicherlich kein Zufall, sondern darf als künstlerisches Credo verstanden werden.

Stielers Gemälde fand im Kreis um Beethoven ein unterschiedliches Echo. Carl Joseph Bernard bemängelte den fehlenden Naturalismus: »er hätte sie sollen getreuer auffassen, und nichts hinzuthun«. Franz Oliva hingegen war voll des Lobes: »sie [Antonie von Brentano] wird sich über das Porträt freuen – Stiler hat den Geist Ihrer Phisiognomie aufgefaßt«.

Antonie von Brentano (in der einige Beethoven-Forscher die »Unsterbliche Geliebte« vermuten) erhielt das Gemälde jedoch nicht; nachdem Stieler dieses Beethoven-Bildnis in der Frühjahrsausstellung der Wiener Akademie der bildenden Künste bei St. Anna einer breiten Öffentlichkeit präsentiert hatte und auf große Resonanz gestoßen war, speiste er die Brentanos mit einer Zweitfassung ab, einer heute verschollenen Elfenbein-Miniatur à la Friedrich Heinrich Füger.

Neben dem ausgeführten Gemälde besitzt das Beethoven-Haus aber noch eine Skizze (Öl über Kreide auf Karton) zu diesem Werk.

Noch zu Lebzeiten Beethovens fand Stielers Porträt in einer von Friedrich Dürck, dem Neffen und Schüler Stielers, gezeichneten Lithographie Verbreitung. Ein Exemplar davon sandte Beethoven mit Widmung an seinen Bonner Jugendfreund Franz Gerhard Wegeler.

(Michael Ladenburger)

Die Beethovensche Symphonie
Skizze einer allgemeinen Charakteristik

von Egon Voss

Die neun Symphonien Beethovens sind derart ausgeprägt individuelle Werke, daß sich eine generalisierende Beschreibung zu verbieten scheint. Jedes Werk ist anders, jede Symphonie stellt eine eigene Welt dar, und es besteht kein Anlaß, daran zu zweifeln, daß diese Individualisierung auch in Beethovens Absicht lag. Ein Komponieren in Gruppen zu zwei, drei oder sechs Werken und die entsprechende Veröffentlichung in Serien unter einer einzigen Opuszahl, wie noch bei Sonaten und Kammermusikwerken bis ins Spätwerk hinein anzutreffen (Zwei Cellosonaten, op. 102), kam für Beethoven in bezug auf die Symphonie offenkundig nicht mehr in Frage. Dennoch duldet es keinen Zweifel, daß die neun Symphonien in all ihrer Verschiedenartigkeit und trotz des gewaltigen Weges, den sie von der I. bis zur IX. zurücklegen, charakteristische Gemeinsamkeiten aufweisen. Nicht alles allerdings, was im folgenden zur Sprache gelangt, betrifft nur die Symphonien; die Benennung dessen, was für sie charakteristisch ist, schließt nahezu zwangsläufig Züge ein, die auch in Klaviersonaten oder Streichquartetten anzutreffen sind, was besagt, daß man bei der Beschreibung der Charakteristika der Symphonien nicht vom allgemeinen Personalstil Beethovens absehen kann. Andererseits werden Eigenheiten und Kennzeichen zur Sprache kommen, die nicht nur auf Beethoven zutreffen, sondern auch auf die Symphonien anderer Komponisten, insbesondere Haydns und Mozarts; denn man kann bei der Beschreibung der Charakteristika der Beethovenschen Symphonien auch nicht von der Gattungstradition absehen, in der Beethoven unzweideutig steht. Im übrigen möge der Leser den Untertitel dieses Textes ernst nehmen: Es ist ein Entwurf, nichts Fertiges, was vor allem damit zu tun hat, daß der Versuch, die Beethovenschen Symphonien gleichsam auf einen gemeinsamen Nenner zu bringen, selten unternommen wurde und nie zu allgemein anerkannten Resultaten geführt hat, die es nur zu referieren gälte. Der Sog des Individuellen jeder einzelnen Symphonie war offenkundig stets zu stark.

*

Der Ton macht die Musik, lautet eine geläufige Redensart. So tautologisch das in bezug auf Musik erscheint, so treffend ist es; denn gemeint ist die Art und Weise, wie einer etwas sagt, nicht, was er sagt. Übertragen auf die Musik heißt das, es kommt weniger auf Tonhöhe und -dauer an als vielmehr auf Dynamik, Klangfarbe, Phrasierung, Artikulation. Das aber gilt in ganz besonderem Maße für die Symphonie, die als aufwendigste und ausgedehnteste Gattung der Instrumentalmusik notwendigerweise und wie keine andere Gattung in der Musik vom Klang – und das bedeutet Orchesterbesetzung, Instrumentation, Satzweise – und von der Dynamik bestimmt wird.

Die Standardbesetzung des Orchesters der Beethovenschen Symphonien ist die der Mehrzahl der späten *Londoner Symphonien* Joseph Haydns, nämlich: 2 Flöten, 2 Oboen, 2 Klarinetten, 2 Fagotte, 2 Hörner, 2 Trompeten, Pauken und Streichorchester. Beethoven ist über diese Besetzung zwar in einigen Werken hinausgegangen, doch diese Erweiterung des Orchesters als ein Kennzeichen der Beethovenschen Symphonik zu werten, wie es bisweilen geschieht, geht am Kern der Sache vorbei. Keines der jeweils neu hinzugefügten Instrumente wurde nämlich zum Standard, jedes blieb in seinem Einsatz beschränkt auf das jeweilige Werk und meist nicht einmal das; denn abgesehen von den zusätzlichen Hörnern (ein 3. in der *Eroica*, ein 3. und ein 4. in der IX. Symphonie) treten die neu hinzukommenden Instrumente jeweils nur in einigen Sätzen auf, nie aber in der gesamten Symphonie: kleine Flöte, Kontrafagott und 3 Posaunen im Finale der V. Symphonie, kleine Flöte im 4. sowie 2 Posaunen im 4. und 5. Satz der *Pastorale*, 3 Posaunen im 2. Satz und kleine Flöte, Kontrafagott, 3 Posaunen, Triangel, Becken sowie große Trommel im Finale der IX. Symphonie. Es ist im Prinzip nicht anders als bei Haydn, der in seiner G-Dur-Symphonie Nr. 100, der sogenannten *Militär-Symphonie*, ebenfalls zusätzliche Instrumente verwendet, nämlich Triangel, Becken und große Trommel, und ihren Einsatz auf den 2. und den 4. Satz beschränkt. Im übrigen ist der Einsatz der zusätzlichen Instrumente bei Beethoven eher unspektakulär. Bedeutsam erscheint daher weniger, daß Beethoven gelegentlich neue Instrumente einfügt, als vielmehr, daß er an der durch Haydn etablierten Besetzung festhält.

Seine »Erweiterung« des Orchesters besteht nicht in einer Erweiterung nach außen, sondern in einer gleichsam nach innen: Beethoven entdeckt und nutzt die Möglichkeiten, die die Haydnsche Orchesterbesetzung jenseits der Haydnschen Symphonien bietet. Nicht, daß er ein 3. oder gar ein 4. Horn verwendet, ist wesentlich, sondern wie er die Hörner, unabhängig von ihrer Anzahl, einsetzt. Die Hörner sind in Beethovens Symphonien von der *Eroica* an, oft kaum anders als die Holzblasinstrumente, regelmäßig in die Darstellung der melodischen Substanz der Musik, des motivisch-thematischen Geschehens involviert, häufig oder meistens im Unisono mit anderen Instrumenten, bisweilen aber auch solistisch, wie in der Reprise des 1. Satzes der *Eroica*: eine Verwendungsart, die es zuvor in der Symphonie nicht gab. Gerade die Hörner nutzt Beethoven stellenweise in bis dahin gänzlich unüblicher Weise, worauf noch zurückzukommen ist. Er führt keine weitere Trompete ein, ändert aber die Stellung der beiden traditionell gegebenen Trompeten durch Beteiligung an der Thematik, wie in der Coda des 1. Satzes der *Eroica*, im 2. Satz und im Finale der V. Symphonie, und allgemein durch Loslösung von den konventionellen Funktionen der bloßen Verstärkung, des Forte- und Tuttispiels. Ähnliches gilt für die Pauke. Beethoven emanzipiert zudem die Baßregion des Orchesters, die tiefen Lagen. Bratschen, Violoncelli und Kontrabässe erhalten Aufgaben, die sie zuvor nicht hatten, etwa wenn die Bratschen die Melodie führen, wie zu Beginn des 2. Satzes der VII. Symphonie, die Celli das Hauptthema exponieren, wie am Anfang der *Eroica*, oder Celli und Kontrabässe ohne jede Begleitung die Musik allein tragen, wie am Anfang von Scherzo und Trio der V. oder in den Rezitativen des 4. Satzes der IX. Symphonie. Die Anforderungen an die Kontrabässe waren im übrigen anscheinend so ungewohnt, daß noch der berühmte französische Beethoven-Interpret François Habeneck in den 30er Jahren des 19. Jahrhunderts die genannte Stelle aus dem Trio der V. Symphonie ohne Kontrabässe spielen ließ (möglicherweise aber entsprachen Klanggewalt und Schwere, ja Schwerfälligkeit, die die Musik durch die tiefe Oktavkoppel der Kontrabässe erhält, auch nicht Habenecks Klangideal). So sehr allerdings Beethoven mittlere und tiefe Regionen aktiviert, so sehr er Blechbläser und

Pauken ins zentrale musikalische Geschehen integriert und so sehr er die besonders von Mozart entwickelte Emanzipation der Holzbläser von Begleit- und Harmoniefunktion fortführt, so unverkennbar bleibt, daß Grundlage und Kern des Orchesters seiner Symphonien die Streichinstrumente bilden mit der traditionellen Dominanz der Violinen. Sie ist auch aus Beethovens Symphonien nicht wegzudenken, was vor allem damit zu tun hat, daß Beethovens Musik, wie die der gesamten Klassik, oberstimmenbetont ist.

*

Man kann es als ein Prinzip der Beethovenschen Symphonie betrachten, möglichst alle Instrumente des Orchesters am motivisch-thematischen Geschehen partizipieren zu lassen. Die Umsetzung dieses Prinzips besteht allerdings nicht nur darin, dem einzelnen Instrument oder einer Gruppe gleicher oder auch verschiedener Instrumente hie und da ein Thema oder eine substantielle Phrase anzuvertrauen, sondern es gewinnt vor allem in Gestalt der sogenannten »durchbrochenen Arbeit« an Realität. Dieses Verfahren übernahm Beethoven von Haydn und Mozart, um es zu einer zentralen Grundlage seines Komponierens, auch in seinen Symphonien, zu machen. Dabei erscheint eine Melodie oder die melodische Linie, also das, was die Aufmerksamkeit auf sich lenkt, anstatt durchgehend von einem einzigen Instrument gespielt zu werden, abschnitt- oder phrasenweise aufgeteilt auf mehrere Instrumente oder Gruppen; die Melodie springt gleichsam von Instrument zu Instrument, sie durchläuft das Orchester. Insbesondere dort, wo Themen aus gleichen oder ähnlichen Motiven aufgebaut sind, wo ein Thema durchgeführt oder allgemein thematisch gearbeitet wird, dient dieses Verfahren dazu, die Motive stets neu zu instrumentieren, sie von Instrument zu Instrument, von Gruppe zu Gruppe wandern zu lassen. Der Wechsel der Klangfarbe veranschaulicht die motivische Struktur. Als Beispiele seien genannt: der Hauptsatz des 1. Satzes der V. Symphonie (besonders T. 25 ff.), die Überleitung zum Seitensatz im 1. Satz der *Eroica* (T. 45–54), die Seitenthemen im 1. Satz der IV. (T. 107–111) und V. Symphonie (T. 63 ff.), Durchführungsabschnitte im 1. Satz der I. (T. 144 ff., 148 ff.) und VIII. Symphonie (T. 120–123, 132–135) sowie die Coda des 1. Satzes der VII. Symphonie (T. 393–400). Das Verfahren begegnet also in allen

Formteilen der Sonatensatzform, aber es ist ebenso in Sätzen mit anderer Formanlage anzutreffen, so im 2. Satz der *Eroica* (T. 69–74), im 3. Satz der VII. Symphonie (T. 25–28) oder in den Schlußsätzen der *Pastorale* (T. 111–116) und der IX. Symphonie (*Allegro ma non tanto*, »Freude, Tochter aus Elysium« mit Einbeziehung der Sologesangsstimmen). Ob freilich in all diesen Fällen die Instrumentation tatsächlich ganz in der Funktion der Strukturverdeutlichung aufgeht, ob nicht vielmehr auch das Umgekehrte gilt, daß nämlich die Kompositionsstruktur der Entfaltung und Darstellung der Dimension des Orchestral-Symphonischen dient, ist kaum zu entscheiden. Jedenfalls hat Beethoven die »durchbrochene Arbeit« über Haydn und Mozart hinaus perfektioniert.

Eine weitere Methode, die Instrumente des Orchesters stärker ins Zentrum der Komposition zu rücken und von angestammten Funktionen wie der des reinen Begleitens oder der bloßen Klangauffüllung loszulösen, ist das sogenannte »obligate Akkompagnement«, von dem Beethoven bekanntlich behauptet hat, er sei damit auf die Welt gekommen (Brief Beethovens an Franz Anton Hoffmeister vom 15. Dezember 1800). Auch dieses Verfahren, das die Aufhebung der strikten Trennung von Melodie und Begleitung durch Individualisierung der Begleitstimmen betreibt, übernahm Beethoven von Haydn und Mozart. Ein anschauliches Beispiel für solcherart Profilierung eines Instrumentalparts, der von der satztechnischen Anlage her alles andere als eine Hauptstimme, wenn überhaupt eine Stimme darstellt, findet sich schon in der I. Symphonie. Deren 2. Satz weist im Epilog (T. 53 ff.) neben der von Violinen und Flöten gespielten Melodie einen charakteristischen Paukenrhythmus auf, dessen eigene Qualität unüberhörbar ist; konsequenterweise spielt dieser Rhythmus denn auch im weiteren Verlauf des Satzes seine Rolle. Ähnlich wird im 1. Satz der IX. Symphonie (T. 27, 29) ein später zum Motiv avancierender Rhythmus (Merkmal: Sechzehntel-Punktierung) von Trompeten und Pauken als Begleitfigur exponiert. In der Durchführung des 1. Satzes der II. Symphonie (T. 166, 168) wird die Individualisierung des Hornparts, so simpel sie anmutet, geradezu zum Ereignis (vorbereitet in der Exposition, T. 110, in den Trompeten). Es dürfte anhand dieser Beispiele bereits deutlich sein, daß obligates Akkompagnement, Individualisierung und Profilierung von Begleitstimmen wenig oder gar nichts mit Kontrapunkt und Polyphonie zu tun haben. Ihre Eigenständigkeit gewinnen jene Stimmen, die einer Hauptstimme untergeordnet erscheinen, nicht durch eigenes melodisches Profil; das prägende Element, das die Stimmen aus der Unterordnung befreit, sie zu Widerparten macht und ihnen Lebendigkeit verleiht, ist vielmehr der Rhythmus, und in diesem Bereich ist Beethoven in ganz besonderem Maße innovativ. Gerade die Vielfalt und Prägnanz der rhythmischen Gestalten innerhalb des Satzgefüges, ihre Schärfe und Energiegeladenheit sind oft die treibenden Kräfte der Beethovenschen Symphonie, und es ist nicht zuviel gesagt, wenn man behauptet, daß die Impulse, die in Beethovens Symphonien vom Rhythmus ausgehen, mindestens ebenso wesentlich sind wie der melodische oder diastematische Aspekt, die reinen Tonhöhen, auf die sich die musikwissenschaftliche Analyse gewöhnlich konzentriert.

Häufig ist obligates Akkompagnement allerdings unauffällig. Man muß besonders hinhören. Das im 1. Satz der *Eroica* in der Durchführung neu eingeführte e-Moll-Thema tritt nicht nur mit veritabler Gegenstimme und im übrigen einfach-akkordischer Begleitung auf, sondern zugleich mit einer durch Synkopen bewegten Streicherstimme, die dem Gleichmaß der melodisch wie rhythmisch so geschlossen erscheinenden e-Moll-Phrase entgegenwirkt und zugleich, überaus bezeichnend für Beethovens Komponieren, eine Verbindung zum Hauptthema herstellt, zu den Synkopen der Takte 7f. und 402f. Andere Beispiele für obligates Akkompagnement sind die nachschlagenden Holzbläseroktaven im 2. Satz der V. Symphonie (T. 107–113), die der Musik eine ganz eigene Atmosphäre verleihen, oder der scharfe Zweiunddreißigstel-Triolenrhythmus der Streicher im 2. Satz der *Eroica*, der bezeichnenderweise aus den Begleitfiguren der Kontrabässe in den ersten Takten des Satzes entwickelt ist. Wohin obligates Akkompagnement führen kann, zeigt der 2. Satz der IV. Symphonie: Sein 1. Takt präsentiert eine in punktiertem Rhythmus repetierte Quarte, also nichts weiter als eine im Sinne obligaten Akkompagnements individualisierte Begleitfigur. Erst danach, in Takt 2, erscheint die Hauptsache, das Thema. Besser läßt sich der Rang, den obligates Akkompagnement in Beethovens Symphonien einnimmt, kaum demonstrieren.

Es wäre nun freilich falsch, wollte man Beethovens Symphonien auf obligates Akkompagnement und durchbrochene Arbeit festlegen. Dies sind gewiß die auffälligsten Satzweisen, gewiß auch jene, die Beethoven in besonderem Maße weiterentwickelt hat, aber es sind nicht die einzigen. Selbstverständlich findet man auch Passagen mit jener Trennung oder Hierarchie von Melodie und Begleitung, die gewöhnlich durch das obligate Akkompagnement aufgehoben werden soll, und ebenso selbstredend gibt es rein homophonen und homorhythmischen Satz. Hinzu kommen Polyphonie in Gestalt meist von Fugati auf der einen, die Reduktion auf die reine Einstimmigkeit, das Unisono, auf der anderen Seite. Schließlich sind liegende Klänge und Klangflächen (zumindest in Ansätzen) anzutreffen. Ihre besondere Wirkung aber beziehen Beethovens Symphonien wesentlich aus dem steten und oft überraschenden Wechsel dieser unterschiedlichen Satzweisen. Deren kontrastreiches Gegeneinander bewirkt die besondere Spannung, die von der Musik der Beethovenschen Symphonien ausgeht.

*

Wenn man das Klangideal der Beethovenschen Symphonie beschreiben sollte, könnte man vielleicht sagen, daß Beethoven gegenüber Haydn und Mozart den gröberen, den gleichsam ungeschminkten Klang bevorzugt, der oft zugleich der direktere und simplere ist, bisweilen sogar fast primitiv anmutet. Eine Stelle wie der Beginn der V. Symphonie bezieht ihre Kraft, ihre außerordentliche Wucht wesentlich aus dem lapidaren Effekt des unbegleiteten Unisonos von Klarinetten und Streichinstrumenten. Dergleichen findet sich weder bei Haydn noch bei Mozart, die derartiges vermutlich als zu unvermittelt verschmäht hätten. Nicht anders verhält es sich mit einer Passage wie dem ausgedehnten Streicherunisono im Seitensatz des ersten Satzes der IV. Symphonie (T. 121–131). Beethovens zudem oft aggressiver Orchesterklang ist besonders spürbar bei den in allen Symphonien anzutreffenden kurzen, gleichsam abgerissenen Tuttiakkorden. Als Orchester-Schläge setzen sie nachdrücklich Akzente, und bisweilen geht ihre Tragweite auch über diese Funktion hinaus. Im 1. Satz der *Eroica*, beginnend schon mit den ersten zwei Takten, sind sie als quasi peitschende Schläge nicht nur auf den Augenblick beschränktes Ausdrucksmittel, sondern auch formales Gestaltungselement; wie der Verlauf des Satzes zeigt, haben sie motivisch-thematischen Rang. Die ungezähmt, elementar wirkende Wucht des Beethovenschen Orchesterklangs wird sehr eindrücklich auch von der Art und Weise demonstriert, wie Beethoven die Pauke einsetzt. Er entdeckt ihre geradezu explosive rhythmische Kraft, wie schon am Menuett der I. (T. 48ff.), besonders aber an der VII. Symphonie erfahrbar ist. Hier scheint es, als würden Grenzen gesprengt, als verschaffte orgiastisches Lebensgefühl sich Ausdruck. Auch die Fortissimowucht einfacher Schläge oder des Wirbels setzt Beethoven in vorher nicht gekannter Weise ein, so im *Gewitter*-Satz der *Pastorale* (in der im übrigen der Einsatz der Pauke auf diesen einen Satz beschränkt ist) und in der Hauptsatzreprise des 1. Satzes der IX. Symphonie. Diese Beispiele zeigen anschaulich den erwähnten Aspekt des Groben, Ungeschlachten, Grenzensprengenden, den Beethoven aber selbstverständlich nicht als solchen anstrebt, der vielmehr eine Konsequenz seines Ausdruckswillens ist. Auch an der Art, wie er die Kontrabässe handhabt, läßt sich das beobachten. Die tiefe Lage und das schnelle Tempo, in denen sie etwa im 3. Satz der V. Symphonie oder im *Gewitter*-Satz der *Pastorale* ihre Töne produzieren sollen, ermöglichen kaum das, was man schönen Klang nennt. Auf ihn hatte es der Komponist aber wohl kaum abgesehen.

Ein Indiz dafür, daß Beethovens Symphonien in noch viel stärkerem Maße von einem klassischen Klangideal ausgewogener Schönheit entfernt sind, als uns die gängige traditionelle Aufführungspraxis zu vermitteln pflegt, ist die gegenüber Haydn und Mozart skrupellosere Verwendung bestimmter Töne in Hörnern und Trompeten. Beethoven schrieb für Naturinstrumente, weil es die Ventile, mit denen die Instrumente heute ausgestattet sind, noch nicht gab. Folglich war die Anzahl der verfügbaren Töne beschränkt, bei den Hörnern auf die sogenannten Naturtöne sowie die durch die Technik des Stopfens produzierbaren Halbtöne unter den Naturtönen, bei den Trompeten ganz und gar auf die Naturtöne. Die Trübung der Klangfarbe durch das Stopfen und die Tatsache, daß die Naturtöne 7, 11, 13 und 14 nicht der temperierten Stimmung entsprechen und daher unsauber klingen, ließ die Komponisten bis hin zu Beethoven und seinen ersten zwei Symphonien auf diese Töne weitgehend verzichten, ausgenommen allerdings Naturton 11, der offenkundig am ehesten akzeptabel schien und darum regelmäßig Verwendung fand. Während Beethovens Vorgänger die übrigen im

Klang oder in der Intonation getrübten Töne nur ausnahmsweise, wenn auch sehr gezielt als besonderes Ausdrucksmittel einsetzten, machte Beethoven von der *Eroica* an regelmäßig Gebrauch davon, wenn auch nicht in jeder Symphonie im gleichen Maße. Er steigerte aber nicht nur die Häufigkeit des Vorkommens, sondern er erweiterte auch die Zahl der einbezogenen Töne. In der *Eroica* setzt er bei den Hörnern eine nahezu vollständige chromatische Skala von fis^1 bis c^3 ein (nur as^1 und b^2 fehlen), dazu as und h in der kleinen Oktave. Das exzeptionellste Beispiel für diese Emanzipation des Horns als Orchesterinstrument findet sich im *Poco Andante*-Teil des 4. Satzes in den Takten 388–396. Beethoven läßt sich bei der Erschließung des Tonraumes also nicht mehr von den Unterschieden in Klang und Intonation abschrecken, er nimmt sie in Kauf, und nicht nur das – wie es scheint, bezieht er sie ganz bewußt mit ein; denn er ist ja bei aller Tendenz, dem Horn den chromatischen Tonraum zu erschließen, weit davon entfernt, die Hörner überall und stets wie Instrumente zu behandeln, die über den gesamten chromatischen Tonvorrat verfügen. Das deutet darauf hin, daß die Erweiterung des Tonvorrats primär ein Ausdrucksmittel ist und erst in zweiter Linie der technischen Perfektionierung des Orchesters dient. Es ist darum die Frage, ob man den Klang und die Ausdrucksintention in Beethovens Symphonien nicht verfälscht, wenn man die Hornpartien – dasselbe gilt, wenn auch abgeschwächt, für jene der Trompeten – durchweg mit modernen Ventilinstrumenten spielt, mit denen sich alle Trübungen von Klang und Intonation perfekt ausgleichen lassen, so daß alle Phrasen in vollkommener Homogenität erklingen.

Daß es Beethoven mehr um den Ausdruck zu tun war als um die technische Vervollkommnung des Orchesters, zeigt sich daran, daß er die Erweiterung des Tonraums der einzelnen Instrumente durchaus nicht prinzipiell und konsequent betrieben, sondern im Gegenteil in der Regel an Gewohnheiten festgehalten hat, die leicht zu ändern gewesen wären. Es gibt nämlich eine ganze Reihe von Fällen, in denen die kompositorische Anlage für Flöten, Oboen oder Violinen bestimmte Spitzentöne verlangt, die technisch kein Problem darstellen, zu Beethovens Zeit jedoch noch ungebräuchlich waren, weswegen Beethoven sie ausließ oder in die tiefere Oktave verlegte. Es entstehen auf diese Weise Brüche in der melodischen Linie, Unebenheiten des kompositorischen Flusses, die man in der traditionellen Aufführungspraxis rigoros zu beseitigen pflegt, indem man die von Beethoven vermiedenen Spitzentöne kurzerhand einsetzt. Ähnlich verfährt man mit oktavierten Horn- und Trompetenpartien, die durch die Beschränkung auf die Naturtöne oft ins Unisono ausweichen müssen, wodurch Nonen- und Duodezimensprünge entstehen, die die klangliche Homogenität stören und für grell und häßlich klingend gelten. Hier führt man meist die Oktaven, die für Ventilinstrumente unproblematisch sind, einfach weiter. Solcherart Retuschen sind üblich, seit es die Ventilinstrumente gibt, und die Mehrzahl der Dirigenten nimmt sie bis heute regelmäßig vor. Man argumentiert, die Komposition verlange sie, und die Brüche und Inhomogenitäten seien ausschließlich auf die Unvollkommenheiten des Orchesters der Beethoven-Zeit zurückzuführen. Es stellt sich jedoch die Frage, ob eine solche Trennung von Komposition und Instrumentation legitim und überhaupt möglich ist. Wer garantiert denn, daß Sinn und Intention der Musik allein in der von der Instrumentation abgezogenen Komposition liegen, die doch ein Abstraktum darstellt, und nicht ebensogut in der Instrumentation? Und wenn man schon Komposition und Instrumentation auseinanderdividiert, ist dann nicht genauso möglich, daß Beethoven das Auseinander von kompositorischer Tendenz und instrumentatorischer Realisierung bewußt einkalkuliert hat, die Brüche und Inhomogenitäten also wesentlich sind und zur Sache gehören? Jedenfalls duldet es keinen Zweifel, daß gerade das Imperfekte der Realisierung den intendierten Ausdruck viel authentischer vermittelt als die vermeintliche Vervollkommnung, die einem Ideal von Komposition nachläuft, das es nur auf dem Papier gibt und hinsichtlich der Ausdrucksabsicht eine inakzeptable Glättung darstellt.

Die Retuschen gehen allerdings meist noch viel weiter als bislang beschrieben. Die bekanntesten Stellen, die man zu verändern pflegt, sind einige Trompetentakte in der Coda des 1. Satzes der *Eroica* sowie die Überleitung zum Seitensatz in der Reprise des 1. Satzes der V. Symphonie. Im ersten Fall läßt man die Trompeten das Thema zur Gänze ausführen, während sie in Beethovens Partitur vom 7. Thementon an anders weiterspielen; im zweiten Fall ersetzt man die in Beethovens Partitur vorgesehenen Fagotte in Analogie zur Exposition durch Hörner. In beiden Fällen soll dadurch eine vermeintliche, über das in der Partitur Notierte hinausreichende Intention zu ihrem Recht kommen, in der Überzeugung, Beethoven habe dergleichen im Sinn gehabt. Abgesehen davon aber, daß eine solche Argumentation auf der unbewiesenen und unbeweisbaren Annahme basiert, Beethoven habe seine Symphonien in dem Bewußtsein komponiert, sie für ein unzulängliches Orchester zu schreiben, trifft es gar nicht zu, daß die Trompeten und Hörner nicht über die an den erwähnten Stellen verlangten Töne verfügt hätten. Die Überleitung in der V. Symphonie ist den Hörnern, allerdings mit zwei Stopftönen, möglich; deren klangliche Trübung wäre durch Unisonoführung mit den Fagotten ausgleichbar gewesen. Dennoch hat sich Beethoven für die Fagotte allein entschieden. Im anderen Fall ist die Sachlage noch einfacher. Der 11. und 12. Naturton, die nötig sind, will man in der Coda des 1. Satzes der *Eroica* das Thema vollständig spielen, sind den Es-Trompeten durchaus nicht verschlossen, wie Haydns Symphonien Nr. 99 und 103 und Mozarts Es-Dur-Symphonie KV 543 zeigen; überdies spielen die Trompeten das Thema nicht allein. Daß sie aus dem Themaspiel gleichsam vorzeitig ausscheren, dürfte also andere Gründe haben, und wer die Stelle einmal im Original gehört hat, begreift, um was es geht: Das Thema verliert sich im Klang, seine Konturen lösen sich auf. Komponiert und instrumentiert ist dieser Prozeß, der bei der Ausführung des Themas durch die Trompeten bis zum Ende verlorengeht, was einer Anpassung der Komposition an eine äußerliche Symmetrie gleichkommt. Im übrigen verfährt man bei den Retuschen nicht einmal konsequent; denn wer A sagt, müßte auch B sagen. Es gibt eine ganze Reihe von Stellen, die man gänzlich unangetastet läßt, vermutlich weil sie unauffälliger sind.

*

Charakteristisch für die Beethovensche Symphonie ist ihre neuartige, nur ganz partiell bei Haydn und Mozart anknüpfende Dynamik. Ohne zu übertreiben läßt sich behaupten, daß Beethoven in seinen Symphonien die Dynamik gleichsam entdeckt, und zwar nicht nur als Ausdrucks- und Gestaltungsmittel, sondern auch als innere Triebfeder der Musik, als Impuls, der die Musik vorantreibt und ihr jenen unwiderstehlichen Elan gibt, der für Beethovens Musik, besonders für die Symphonien, charakteristisch ist. Es geht also nicht nur um die bloße Lautstärke, sondern auch um Dynamik im übertragenen Sinne, die Gestaltung der Musik über die Regelung der Lautstärke hinaus, die innere Dynamik gleichsam.

Die Symphonien Haydns und Mozarts kommen in der Regel mit ganz wenigen Anweisungen zur Dynamik aus, so als spiele diese kaum eine Rolle und könne getrost den Ausführenden überlassen werden. Sie beschränken sich auf zwei Grundwerte, Forte und Piano, die sie zudem meist übergangslos-unvermittelt nebeneinanderstellen, Relikt barocker Stufendynamik. Man trifft zwar selbstverständlich auch auf Fortissimo und Pianissimo, Sforzato und Fortepiano, Crescendo und Decrescendo, aber diese Anweisungen bleiben doch immer die Ausnahme. Beethoven dagegen überzieht seine Partituren mit einer Vielzahl dynamischer Bezeichnungen und Vorschriften, die unmißverständlich verdeutlichen, daß er selbst der Gestalter der Dynamik ist und sie nicht in die Obhut der Ausführenden legt. Die Häufung der Anweisungen etwa in Gestalt insistierender Repetition von Forte- oder Sforzato-Vorschriften mag, vor allem aus der Sicht der Tradition, tautologisch und unnötig erscheinen, ist aber von außerordentlicher, suggestiver Wirkung auf die Ausführenden (wie übrigens auch auf den Partiturleser) und macht die Intensität, die der Musik innewohnt und mit der sie gespielt sein will, im Notenbild anschaulich. Beethovens Dynamik kennt keine Grundwerte mehr, sie verwendet alle Stufen gleichermaßen und gleichwertig, bedient sich durchgehend der gesamten Breite vom Fortissimo bis zum Pianissimo, eingeschlossen alle Formen des Übergangs zwischen den Stufen der Skala und alle Arten des Kontrasts. Einige Male wird sogar auch die Skala selbst erweitert, zu dreifachem Forte in der VII. und VIII., zu dreifachem Piano in der IV. Symphonie. Einerseits forciert Beethoven die Vermittlung zwischen den Stufen der Skala durch Übergänge in Form von Crescendi und Decrescendi, andererseits verschärft er die Kontraste durch unvermitteltes Nebeneinander von Fortissimo und Pianissimo, wie etwa in den Takten unmittelbar vor dem Epilog des 1. Satzes der IV. Symphonie (T. 159 ff.), oder in Durchbrechung gleichsam der dynamischen Logik, indem er das Crescendo plötzlich ins Piano, das Decrescendo ins Fortissimo umschlagen läßt. Das Piano subito gehört zu Beethovens Spezialitäten. Ganz besonders charakteristisch aber ist seine Vorliebe für das Sforzato, den scharf akzentuierten Ton oder Klang. Beethovens Partituren sind übersät von Sforzato-Vorschriften, so daß man eine Partitur fast allein an der Zahl der darin vorkommenden Sforzati als eine Beethovensche identifizieren kann.

Selbstverständlich aber ist Beethovens Dynamik nicht aufgesetzt, einer Musik übergestülpt, die ohne sie erdacht worden wäre. Sie ist kein Phänomen für sich, sondern Teil der Komposition, von dieser gar nicht zu trennen. Der erwähnte Wechsel zwischen Fortissimo und Pianissimo im 1. Satz der IV. Symphonie entspricht einem Kontrast in der Satzstruktur, in der rhythmischen Bewegung und in der Instrumentation. Ein Fortissimo subito wie jenes im Trio der II. Symphonie geht einher mit einer drastischen harmonischen Wendung, die durch das Zusammenspiel mit der Dynamik zum Ereignis wird. Die berühmten Sforzati schließlich dienen meist dazu, melodische, mehr aber noch harmonische und rhythmische Akzente mit dem nötigen Nachdruck zu versehen. Besonders typisch für Beethovens Symphonien sind die Verbindung von Sforzato und Synkope und der Einsatz des Sforzato auf leichten, unbetonten Taktteilen. An solchen Stellen greift die Dynamik unmittelbar in die Rhythmik ein. Die Vielzahl der dynamischen Anweisungen in Beethovens Symphonien ist also keine Äußerlichkeit, ganz im Gegenteil: In ihrer Häufigkeit und der Häufigkeit, mit der sie wechseln, sind sie der Spiegel einer Musik, die in ihrer unablässigen Bewegung und Bewegtheit das Bild eines permanenten Auf und Ab, Hin und Her bietet, weit entfernt von Gleichmaß, Ruhe und Gelassenheit, wie sie den Gang der Symphonien Haydns und Mozarts kennzeichnen. Die Musik der Beethovenschen Symphonien ist gleichsam nervöser als die ihrer Vorgänger.

Welchen Rang Dynamik einnehmen und welche Relation sich zwischen ihr und den übrigen Elementen der Komposition ergeben kann, zeigen exemplarisch die Takte 16–25 am Anfang der *Pastorale*: Ein eintaktiges Motiv (T. 16) wird neun Mal unverändert wiederholt, auch die Instrumentation ist bis auf Takt 20 stets die gleiche. Die individuelle Gestaltung des Abschnitts geschieht allein durch die Dynamik. Sie besteht darin, daß jeweils fünf Takte durch einen zielgerichteten dynamischen Vorgang, zunächst ein Crescendo zum Forte, dann ein Decrescendo zum Pianissimo, zu übergeordneten Zusammenhängen gemacht werden; diese rufen darüber hinaus durch ihre Korrespondenz – die gleiche Länge einerseits, das Komplementäre der Dynamik andererseits – die Vorstellung von symmetrisch-periodischer Einheit hervor.

Daß die Dynamisierung der Musik ein Grundprinzip der Beethovenschen Symphonie ist, läßt sich besonders gut dort zeigen, wo der Vergleich mit verwandten Gestaltungen möglich ist. Ein Beispiel für einen solchen Vergleich liefern die Anfänge des 3. Satzes der I. Symphonie und der Nummer 2 aus Beethovens *Zwölf Deutschen Tänzen* (WoO 13).

Die Kleinigkeit, in der sich die jeweils ersten vier Takte unterscheiden – die chromatische Erhöhung der letzten Note im 3. Takt des Symphoniesatzes –, ist von großer Tragweite. Während der Tanzsatz statisch in der Tonart verharrt, drängt der Symphoniesatz entschieden darüber hinaus, und welchen Impuls er hat, zeigt die zweite Hälfte ab Takt 5, in der sich dieser Trend als fortgeführte Aufwärtsbewegung mit verdoppelter chromatischer Erhöhung (T. 4, 6) verstärkt fortsetzt. Auch die Dynamik – Pianobeginn, dann Crescendo zum Forte – unterstützt den gleichsam unaufhaltsamen Zug der Bewegung. Der Tanzsatz dagegen ist, nach klassischem Muster, auf Ausgleich und Symmetrie bedacht. Er setzt zwei komplementäre Hälften gegeneinander, dem Aufwärts das Abwärts, dem Forte das Piano, dem Stakkato das Legato. Die Bewegung der ersten Hälfte wird durch die zweite restlos aufgefangen. Es entsteht Geschlossenheit, formale Harmonie, die der Symphoniesatz in seiner Ausgelassenheit gerade zu sprengen sucht, wie noch mehr die Reprise dieses Beginns in der zweiten Hälfte des Satzes (T. 45–52) zeigt, wo der melodische Aufstieg nicht nur eine Duodezime wie zu Anfang umfaßt, sondern über zwei Oktaven reicht.

*

Die Tendenz, sich innerhalb der von den Vorgängern gesetzten Grenzen zu bewegen – auch ein Prinzip der Beethovenschen Symphonie –, zeigt sich neben anderem, wie dem Festhalten an der von Haydn etablierten Orchesterbesetzung, auch daran, daß Beethoven sowohl die Anzahl als auch die Abfolge der Symphoniesätze vom späten Haydn übernimmt. Alle Symphonien sind viersätzig, eine Ausnahme macht nur die *Pastorale*, in der zwischen Scherzo und Finale ein Satz, formal freilich nicht viel mehr als eine ausgedehnte Überleitung, eingeschoben ist. Dem Anfangssatz in schnellem Tempo folgt ein langsamer Satz, diesem ein Menuett oder Scherzo, und das Finale bildet wiederum ein Satz in schnellem Tempo. Lediglich in der IX. Symphonie sind die Mittelsätze vertauscht, eine dramaturgische Maßnahme, die möglicherweise eine Konsequenz dessen ist, daß das Finale dieser Symphonie durch die Einbeziehung von Text und Singstimmen, die ihn vortragen, in eine neue Rolle gerät.

Das wohl wichtigste Prinzip, nach dem Beethovens Symphonien formal gestaltet sind, ist die Sonatensatzform. Das gilt für die Anlage der Sätze im Ganzen – immerhin haben 16 Sätze Sonatensatzform –, es gilt aber auch und vielleicht sogar noch mehr für die Gestaltungsprinzipien im Detail, für den Rekurs einzelner Abschnitte der Komposition auf Teile der Sonatensatzform oder allgemein die Anlehnung an deren Verfahrensweisen. Die außerordentliche Bedeutung dieses Form- und Gestaltungsprinzips zeigt bereits die Tatsache, daß die Anfangssätze aller Symphonien ausnahmslos Sonatensatzform haben. Das entspricht im übrigen der Theorie der Zeit, nach welcher der 1. Satz der wichtigste der gesamten Symphonie ist. Auch Beethoven hat diesem Bild weitgehend entsprochen.

Bei den Anfängen der Symphonien, den Anfängen ihrer 1. Sätze, begegnet die Merkwürdigkeit, daß Beethoven selten in medias res geht. Der Vorstellung eines Anfangs mit der Hauptsache, dem Thema, entspricht genaugenommen nur die VIII. Symphonie, die ohne Umschweife eine periodisch-geschlossene Melodie präsentiert, an deren thematischer Funktion und Würde zugleich kein Zweifel gelassen wird. Alle anderen Symphonien stellen dem Thema etwas voran – und seien es nur zwei Orchesterschläge wie in der *Eroica* –, oder sie lassen im unklaren, was als Thema zu gelten habe, wie es beschaffen sei. Dieser Fall liegt bei der V. Symphonie und der *Pastorale* vor, wo bezeichnenderweise nach wenigen Takten, in denen fraglos wichtige Motive vorgestellt werden, Fermaten den musikalischen Fluß, die Bewegung unterbrechen, wodurch Zäsuren entstehen, die den Anfang vom Folgenden trennen, ohne daß aber das Folgende motivisch anders und nicht von gleichem thematischem Rang wäre. Durch die Fermatenzäsur wirkt der Anfang, fast zwangsläufig, wie ein vorangestelltes Motto. Am offenkundigsten ist die Vermeidung des In-medias-res bei jenen Werken, die traditionell mit einem Abschnitt in langsamem Tempo, einer sogenannten »langsamen Einleitung« beginnen (I., II., IV., VII. Symphonie). Hier ist dem »Eigentlichen«, das nach dem Verständnis der Tradition erst im folgenden *Allegro* auftritt, ein gleichsam »Uneigentliches« vorangestellt, das nach der herkömmlichen Auffassung lediglich die Aufgabe hat, den Hörer einzustimmen, seine Aufmerksamkeit zu konzentrieren und aufs Folgende zu lenken. Beethoven entwickelt daraus allerdings Abschnitte, die in ihrer von der I. zur VII. Symphonie zunehmenden Eigenständigkeit die Aufmerksamkeit mehr auf sich selbst als auf das Folgende ziehen. Dennoch sind sie unmißverständlich nicht die Hauptsache.

Der Fall, daß ein Thema, ganz gleich, ob es sich um den Haupt- oder den Seitensatz handelt, aus einer geschlossenen Melodie besteht, ist selten; das Hauptthema der VIII. Symphonie ist die Ausnahme, nicht die Regel. Als charakteristisches Kennzeichen hat vielmehr die Offenheit der Themen zu gelten. Gemeint ist damit zum Beispiel deren harmonische Unentschiedenheit, wie sie etwa das Hauptthema des 1. Satzes der *Eroica* (T. 3–6) oder die Seitenthemen der IV. Symphonie zeigen, oder das simple Faktum, daß sich ein Thema formal zwar als achttaktige Periode mit korrespondierendem Vorder- und Nachsatz gibt, jedoch statt in der Grundtonart in der Dominante schließt (was kein Schluß ist) wie beim Seitenthema des 1. Satzes der II. Symphonie. Hier ist der Fortgang der Musik, um es mit einem modernen Schlagwort zu sagen, vorprogrammiert. Zur Offenheit der Themen gehört auch, daß Beethoven dazu neigt, die Grenze zwischen Thema und Nicht-Thema, zwischen Hauptsachen und dem, was zwischen ihnen vermittelt, zu verwischen, so daß es schwierig ist, zwischen den Funktionen zu unterscheiden. Gerade dadurch aber erhält oft das, was seiner Aufgabe nach »nur« ein-, über- oder ausleiten soll, einen höheren Rang, wird von seiner ursprünglichen Funktion emanzipiert. Pointiert formuliert: Alles wird thematisch. Man sieht und hört das besonders daran, daß die Durchführungen sich die Motive, mit denen sie arbeiten, abgesehen vom Hauptthema, das in keiner Durchführung ausgelassen wird, meist nicht im Seitenthema suchen, sondern in jenen Abschnitten, die es umgeben. Die prinzipielle Offenheit der Themen wird auch daran deutlich, daß in vielen Fällen, besonders auffällig in den ersten vier Symphonien, ausdrückliche Kadenzen, die motivisch mit den Themen nichts zu tun haben, für den formalen Abschluß entweder der Themen selbst oder der Hauptsätze sorgen müssen (I/1: T. 31 ff.; II/1: T. 46 f.; III/1: T. 13 ff., 35 ff., 43 ff.; IV/1: T. 61–65).

Ist es beim 1. Satz der *Eroica* kein Problem, das Hauptthema zu bestimmen, das zweifellos aus der Es-Dur-Dreiklangsmelodie Takt 3–6 besteht, so stellt sich bei anderen Symphonien durchaus die Frage, was denn das Thema sei. Der 1. Satz der V. Symphonie etwa exponiert zwar gleich zu Beginn ein überaus plastisches Motiv, das im unmittelbaren Anschluß sequenziert wird, aber um ein Thema, das doch ein ausgeführteres und komplexeres Gebilde sein müßte, handelt es sich nicht. Ist aber das, was dann ab Takt 6 folgt, das Thema? Wohl kaum, denn hier handelt es sich nicht mehr um Exposition, also Vorstellung von Neuem, sondern um Ausführung, Ausarbeitung auf der Grundlage des zuvor Präsentierten; Beethoven zeigt, was man mit dem simplen Klopfmotiv aus T. 1–2 alles machen kann. Wo ist also das Thema?

Beethoven liebt die Vielfalt, was insbesondere den weiteren Verlauf der Exposition kennzeichnet. So kommt es, daß man bisweilen nicht entscheiden kann, was als Seitenthema zu gelten hat. Ist es im 1. Satz der IV. Symphonie die Passage T. 107 ff.

oder jene T. 141 ff.? Angesichts der intendierten Vielfalt erscheint es allerdings müßig, über solche Fragen zu rechten, und der Beethovenschen Neigung, grundsätzlich alle Teile der Form motivisch-thematisch zu beleben und zu gestalten, widerspricht es außerdem. Jedenfalls ist eine so klare Unterscheidung zwischen Hauptsatz (nicht Hauptthema) einerseits und Seitenthema andererseits wie im 1. Satz der V. Symphonie nur selten möglich. Die Prägnanz dieses Satzes, die auf einer übrigens von Igor Strawinsky besonders bewunderten Sparsamkeit der kompositorischen Mittel beruht, ist im symphonischen Werk Beethovens eine Ausnahme. Einen anderen Extremfall stellt das *Vivace* des 1. Satzes der VII. Symphonie dar. Die offenkundige Tendenz dieses Satzes zur Monothematik, besser: Monomotivik, läßt die Unterscheidung von Formteilen kaum mehr zu, so daß sich ein Seitensatz oder Seitenthema als ausgeprägt eigenständiges Gebilde nicht ausmachen läßt.

Die Exposition als erster Teil der Sonatensatzform, bestehend aus Hauptsatz mit Hauptthema, Überleitung, Seitensatz mit Seitenthema, erneuter Überleitung und Epilog, ist vor allem bestimmt vom Gang der Harmonie, der von der Grundtonart zu Beginn zur Dominante (in Dur-Sätzen) oder zur Parallele (in Moll-Sätzen) am Ende führt. Das Prinzip ist weder kompliziert, noch war es für Beethoven neu. Die Kunst besteht folglich darin, den Verlauf so zu gestalten, daß er für den Hörer, der das Schema zu Beethovens Zeit selbstverständlich genau kannte, interessant und abwechslungsreich ist. Der Komponist ist freilich in seiner Freiheit insofern eingeschränkt, als der gänzlich ungebundene Umgang mit den Harmonien dem zweiten Teil der Sonatensatzform, der Durchführung, vorbehalten ist, deren Charakter und Wirkung selbstverständlich nicht durch die Vorwegnahme ihrer Mittel schon in der Exposition gestört werden sollten. Beethovens Verfahrensweise ist nun die, zunächst gar keinen Zweifel daran zu lassen, wohin die Reise harmonisch geht. Im folgenden aber ist es seine Taktik, die erreichte neue harmonische Stufe, meist schon die Zieltonart der Exposition, umgehend wieder in Frage zu stellen. Im 1. Satz der I. Symphonie geschieht dies auf sehr einfache Weise durch Erniedrigung des Leittons (T. 45), so daß das erreichte G-Dur Dominante bleibt (was besagt, daß C-Dur als Grundtonart bestätigt wird) und nicht selbst Grundtonart wird. Oder Beethoven wendet sich, wie im 1. Satz der *Eroica*, zunächst von der zweifelsfrei als neue Grundtonart erreichten Dominante – hier B-Dur in T. 57 – zu deren Dominante (Vorbereitung in T. 63f.), deren tatsächlicher Eintritt aber durch eine völlig unerwartete Wendung, gänzlich unvermittelt übergangen wird (T. 65). Das Mittel der Überraschung, das selbstverständlich auch Haydn und Mozart nicht fremd war, wird von Beethoven in besonderem Maße und oft drastischer Weise verwendet. Stets gilt es, die Zieltonart der Exposition – und sei sie noch so exemplarisch erreicht – in ihrer Rolle als neue Grundtonart in Frage zu stellen. Man kann das dabei angewandte Prinzip auch das des Hinauszögerns nennen, beispielhaft vorgeführt im 4. Satz der VII. Symphonie, wo E-Dur buchstäblich erst im letzten Takt der Exposition erreicht wird, was in diesem Falle seinerseits überraschend wirkt.

Die Durchführung kennzeichnet man gern als eine Art Kampfplatz, wo die Hauptthemen der Exposition aufeinandertreffen, sich auseinandersetzen oder gegeneinander geführt werden. Diese Charakterisierung ist nicht ganz richtig. Die kämpferische oder so anmutende Kombination von Themen und Motiven wie im 1. Satz der *Eroica* (T. 186ff., 198ff.), wo das Hauptthema und ein Motiv aus dem Seitensatz (T. 65ff.) simultan erklingen, ist die Ausnahme. Die Regel ist der separate Gang einzelner Themen oder Motive durch verschiedene Tonarten, die hier im Unterschied zu den anderen Formteilen gewöhnlich schneller und unkonventioneller aufeinander folgen. Das gebräuchlichste Gestaltungsprinzip ist dabei die Sequenz, mit der Tendenz, das Sequenzierte zu verkürzen und aufzulösen. Themen und Motive schrumpfen so auf Grundbestandteile oder verlieren ihre Konturen bis zur Unkenntlichkeit, so daß nur Elementares übrigbleibt – man spricht von »Abspaltungs-« und »Liquidationsprozessen«. Die Durchführung des 1. Satzes der V. Symphonie zeigt das anschaulich. Zu solcher Reduktion des Thematischen gesellt sich korrespondierend oft auch eine Ausdünnung des Satzgefüges, die Rückführung der Musik, des vollstimmigen Satzes, auf die Zwei- und Einstimmigkeit. So zeigt es exemplarisch die Durchführung des 1. Satzes der IV. Symphonie. Man könnte geneigt sein, die Durchführung in Beethovens Symphonien dramatisch oder dramatisierend zu nennen. Diese Charakterisierung trifft vielfach zu, etwa in den Anfangssätzen der II., VIII. und IX. Symphonie oder der *Eroica*, wo die Durchführungen, partiell oder als Ganzes, Steigerungsanlagen sind, auch satztechnisch intensiviert werden durch Fugati, und wo es, wie in der *Eroica*, zu rhythmisch-harmonischen Zuspitzungen, Aufgipfelungen kommt. Dem stehen aber andere Durchführungen entgegen, die eher ruhigen Charakters sind, wie diejenigen der 1. Sätze der I. und IV. Symphonie, oder in ein allerdings trügerisch anmutendes Phlegma absinken, wie jene des 1. Satzes der V. Symphonie.

Scheinbar aller Dynamik seiner Musik im allgemeinen und einiger Durchführungen im besonderen zum Trotz hält Beethoven in allen Sätzen mit Sonatensatzform an der Reprise fest. Ein Experiment mit Verzicht auf sie, wie in der 2. *Leonoren*-Ouvertüre, gibt es in den Symphonien nicht. Das Prinzip der Wiederholung, ob unmittelbar oder im Abstand, bleibt als statisches Gegengewicht zur dynamischen Grundtendenz unangetastet. So wie in den Sätzen in Sonatensatzform die unmittelbare Wiederholung der Exposition obligatorisch ist, ausgenommen die 2. Sätze der II. Symphonie und der *Pastorale* sowie der 1. Satz der IX. Symphonie, so kehren Haupt- und Seitensatz samt Zwischenstücken nach der Durchführung wieder. Beethoven macht allerdings einen deutlichen Unterschied zwischen den Teilen. Während er den Komplex von Seitensatz, Überleitung und Epilog, beginnend oft schon bei der Überleitung zum Seitensatz, tongetreu wiederholt (von der üblichen Versetzung in die Grundtonart abgesehen), verfährt er mit Hauptsatz und Hauptthema fast immer sehr viel freier. Äußeres Zeichen ist in der Regel eine Verkürzung des Hauptsatzes, mit der jedoch meist auch eine inhaltliche Veränderung einhergeht, wie etwa beim 1. Satz der I. Symphonie, deren Hauptsatzreprise in einer thematischen Konzentration und der Apotheose eines der Hauptmotive, des Halbtonschritts aufwärts, besteht. Aber auch Verlängerungen kommen vor, wie im 1. Satz der *Eroica*, in der VII. und VIII. Symphonie und im Finale der V. Symphonie. Wesentlich ist jedoch auch hier die inhaltliche Abwandlung gegenüber der Exposition.

An einer Hauptsatzreprise wie der des 1. Satzes der *Eroica* wird unmittelbar deutlich, warum Beethoven an die Reprise noch einen Formteil, Coda genannt, anschließt. Während die Exposition das Hauptthema ausschließlich in der Grundtonart Es-Dur beläßt (wie es sich gehört), erscheint dieses in der Reprise, die doch gleichsam der Inbegriff des totalen Bezuges zur Grundtonart ist, zweimal in einer anderen Tonart, nach Es-Dur, mit dem die Reprise schulmäßig einsetzt, zunächst in F-Dur, dann gar in Des-Dur. Die Musik vermittelt den Eindruck, als sei hier noch nicht der Ort der völligen Rückkehr nach Es-Dur, zur Grundtonart erreicht. Dieser Ort wird erst nach Ende der Reprise gefunden, nämlich in der Coda. Daß man auch bei Beethoven noch von Coda spricht, gehört zu den Widersprüchen der Musikgeschichte. Die Coda, die im Sprachgebrauch zuvor nur einen etwas ausführlicheren Schluß, ein Anhängsel an einen Formteil bezeichnet, wird bei Beethoven zu einem eigenständigen Teil der Sonatensatzform und der Form überhaupt. In diesem Abschnitt wird bei Beethoven nicht mehr nur ein Schluß gefunden, sondern überhaupt entschieden, wie der Satz ausgehen soll. Nicht die Reprise klärt die Verhältnisse, sondern die Coda, anschaulich zu beobachten am 1. Satz der V. Symphonie, dessen Reprise in C-Dur endet, und der erst in der Coda nach c-Moll zurückgeführt wird. Welchen Rang Beethoven der Coda gibt, zeigt auch der 1. Satz der *Eroica*. Hier wird die Coda durch ihr Anknüpfen an die spezifische Thematik der Durchführung (e-Moll-Thema) unüberhörbar zum Pendant der Durchführung und steht damit auf einer Ebene mit den traditionellen Formteilen der Sonatensatzform: Exposition, Durchführung und Reprise.

*

Die langsamen Sätze bedienen sich, sofern sie nicht auch Sonatensatzform haben wie in der I. und II. Symphonie und der *Pastorale*, der sogenannten Liedformen, die sie jedoch ausnahmslos stark abwandeln. Formal betrachtet, entfaltet Beethoven hier die meisten Freiheiten, sieht man von den Finali der *Eroica* und der IX. Symphonie ab. Die Anlage erweist sich meist als Kombination und Überlagerung mehrerer Formmodelle und Gestaltungsprinzipien. Die Geschlossenheit des A-B-A oder A-B-A-B der Liedform wird dabei stets durchbrochen von Elementen der Sonatensatzform oder der Rondoanlage. Der 2. Satz der *Eroica* hat einerseits A-B-A-Form, läßt sich verstehen als Marsch in Moll mit einem Trio in Dur, doch bevor es zur Wiederholung des A-Teils kommt (T. 105 ff.), wird ein neuer Formteil eingeschoben, der nach Technik und Charakter eine Durchführung ist. Im *Adagio* der IV. Symphonie ist zwischen das A-B-A-B (T. 1–25, 26–38, 65–80, 81–93) ein Abschnitt gesetzt, der anfangs (T. 42 ff.) wie eine Reprise von A erscheint, was die Form ins Rondohafte zieht, dann aber (T. 50ff.) Durchführungscharakter annimmt. Auch die Relation Dominante – Grundtonart zwischen dem B-Teil und seiner Reprise stellt eine Verbindung zur Sonatensatzform her. Oft verwendet Beethoven auch das Verfahren der Variation, indem er die Hauptthemen figurativ umgestaltet, wie in der IV., V. oder IX. Symphonie. Im Mit- und auch Durcheinander der Modelle und Techniken erweist sich die Form oft als enigmatisch, so daß es viele Erklärungen gibt und die Gelehrten sich streiten können. Eines aber ist unbestritten, daß nämlich die Sonatensatzform, ihre Anlage und ihre Prinzipien, stets daran beteiligt ist.

Der langsame Satz ist in Beethovens Symphonien wie bei Haydn und Mozart der einzige, der in einer anderen als der Grundtonart steht; nur in der VII. Symphonie hat auch der 3. Satz, das Scherzo, eine andere Tonart (F-Dur). In der Wahl der Tonart selbst folgt Beethoven gleichfalls der Tradition. Bevorzugt ist, wie in den Symphonien Haydns und Mozarts, die Subdominante, also F-Dur in der I., Es-Dur in der IV., B-Dur in der VIII. Symphonie und der *Pastorale*. Die Wahl der Subdominantparallele in den beiden Moll-Symphonien (V., IX.), der Dominante in der II. Symphonie und der Tonikaparallele in der *Eroica* entspricht ebenfalls der Tradition; nur die Wahl des gleichnamigen Moll in der VII. Symphonie weicht davon ab, stellt jedoch für Beethoven selbst auch nichts Ungewöhnliches dar, da schon in frühen Klaviersonaten (op. 10) in gleicher Weise verfahren wird. Beethovens langsame Sätze sind besonders durch ihren neuartigen *Adagio*-Ton charakterisiert, der bereits in der II. Symphonie bemerkbar ist. Ohne behaupten zu wollen, die Kennzeichen dieses neuen Tons damit ausreichend und objektiv zu beschreiben, wird man sagen können, daß er durch besondere Innigkeit und Wärme, langen Atem und eine Tendenz zum Hymnischen charakterisiert ist.

*

An den Menuett- und Scherzo-Sätzen fällt auf, daß Beethoven sich anscheinend meist nicht schlüssig war, wie er sie nennen sollte. Dreimal entschied er sich für »Menuetto« (I. und IV. Symphonie) bzw. für »Tempo di Menuetto« (VIII. Symphonie), nur zweimal ausdrücklich für »Scherzo« (II. Symphonie und *Eroica*), was gewiß überrascht. Die übrigen Symphonien verwenden weder den einen noch den anderen Begriff, sondern belassen es jeweils bei der bloßen Tempoangabe. Es kommt hinzu, daß sowohl bei der I. als auch bei der IV. Symphonie die Bezeichnung Menuett im Widerspruch steht zum Charakter der Musik, der mit Menuett nicht das geringste zu schaffen hat. Möglicherweise aber kam es Beethoven gerade auf diese Diskrepanz an. Formal, zumindest in der Grundanlage, hält Beethoven von der I. bis zur IX. Symphonie an der Menuettform fest, auch wenn die Ausdehnung des Satzes beträchtlich zunimmt. Dem zweiteiligen Menuett folgt ein ebenfalls zweiteiliges Trio, das bis zur IV. Symphonie auch als solches bezeichnet ist, diesem wiederum die Repetition des Menuetts. Auch hinsichtlich der obligatorischen Wiederholung der zwei Teile von Menuett und Trio hält Beethoven weitgehend an der Tradition fest, mit Ausnahme der V. Symphonie und der *Pastorale*, wo die Zweiteiligkeit von Menuett und Trio kaum mehr erkennbar oder aufgegeben ist, mit Ausnahme auch der IV. und VIII. Symphonie, in deren Trios die zweite Hälfte nicht repetiert wird. Um auch den Menuett- und Scherzosatz an der Tendenz zur Ausdehnung des äußeren Umfangs, der die Beethovensche Symphonie kennzeichnet, teilhaben zu lassen, erweitert Beethoven in einigen Werken die traditionelle Dreiteiligkeit zur Fünfteiligkeit Scherzo-Trio-Scherzo-Trio-Scherzo. Das ist in der IV. und VII. Symphonie vollständig, in der *Pastorale* wenigstens ansatzweise durchgeführt; bei der V. Symphonie scheint Beethoven diese Anlage zumindest ursprünglich im Sinn gehabt zu haben. Mit der zunehmenden Ausdehnung des Satzes wird nicht nur der ursprüngliche Tanzcharakter völlig aufgegeben, sondern auch die ihm gemäße liedhafte Melodik. An ihre Stelle tritt mehr und mehr ein durch motivisch-thematische Arbeit gewonnener Melodieverlauf. Im Scherzo der IX. Symphonie ist dieses Verfahren am weitesten getrieben. Der Einfluß der Sonatensatzform ist zudem auch spürbar am Reprisencharakter der Wiederkehr des Anfangs innerhalb des zweiten Teils, wie schon das Menuett der I. Symphonie zeigt.

*

Von den Finali haben vier Sonatensatzform (I., IV., V., VII. Symphonie), bei dreien ist die Sonatensatz- mit der Rondoform verknüpft (II., VI., VIII. Symphonie), und zwei Finali (*Eroica*, IX. Symphonie) zeichnen sich durch freiere Formen aus. Deren

Freiheit besteht jedoch, nicht anders als bei den *Adagio*sätzen, nicht im gänzlichen Verzicht auf Modelle und Vorgegebenes, sondern in der eigenwillig-phantasievollen Kombination verschiedener Gestaltungsarten und -prinzipien, die sich ergänzen und überlagern, was die Analyse schwierig macht und dem Disput Raum gibt. So viel aber steht fest, daß man es in beiden Fällen annäherungsweise mit Variationsreihen zu tun hat.

Die Finali haben überwiegend den traditionellen Kehraus-Charakter. Ein Finalproblem, von dem Musikhistoriker gern reden, gab es für Beethoven, wenn es denn so war, lediglich bei der *Eroica*, bei der V. und der IX. Symphonie zu lösen. Alle übrigen Symphonien halten am ausgelassen-temporeichen, mit figurativ-bewegter Motivik arbeitenden Schlußsatz fest und damit an der herkömmlichen Hierarchie, nach der dem Anfangssatz der Symphonie die Krone gebührt. Die Ausgelassenheit ist allerdings nicht immer heiter, sondern oft eher bissig-humorvoll, wie in der II. und IV. Symphonie, oder aber ins Extrem gesteigert, wie in der VII., partiell auch der VIII. Symphonie. Beethoven verändert den Kehraus-Charakter, aber er schafft ihn nicht ab. Das zeigen auch die Finali der *Eroica*, der V. und IX. Symphonie. Gerade der Schlußsatz der IX. ist mit seinem Loblied auf die Freude, die allerdings nicht einfach da ist, sondern gleichsam herbeigezwungen werden muß, nichts anderes als Ausdruck des Wunsches nach fröhlicher Ausgelassenheit, nach selig-vergnügtem Happy-End, nach heiterem Kehraus. Den Aspekt des Gelösten, Entspannten, wie ihn ein glückliches Ende mit sich bringt, spiegeln einerseits die thematische Vielfalt im Finale der V. Symphonie, die in so markantem Kontrast steht zur motivischen Strenge und Enge besonders des 1. Satzes, andererseits die bewußte Verwendung einer simplen Tanzmelodie im Finale der *Eroica*. Unbestreitbar ist allerdings, daß sowohl in der V. als auch in der IX. Symphonie das Gefälle vom Anfangssatz zum Finale nicht nur aufgehoben, sondern umgekehrt ist (was für die *Eroica* aber nicht gilt); und gleichfalls unbestreitbar ist, daß die Finali von *Eroica* und *Pastorale*, von V. und IX. Symphonie zwar nicht als Ganze, aber doch in Teilen, von einem besonderen Ernst geprägt sind, von Feierlichkeit und großer Geste, die mit Kehraus nichts mehr zu tun haben. Beethoven schlägt in diesen Sätzen, paradigmatisch im *Poco Andante*-Teil des Finales der *Eroica*, einen hymnischen Ton an, der dazu angetan ist, in allem

Trubel drumherum zumindest Nachdenklichkeit auszulösen. Dieser hymnische Ton ist ein besonderes Kennzeichen der Beethovenschen Symphonie.

*

Daß Beethovens Symphonien bei aller Individualität des einzelnen Werks Ausprägungen *einer* Gattung sind, wird nicht zuletzt an ihrer allgemeinen Geltung deutlich. Der Begriff der Symphonie ist aufs engste mit dem Namen Beethovens verknüpft, die Beethovensche Symphonie gleichsam der Inbegriff der Gattung. Das 19. Jahrhundert, für das diese Feststellung in ganz besonderem Maße gilt, dachte dabei allerdings vornehmlich, wenn nicht ausschließlich an *Eroica* und *Pastorale*, an V., VII. und IX. Symphonie und tendierte dazu, die übrigen Symphonien gering zu achten. Im 20. Jahrhundert kehrte sich diese Einschätzung bisweilen um, wie das Beispiel Igor Strawinskys zeigt (der damit freilich vor allem auf die Pathetisierung und Heroisierung der »großen« Symphonien reagierte, nicht auf deren kompositorischen Rang). Das eine ist jedoch so unangemessen wie das andere; denn weder sind die »kleinen« Symphonien nur halb gelungene Nebenwerke noch die »großen« hybride Sonderformen. Vollständig wird das Bild der Beethovenschen Symphonie erst in der vorurteilsfreien Zusammenschau aller neun Werke.

Karl Traugott Riedel
Porträt Ludwig van Beethovens
1801, Kupferstich in Punktiermanier nach einer Zeichnung von
Gandolph Ernst Stainhauser von Treuberg, Leipzig, Bureau de
Musique, 21 × 15 cm, Beethoven-Haus, Bonn

Als Beethoven 1792 nach Wien aufbrach, um bei Joseph Haydn zu studieren, gab es bereits ein erstes »Bild« von ihm: einen Schattenriß von Joseph Neesen, der den jungen Bonner Hofmusiker im 16. Lebensjahr zeigt. Dieses früheste bekannte Porträt Beethovens blieb zu seinen Lebzeiten allerdings unveröffentlicht. Franz Gerhard Wegeler und Ferdinand Ries haben diesen Schattenriß später als Frontispiz zu ihren »Biographischen Notizen« benutzt und dadurch allgemein bekannt gemacht. Beethovens Aussehen in jungen Jahren hat der Bonner Bäckermeister Gottfried Fischer beschrieben: »Kurz gedrungen, breit in den Schultern, kurz von Hals, dicker Kopf, runde Nase, schwarzbraune Gesichtsfarbe«.

Als sich Beethoven im öffentlichen Konzertbetrieb Wiens am 2. April 1800 mit einer erfolgreichen Akademie im Burgtheater endgültig etabliert hatte (die I. Symphonie op. 21 wurde uraufgeführt), erachteten es die Wiener Musikverleger für ökonomisch sinnvoll, ein Porträt Beethovens stechen zu lassen. Daher entstanden in den Jahren 1800 und 1801 gleich vier Beethoven-Bildnisse, die allesamt voneinander abhängen: Zunächst fertigte Gandolph Ernst Stainhauser von Treuburg eine Zeichnung Beethovens an, die heute allerdings verschollen ist; sie diente Johann Joseph Neidl als Vorlage für seinen Kupferstich; dieses Porträt wiederum ließ Franz Anton Hoffmeister, der die Originalausgabe der I. Symphonie verlegte, von Karl Traugott Riedel (1769 bis nach 1832) in Leipzig nachstechen; und schließlich schuf ein gewisser Poch oder Bock ein Ölgemälde von Beethoven, wohl eine Kopie nach Riedels Stich (im Besitz des Schott-Verlags, Mainz).

Den damals 30jährigen Beethoven beschrieben Wiener Zeitgenossen so: »Er war klein und unscheinbar mit einem häßlichen Gesicht voll Pockennarben.« Und sein damaliger Schüler Carl Czerny fühlte sich bei seinem Anblick an Robinson Crusoe erinnert: »Das pechschwarze Haar sträubte sich zottig (à la Titus geschnitten) um seinen Kopf.« Manches davon findet sich in Riedels Stich wieder, doch wird man einem »offiziellen« Künstlerporträt dieser Zeit eine gewisse konventionsbedingte Glättung zugestehen müssen.

(M. L.)

I. Symphonie in C-Dur, op. 21
Analyse und Essay von Peter Rummenhöller

DIE SYMPHONIE ALS KRISTALLISATIONSPUNKT
MUSIKALISCHEN SCHAFFENS – BEETHOVEN WEIST SICH MIT DER
I. SYMPHONIE »ÖFFENTLICH« AUS

Entstehungszeit: 1799/1800
Uraufführung: 2. April 1800 in Beethovens Akademie im Wiener Hofburgtheater
Originalausgabe (Dezember 1801): Grande Simphonie pour Violons, Viole, Violoncelle et Basse, 2 Flûtes, 2 Oboes, 2 Cors, 2 Bassons, 2 Clarinettes, 2 Trompettes et Tymbales composée et dediée à Son Excellence Monsieur le Baron van Swieten (...) par Louis van Beethoven

Sätze (mit Beethovens Metronomzahlen):
1. Adagio molto (♪ = 88) – Allegro con brio (♩ = 112)
2. Andante cantabile con moto (♪ = 120)
3. Menuetto. Allegro molto e vivace (♩. = 108)
4. Finale. Adagio (♪ = 63) – Allegro molto e vivace (♩ = 88)

Daß Beethoven erst 30 Jahre alt werden mußte (er selbst hielt sich fast zeit seines Lebens für zwei Jahre jünger), ehe er mit seiner I. Symphonie (op. 21) im Jahr 1800 herauskam, mag man für die neue Situation des Symphonienschreibens gerade nach jenem Höhepunkt der Wiener Klassik, den späten Symphonien Haydns und Mozarts, als symptomatisch ansehen. In der Tat war es um die Wende vom 18. zum 19. Jahrhundert nicht mehr problemlos, nach solcher Vorgängerschaft noch eine Symphonie zu schreiben. Die Einschätzung dieser komplizierten musikgeschichtlichen Situation wird, was Beethoven betrifft, dadurch erheblich erschwert, daß er selbstverständlich Vorbilder hatte. Er war jedoch stets bestrebt, diese Vorbilder nicht als solche erscheinen zu lassen, um, im Sinne der neuen bürgerlichen Ideologie des »Originalgenies«, deren wenn nicht erster, so doch sicherlich bekanntester Repräsentant zu sein – eine Selbstdarstellung, die ihm zweifellos vollkommen gelungen ist. Betrachtet man die vorbildhafte (und das heißt doch wohl »klassische«) Scheitelhöhe des Symphonienschaffens der sogenannten Wiener Klassik, etwa die *Londoner Symphonien* Haydns und die drei letzten großen Symphonien Mozarts, so ist festzustellen, daß – bei aller Individualität – diese Werke noch nicht als »Solitäre« betrachtet sein wollen. Es scheint, als hafte ihnen, gleichsam schwerelos, noch ein Letztes vom Geist der barocken Instrumentalproduktion an, jenes Denken »im halben Dutzend«, jenes Gestalten im Typischen, wo doch das Individuelle und Charakteristische längst schwer erkämpfte Errungenschaft Haydns und Mozarts waren. Der jugendliche, aber nicht mehr ganz junge Beethoven hatte offenbar aus dieser historischen Tendenz die radikale und – im Hinblick auf die weitere musikgeschichtliche Entwicklung bis hin zu Brahms – bewunderswert richtige Konsequenz gezogen, daß die Symphonie nun zum Kristallisationspunkt musikalischen Schaffens überhaupt werden würde, und zwar *die* Symphonie, das Einzelwerk als Exempel für je eine Lösung der anstehenden neuen musikstrukturellen Probleme, die die eben erwachende bürgerliche Ästhetik mit sich brachte.

Der Beethoven-Biograph Paul Bekker hat einmal das Klavier das »Pionierinstrument« Beethovens genannt. In der Tat hat Beethoven (in seiner Bonner Zeit zwar auch als Streicher und als Organist durchaus professionell ausgewiesen) als exzellenter Klaviervirtuose (worunter man damals etwas völlig anderes als heute verstand!) seine musikalische Welt von diesem Instrument aus erobert. In seinen Klavierwerken, die vor 1800 liegen, hat er äußerst vorgeschobene Positionen vor allem in den Sonaten erprobt (z. B. *Pathétique*, op. 13, von 1798/99), ehe er diese in der Kammermusik, vor allem aber in der Symphonie übernahm. Die Symphonie wird nun gleichsam zum »offiziellen« Terrain: Hier hat sich der Komponist »öffentlich« auszuweisen.

Doch sollen zunächst die Bedingungen klar gemacht werden, die das Schreiben einer Symphonie für Beethoven erst ermöglichten. Daß man bei Beethoven in Verlegenheit kommt, von »Frühwerken« zu sprechen, liegt einmal daran, daß er, salopp ausgedrückt, ein Spätentwickler war. Das heißt, daß seine (vor allem in die Bonner Zeit fallenden) Kompositionen einerseits etwas schablonenhaft dem Zeitgeschmack verhaftet sind und nur Interesse unter der Perspektive der reiferen Werke erregen; andererseits sind sie aber im typischen Beethovenschen Kompositionsprozeß des Verwertens und Verarbeitens aufgegangen, was man z. B. am Klavierquartett WoO 36 und der Klaviersonate op. 2/3 besonders gut studieren kann. Beethoven stellt den eher seltenen Fall in der Kunstgeschichte dar, daß ein jugendlich kreatives Vorfeld, also frühe Kompositionsversuche, übergangs- und fast restlos ins authentische Werk eingegangen sind. Noch im Spätwerk Beethovens finden sich Spuren aus der Bonner Zeit.

Daß Beethoven Vorbilder hatte, zieht man heute so wenig in Zweifel wie er selbst, der darüber ungern sprach. Daß Joseph Haydn zu den entscheidenden Lehrern gehörte, wird nur dadurch verdunkelt, daß der junge »Stürmer und Dränger«, ein schon damals bemerkenswert renitenter und mißtrauischer Schüler, persönlichen Unfrieden zwischen dem großmütigen Lehrer und sich zu sehen bestrebt war. Trotzdem: Der Scharfsinn Haydns bei der Lösung symphonischer Probleme ist Beethoven nicht nur nicht entgangen, er war ihm selbstverständlicher Wegweiser. Daß sich noch der reife Beethoven Mozarts polyphonen letzten Satz des *Haydn*-Quartetts A-Dur (KV 464) abschrieb, zeigt, daß er nur zu gut wußte, wo die Muster zum »obligaten Akkompagnement« zu holen waren, von dem er behauptete, er sei mit ihm »auf die Welt gekommen« – als fiele je ein Meister vom Himmel.

Das Jahr 1800 war für Beethoven (ob es ihm bewußt war, sei dahingestellt) durch die I. Symphonie ein Einschnitt. Die musikästhetischen, formalen, strukturellen Probleme, die ihn in der Auseinandersetzung mit dem Wiener Genius loci (sein Gönner Graf Waldstein: »Empfangen Sie Mozarts Geist aus Haydens Händen«) beschäftigten, führte er nun einer vorläufig gültigen Lösung zu. Angesichts der vorangetriebenen Experimente in den bis dahin geschriebenen Klaviersonaten, auch in der Kammermusik (man denke an das c-Moll-Klaviertrio aus op. 1, vor dessen Veröffentlichung ihn der väterliche Freund Haydn – zu Unrecht und übrigens vergebens – warnte, an zwei Cello- und drei Violinsonaten, an das außerordentlich erfolgreiche Septett op. 20, an zwei Klavierkonzerte und das von Beethoven selbst sehr geschätzte Lied *Adelaide*) mag die I. Symphonie wie unter dem Eindruck Haydns und Mozarts geschrieben erscheinen, wie es ein schier unausrottbares Vorurteil will. Der analytische Blick auf das Werk zeigt jedoch vielmehr, daß sich hier einer anschickt, die vorgefundene Position zu verlassen und seinen eigenen Weg zu gehen. Im Gegensatz zu Haydn und Mozart, die sich ihr kompositorisches Potential in den Niederungen der Vorklassik durch bewunderswerten Scharfsinn und fleißiges Studium von Vorbildern (z. B. Johann Sebastian und vor allem auch Carl Philipp Emanuel Bachs, auch Händels etc.) mühsam erarbeiten mußten, setzte sich Beethoven gleichsam an den gedeckten Tisch der Wiener Klassik. Aber (um ein Wort Heinrich Heines zu variieren): Er zahlte bar, was er dort verzehrte. Die I. Symphonie ist sein Tribut.

*

Es sei an dieser Stelle auf die Bedeutung der Tonart C-Dur, ja auf die Bedeutung der Tonarten insgesamt bei Beethoven hingewiesen. Die sogenannte »Tonarten-Charakteristik« spielte im 18. Jahrhundert noch eine große Rolle, und dies strahlte bis weit ins 19. Jahrhundert hinein. Man macht sich dies heute für gewöhnlich nicht klar, weil mißverständlich die »Wohltemperierte Stimmung« vorausgesetzt wird. Wenn Beethoven einmal sagte, er »mache sich anheischig«, einer Melodie anzuhören, in welcher Tonart sie erfunden worden sei, so entspricht das einer Auffassung, die noch die Verschiedenheit der Tonarten und ihrer Intervalle in einer »ungleichschwebend-temperierten Stimmung« voraussetzt. Das heißt, D-Dur unterscheidet sich – in dieser Stimmung – von C-Dur nicht nur dadurch, daß es einen Ganzton höher steht, sondern daß es auch »in sich« eine andere Tonart ist: Jede Tonart erhält aufgrund ihrer unterschiedlichen Intervallverhältnisse einen anderen, ganz eigenen Charakter. So ist C-Dur seit Bachs *Wohltemperiertem Klavier* sicherlich so etwas wie die »Ausgangstonart«. Dennoch repräsentiert diese Tonart darüber hinaus gleichsam aufklärerische Helligkeit, wie es in Beethovens Verhältnis c-Moll/C-Dur zum Ausdruck kommt, etwa im Motivkomplex des sehr beethovengemäßen »Durch-Nacht-zum-Licht« (schon in den frühen Variationen über einen Marsch von Dressler, der V. Symphonie oder der Klaviersonate op. 111). In den Werken in »reinem C-Dur«, wie eben in der I. Symphonie, dem I. Klavierkonzert, der Ouvertüre zu den *Geschöpfen des Prometheus*, der Klaviersonate op. 2/3 und der *Waldsteinsonate* op. 53, der *Großen Ouvertüre zur Namensfeier*, der zur *Weihe des Hauses* und den *Diabelli-Variationen*, erscheint C-Dur immer als Tonart des kompromißlosen Anfangssetzens, als Tonart der Tabula rasa, des Neubeginns.

Beethoven übernahm in seiner I. Symphonie zwar die ausgereifte zyklische Symphonie-Form der Wiener Klassik (Langsame Einleitung – Sonatenhauptsatz – Langsamer Satz – Menuett-Trio-Menuett – Rondo), erlaubte sich jedoch zwei entscheidende »Korrekturen«: Er behielt zum einen, gleichsam ironisch, für den 3. Satz die Bezeichnung *Menuetto* bei, doch schon die Vorschrift *Allegro molto e vivace* deutet auf den Scherzo-Charakter hin, der diesen Satz kennzeichnet; und zum anderen verfaßte er den letzten Satz – trotz des rondohaften Themas und der unbändig ausgelassenen Stimmung – in der Sonatensatzform. In der Orchesterbesetzung sehen wir mit 2 Flöten, 2 Oboen, 2 Klarinetten, 2 Hörnern, 2 Trompeten, Pauken und Streichern die »vollständige« Besetzung verlangt, die weder bei Haydn noch bei Mozart, was die Bläser anlangt, immer gefordert ist (selbst in den späten Symphonien nicht immer).

Die »langsame Einleitung«, die von der Französischen Ouvertüre in die instrumentale Form der Symphonie übernommen wurde, war ursprünglich eine Art Signal, ein »Aufgemerkt! Jetzt beginnt die Musik«. Haydn und Mozart gaben ihr da, wo sie sich ihrer bedienten, weitaus tiefere Bedeutung. (Von Haydns zwölf *Londoner Symphonien* ist nur eine ohne langsame Einleitung; es sei weiterhin an so berückende Beispiele einer langsamen Einleitung wie diejenigen zu Mozarts *Prager* und *Linzer* Symphonie, KV 504 bzw. KV 425, erinnert.) Beethoven schließt sich in der Gestaltung der langsamen Einleitung nicht nur seinen Vorbildern an, er gibt ihr vielmehr eine noch radikalere Funktion, indem er sie in den Dienst der nun neuen motivisch-thematischen Arbeit stellt – eine Kompositionstechnik, die sich gleichsam vor den Ohren des Hörers entwickelt.

Ehe die Analyse der Symphonie weiter fortgesetzt wird, sei ein Seitenblick auf ein nahezu gleichzeitig entstandenes Werk Beethovens geworfen, um damit seine Schaffensweise zu beleuchten. Wie sehr Beethoven das »symphonische« Problem im schicksalhaften Jahr 1800 beschäftigte, mag man daraus ersehen, daß er in der Auftragsarbeit für den Choreographen Salvatore Viganò *Die Geschöpfe des Prometheus* in der Ouvertüre den

1. Satz der I. Symphonie gleichsam als Folie benutzte (oder umgekehrt, denn die Chronologie der Entstehung von Ballett und I. Symphonie ist nicht ganz zu klären). Jedenfalls steht die Ouvertüre zu *Die Geschöpfe des Prometheus* (op. 43) ebenfalls in C-Dur, sie hat eine langsame Einleitung und ist in der Sonatensatzform gearbeitet. Und das Wichtigste: Die Ähnlichkeit der motivisch-thematischen Formung ist nicht zu überhören:

Beginn *Die Geschöpfe des Prometheus,* Langsame Einleitung

Beginn I. Symphonie, Langsame Einleitung

1. Satz, *Die Geschöpfe des Prometheus,* Allegro molto con brio

1. Satz, I. Symphonie, Allegro con brio

Die langsame Einleitung von Beethovens I. Symphonie ist – trotz Vorbildern in der Wiener Klassik – dennoch vorbildlos. Ist sie doch ein Geniestreich insofern, als sie einen Zug Beethovenschen Schaffens vorführt, den es in dieser Weise vorher noch nicht gegeben hat, nämlich den, vor dem Hörer den Kompositionsprozeß darzustellen. Die langsame Einleitung hat hier die Funktion, den musikalischen Prozeß auf *einen einzigen* Ton zuzuspitzen, gerade auf das c, mit dem das Thema des *Allegro con brio* beginnt, jenes c, das das konstituierende Element des Themas dieser Symphonie ist. Daß die langsame Einleitung der I. Symphonie Beethovens nicht mit der Tonika C-Dur, sondern mit dem Dominantseptakkord von F-Dur beginnt (zur Zeit ihrer Entstehung eine Sensation), ist für uns heute weniger erstaunlich als die Art, wie Beethoven die Tonart der Symphonie einkreist: Einer Kadenz in der Subdominanttonart F-Dur folgt eine Ausweichung nach a-Moll (»Trugschluß«), um erst einmal in die Dominanttonart G-Dur zu modulieren; durch Hinzufügung der Septime wird das G-Dur erneut zur Dominante der nun endlich erreichten Haupttonart C-Dur, die aber noch ein paar Takte schwankend bleibt, bis vom höchsten Ton wie von der obersten Sprosse einer Leiter eine Zweiunddreißigstel-Figur auf jenen Ton c herabstößt, der das symphonische Geschehen eröffnet und dessen Keimzelle er zugleich ist. Er ist jedoch noch nicht Motiv, geschweige denn Thema, er ist vielmehr Konzentrat. Mit einem Quartaufschwung zeugt er sich fort, verdoppelt, verdreifacht sich und schwingt sich in die Oktave:

Dies ist die Gestalt, aus der der Hauptsatz geformt ist. Der Seitensatz benutzt das gleiche Material (»Substanzgemeinschaft«), nur gleichsam spiegelbildlich, fallend:

Selbst die Schlußgruppe zehrt noch davon:

Beethoven erfindet also aus der gleichen Substanz für Haupt- und Seitensatz kontrastierende Gestalten: Im Hauptsatz herrschen melodische Sprünge aufwärts (akkordisch), im Seitensatz melodische Schritte abwärts (tonleitermäßig) vor, im Hauptsatz ist die Rhythmik stark gestaut (wechselnde rhythmische Werte), im Seitensatz fließend (gleiche Werte), im Hauptsatz werden vorwiegend gleiche Harmonien verwendet, im Seitensatz wechseln sie pro Halbtakt; das erste Thema wird von *einer* Instrumentengruppe vorgetragen, im zweiten Thema wechseln die Instrumentalfarben. Die starke Kontrastierung bei gleichzeitig gewahrter Einheit der Substanz ist eine Eigenheit Beethovens, die ihn von Haydn und vor allem von Mozart wesentlich unterscheidet.

Der Zusammenhang der Sätze in der I. Symphonie ist ebenfalls durch die Substanzgemeinschaft gestiftet, d. h. sie sind aus ähnlichem Material geformt, treten jedoch nicht unter den gleichen Prämissen motivisch-thematischer Arbeit an, sondern entwickeln sich gemäß ihrer Eigengesetzlichkeit. Die Themen des 2. (*Andante cantabile con moto*), des 3. (*Menuetto. Allegro molto e vivace*) und des 4. Satzes (*Adagio – Allegro molto e vivace*) sind insgesamt vom thematischen Material des 1. Satzes abgeleitet. Die auftaktige Quarte und deren Erweiterung zur Oktave, die das erste Thema kennzeichnen, kehren signifikant in den Themen der folgenden Sätze wieder, am originellsten wohl im Thema des 2. Satzes, das die »klassische« achttaktige Periode durch motivische Reduktion auf eine siebentaktige (4+3) verkürzt:

Der 3. Satz, dessen Charakterbezeichnung *Allegro molto e vivace* bereits darauf hinweist, daß Beethoven das traditionelle Menuett durch ein Scherzo zu ersetzen gedenkt (später wird er es an zweiter statt an dritter Stelle plazieren), zeigt dieses Quart-Motiv mit Erweiterung zur Oktave sehr deutlich:

Noch die Streichereinwürfe in dem von Bläsern bestimmten Trio sind von dieser Quart-Oktav-Struktur bestimmt:

Langsame Einleitung   Allegro con brio

Schließlich hat der letzte Satz – eine innerhalb der Wiener Klassik durchaus originelle Variante – eine *Adagio*-Einleitung: Sie umfaßt zwar nur sieben Takte, bildet aber dennoch eine Analogie zur langsamen Einleitung des Anfangs. Sie baut gleichsam vor den Ohren des Hörers die Tonleiter bis zur Oktave hinauf auf, von der dann, ähnlich wie beim 1. Satz, das Thema des letzten Satzes beginnt:

Dieses Thema des letzten Satzes, der wiederum ein Sonatenhauptsatz ist, kehrt die konstituierende aufsteigende Quarte um zur fallenden Quinte:

Seit einiger Zeit wogt ein Streit unter Musikwissenschaftlern und Interpreten über die Frage der Beethovenschen Tempi. Beethoven war der erste, der seine Werke »metronomisierte«. Der Wiener »Mechanikus« Johann Nepomuk Mälzel (1772–1838), Erfinder des Metronoms, eines Uhrwerks mit einstellbarer Pendelgeschwindigkeit, war Beethoven freundschaftlich verbunden und diente sich ihm mit diversen Erfindungen an (Hörgeräte für den fortschreitend ertaubenden Meister, ein »Panharmonicon« zur mechanischen Aufführung von Beethovens Komposition *Wellingtons Sieg oder die Schlacht bei Vittoria* op. 91 und anderes mehr). Von Mälzels Metronom war Beethoven begeistert, weil er in ihm die Möglichkeit sah, im zunehmend von Nicht-Fachleuten beherrschten Musikleben wenigstens durch objektive Festlegung der Tempi Einfluß auf die Interpretation zu nehmen. Am 17. Dezember 1817 erschien in der Leipziger *Allgemeinen musikalischen Zeitung* ein Artikel: »Die Tempo's sämmtlicher Sätze aller Symphonien des Hrn. L.v. Beethoven, vom Verf. selbst nach Maelzels Metronom bestimmt« (s. Vorspann zu den jeweiligen Werkbetrachtungen).

Die Tempi sind insgesamt sehr schnell, was in der Interpretenwelt gelegentlich Verstörung hervorgerufen hat. Möge sich jeder seinen eigenen Reim darauf machen, welchen Intentionen Beethovens er bei der Interpretation zu folgen bereit ist. Dennoch: Da der Komponist sich unmißverständlich ausgedrückt hat, sollten seine Metronomzahlen strikt befolgt werden.

Die I. Symphonie Beethovens ist »Dem Baron van Swieten gewidmet«. Der holländische Diplomat Gottfried van Swieten (1735–1803), Sohn von Maria Theresias Leibarzt Gerhard van Swieten, hatte eine für die damalige Zeit ungewöhnliche Leidenschaft: Er war Verehrer alter Musik, vor allem der Bachs und Händels, die er seinen komponierenden Zeitgenossen als vorbildlich empfahl. Da er eine große Sammlung derartiger Manuskripte besaß, ließ er die Wiener Musiker Einblick nehmen und veranstaltete in seinem Palais Matineen, in denen diese damals vergessenen Werke aufgeführt wurden. So lernte Mozart das *Wohltemperierte Klavier* kennen und bearbeitete für van Swieten Händels *Messias*. Dem diktatorischen Gehabe des »steifleinenen Holländers« (Paumgartner) unterwarfen sich die professionellen Wiener Musiker offenbar gern, weil sie sich – wie bei Mozart ganz offensichtlich – eine Nachschulung »in Sachen obligaten Stils« erhofften. So fand auch Beethoven in der Manuskriptsammlung van Swietens Beispiele für jenes »obligate Akkompagnement«, das er selbst, spätestens seit seiner I. Symphonie, verpflichtend gemacht hat.

Dokumente

»Ich will in der Kürze also hersetzen, was der Herr Bruder von mir haben könnte: 1. ein Septett per il violino, viola, violoncello, contra-Bass, clarinett, corno, fagotto; – tutti obligati. (Ich kann gar nichts unobligates schreiben, weil ich schon mit einem obligaten Akkompagnement auf die Welt gekommen bin.) Dieses Septett hat sehr gefallen. Zum häufigeren Gebrauch könnte man die drei Blasinstrumente: Fagotto, clarinetto und corno, in noch eine Violine, noch eine Viola und noch ein Violoncello übersetzen. – 2. eine große Symphonie mit vollständigem Orchester. – 3. ein Konzert fürs Klavier, welches ich zwar für keins von meinen besten ausgebe, (...) – 4. eine große Solosonate.«
(Beethoven an den Verleger Franz Anton Hoffmeister am 15. Dezember 1800)

»Daß Sie Sebastian Bachs Werke herausgeben wollen, ist etwas, was meinem Herzen, das ganz für die hohe große Kunst dieses Urvaters der Harmonie schlägt, recht wohl tut und ich bald in vollem Laufe zu sehen wünsche.«
(Beethoven an den Verleger Franz Anton Hoffmeister am 15. Januar 1801)

»Ihren Hrn. Rezensenten empfehlen Sie mehr Vorsicht und Klugheit besonders in Rücksicht der Produkte jüngerer Autoren, mancher kann dadurch abgeschreckt werden, der es vielleicht sonst weiter bringen würde; was mich angeht, so bin ich zwar weit entfernt mich einer solchen Vollkommenheit nahe zu halten, die keinen Tadel vertrüge, doch war das Geschrei Ihres Rezensenten anfänglich gegen mich so erniedrigend, daß ich mich, indem ich mich mit anderen anfing zu vergleichen, auch kaum darüber aufhalten konnte, sondern ganz ruhig blieb und dachte, sie verstehen's nicht; um so mehr konnte ich ruhig dabei sein, wenn ich betrachtete, wie Menschen in die Höhe gehoben wurden, die hier unter den besseren in loco wenig bedeuten – und hier fast verschwanden, so brav sie auch übrigens sein mochten. Doch nun pax vobiscum; Friede mit Ihnen und mir; ich würde nie eine Silbe davon erwähnt haben, wäre's nicht von Ihnen selbst geschehen.«
(Beethoven an den Verlag Breitkopf & Härtel am 22. April 1801)

»Endlich bekam doch auch Herr Beethoven das Theater [Kaiserlich-Königliche National-Hof-Theater nächst der Burg] einmal, und dies war wahrlich die interessanteste Akademie seit langer Zeit. Er spielte ein neues Konzert von seiner Komposition, das sehr viel Schönheiten hat – besonders die zwey ersten Sätze. Dann wurde ein Septett (op. 20) von ihm gegeben, das mit sehr viel Geschmack und Empfindung geschrieben ist. Er phantasirte dann meisterhaft, und am Ende wurde eine Symphonie von seiner Komposition aufgeführt, worin sehr viel Kunst, Neuheit und Reichthum an Ideen war; nur waren die Blasinstrumente gar zu viel angewendet, so daß sie mehr Harmonie, als ganze Orchestermusik war. Vielleicht können wir etwas Gutes schaffen, wenn wir von dieser Akademie noch Folgendes anmerken. Es zeichnete sich dabey das Orchester der italienischen Oper sehr zu seinem Nachtheile aus. Erst – Direktorialstreitigkeiten! Beethoven glaubte mit Recht, die Direktion, nicht Herrn Conti, und niemand besser, als Herrn Wranitzky anvertrauen zu können. Unter diesem wollten die Herren nicht spielen. Die oben gerügten Fehler dieses Orchesters wurden sodann hier desto auffallender, da B.s Komposition schwer zu exekutiren ist. Im Akkompagniren nahmen sie sich nicht die Mühe auf den Solospieler acht zu haben; von Delikatesse im Akkompagnement, vom Nachgeben gegen den Gang der Empfindungen des

Solospielers u. dgl. war also keine Spur. Im zweyten Theil der Symphonie wurden sie sogar so bequem, daß, alles Taktirens ungeachtet, kein Feuer mehr – besonders in das Spiel der Blasinstrumente, zu bringen war. Was hilft bey solchem Benehmen alle Geschicklichkeit – die man den meisten Mitgliedern dieser Gesellschaft im mindesten nicht absprechen will? Welchen bedeutenden Effekt kann da, selbst die vortrefflichste Komposition machen?«
(Allgemeine musikalische Zeitung vom 15. Oktober 1800, Spalte 49 f.)

»[Es wurde] die Beethovensche Sinfonie aus C dur mit Präzision und Leichtigkeit gegeben. Eine herrliche Kunstschöpfung. Alle Instrumente sind trefflich benutzt, ein ungemeiner Reichthum schöner Ideen ist darin prächtig und anmuthig entfaltet, und doch herrscht überall Zusammenhang, Ordnung und Licht.«
(Allgemeine musikalische Zeitung vom 13. Februar 1805, Spalte 321)

Carl Philipp Emanuel Bach und Ludwig van Beethoven – zwei »Originalgenies«

> Der Geist eines Mannes, der Genie hat,
> ist ein fruchtbares und angenehmes Feld,
> angenehm wie Elisium.
> Es genießt einen immerwährenden Frühling.
> Die schönsten Blumen dieses Frühlings sind die Originale.
> *(Edward Young, 1683–1765)*

> Was ist Genie? Wer's nicht ist, kann nicht,
> und wer's ist, wird nicht antworten.
> *(Johann Kaspar Lavater, 1741–1801)*

Die Begriffe Genie, Genialität und Genius sind uns heute zur Kennzeichnung für Künstler jeglicher Couleur selbstverständlich und geläufig. Selbst die nüchterne Naturwissenschaft kennt die Genialität als Adelsprädikat: Wer stimmte nicht bereitwillig zu, wenn Albert Einstein ein Genie genannt wird. Der Begriff der

Genialität in der Kunst wie in der Wissenschaft zielt auf einen Bereich, der den Anteil von Irrationalität am Schaffensprozeß trivialisiert. Diese Irrationalisierung wie Trivialisierung ist unlösbar mit der Kulturokkupation des Bürgertums am Ende des 18. Jahrhunderts verbunden. Irrationalisierung meint, daß der kreative Mensch gleichsam gottähnlich sei, wie es der Sturm-und-Drang postulierte und wie es seitdem bürgerliche Kultur-Ideologie ist; Trivialisierung meint, daß die nun herrschende bürgerliche Kultur, die eher aus Liebhabern denn aus Kennern, eher aus Amateuren und Dilettanten denn aus Professionellen und Experten besteht, eine neue Note in die kulturelle Diskussion bringt.

Wer kennt nicht die bürgerlichen Topoi des schaffenden Menschen, etwa Beethovens, der bei währendem Gewitter und wehenden Gardinen die Noten mit gesträubter Gänsefeder und klecksender Tinte aufs Papier wirft: So klopft das Schicksal an die Pforte – als befähigten Leid um die »Unsterbliche Geliebte«, drohende Taubheit oder auch Querelen mit Neffen und Dienstmägden zur Komposition auch nur eines einzigen Streichquartettsatzes.

Amateurhafte Liebe – wie sie etwa idealistisch Bettina Brentano Beethoven entgegenbrachte, eher pragmatisch Anton Schindler, Beethovens »Eckermann« – ließ außer acht, daß das, was man beim Künstler seit eh und je Handwerk nannte, nun in eine neue Dimension rückte. Nicht gut Gemachtes konkurriert mit dem besser Gemachten, sondern das exzeptionell Gemachte ist das Gute schlechthin: Nicht mehr »Sei Sinfonie«, »Dodici Concerti grossi« im Sechserpack, sondern das Unikat, das »Original« – »die« VIII. Symphonie, »das« Erzherzogtrio zählen.

Spätestens seit Hermann August Korffs Meisterleistung, die geistesgeschichtliche Entwicklung von der Mitte des 18. zum ersten Drittel des 19. Jahrhunderts als »Geist der Goethe-Zeit« darzustellen und mit ihr die »Geniezeit« zu porträtieren, weiß man, daß das »Genie« oder (wie die Stürmer und Dränger es nannten) das »Originalgenie« seinen Platz im bürgerlichen Denken hatte. War doch der Sturm-und-Drang die erste Richtung, die der niedergehenden Duodezfürstenkultur eine neue bürgerliche, zuweilen betont kraftmeierische Bewegung entgegenstellte. Solch einschneidende Pendelausschläge und Verwerfungen sind der Kulturgeschichte keineswegs fremd. Festzuhalten gilt nur für den in Rede stehenden Umbruch im letzten Drittel des 18. Jahrhunderts, daß er eine sehr spezifische Situation im Verhältnis Rationalismus-Irrationalismus darstellt: Der Geniekult setzt sich bewußt von der (doch ebenfalls bürgerlichen) rationalen Aufklärungsidee ab durch eine Kunst des Gemüts, des Gefühls und des Herzens. Das scheint neu: War der Künstler vergangener Zeiten immer bestrebt, das rationale Moment seines Schöpfertums als Legitimation hervorzuheben, d.h. sich lieber als »Wissenschaftler«, als Gelehrter denn als Genie zu präsentieren, so gerät er nun in einen Zwiespalt zwischen Rationalität und Irrationalismus: Carl Philipp Emanuel Bach ist in seiner Person lebendiges Zeugnis dafür. Sein *Versuch über die wahre Art, das Clavier zu spielen* gehört in die illustre Reihe der kritischen Schriften, wie sie die Aufklärung hervorgebracht hat, und ist doch zugleich Zeugnis eines anti-aufklärerischen, irrationalistischen Genietums: »Indem ein Musickus nicht anders rühren kan, er sey dann selbst gerührt...« – und noch deutlicher: »Aus der Seele muß man spielen, und nicht wie ein abgerichteter Vogel.«

Rund zwanzig Jahre hat es dann noch gedauert, bis – gleichsam mit einem Paukenschlag – das Manifest und Kultbuch des bürgerlichen Irrationalismus erschien: Goethes *Werther* von 1774. Obwohl der Autor, trotz eigener Beteuerungen, der Musik lebenslang kaum besonders nahestand, konnte er nicht umhin, die empfindsame Seelenproblematik – ganz im Sinne Carl Philipp Emanuel Bachs – an der Musik festzumachen. Erinnert sei an die berühmte Szene »Lotte am Klavier« im Brief vom 16. Julius (mit »Klavier« ist typischerweise das empfindsame Clavichord gemeint): »Sie hat eine Melodie, die sie auf dem Klaviere spielet mit der Kraft eines Engels, so simpel und so geistvoll! Es ist ihr Leiblied, und mich stellt es von aller Pein, Verwirrung und Grillen her, wenn sie nur die erste Note davon greift. Kein Wort von der alten Zauberkraft der Musik ist mir unwahrscheinlich. Wie mich der einfache Gesang angreift! (...) Die Irrung und Finsterniß meiner Seele zerstreut sich, und ich athme wieder freier.« Das empfindsame, quasi pietistische Motto: »Vom Herzen – Möge es wieder zu Herzen gehn« hat noch der späte Beethoven, inzwischen Zeitgenosse der Romantiker, seiner *Missa solemnis* mit auf den Weg gegeben.

Die verehrende Verbindung Beethovens zu Carl Philipp Emanuel Bach ist – soweit das archivalisch und philologisch noch möglich ist – gut dokumentiert und aufgeklärt worden (es sei hier vor allem auf Hans Günter Ottenbergs ebenso intensive wie bedachtsame Studien verwiesen). Der zweite Bach-Sohn spielte in Beethovens Werte-Hierarchie eine offenbar wichtige Rolle. Die oft zitierte Stelle aus der Autobiographie eines der authentischen Beethoven-Interpreten, Carl Czerny, Beethoven habe Carl Philipp Emanuel Bachs *Versuch* als Grundlage der ersten Unterrichtsstunde vorausgesetzt, ist eindrucksvoll. Man bedenke, daß Czerny daran zu einer Zeit (nämlich 1842) erinnerte, als das Gedenken an Carl Philipp Emanuel Bach so gut wie erloschen war. Die Bestellung Beethovens an seine Verleger Breitkopf & Härtel, ihm doch alle Bach-Sachen – von Vater und Söhnen, vor allem Emanuel – zu schicken, enthält die durchaus realistische Einschätzung: »sie vermodern Ihnen doch«.

Es geht nicht um den Vergleich musikalischer Stellen und – damit verbunden – um Nachweise, wie Carl Philipp Emanuel Bach auf Beethoven gewirkt hat. Diese sind kompetent erbracht worden und an Beethovens Werk sicherlich geradezu mit Händen zu greifen – wie anders auch: Für die heranreifende Wiener Klassik, für Haydn, Mozart und (nicht nur den jungen) Beethoven muß Carl Philipp Emanuel Bach eine überragende Gestalt gewesen sein. Das falsche Rochlitz-Zitat (Friedrich Rochlitz war bedeutender Musiktheoretiker und Goethe-Freund) »Er ist der Vater, wir sind die Buben« hat so im nachhinein eine gewisse historische Dignität.

Es soll hier aber um etwas anderes gehen: Im Titel dieses Essays erscheinen beide, Carl Philipp Emanuel Bach und Ludwig van Beethoven, als Originalgenies. Es bleibt zu untersuchen, was beiden gemeinsam ist, was Beethoven an Carl Philipp Emanuel Bach vorbildlich fand und was beide trennte. Wenn »original« als einzigartig und zugleich ursprünglich übersetzt wird, so finden sich zwischen beiden Meistern Übereinstimmungen, sowohl was ihre eigene Einschätzung als auch die der Zeitgenossen betrifft. Im Katalog der Ausstellung zum 200. Todestag Carl Philipp Emanuel Bachs (1988 – Berliner Staatsbibliothek Preußischer Kulturbesitz), der mit Recht den Titel *Er ist Original* trägt, ist eine Reihe von Zitaten zusammengestellt, die die Rezeption der Musik Carl Philipp Emanuel Bachs im Hinblick auf ihre »Originalität« beleuchten. Es ist beeindruckend, wie der Chor der maßgebenden Zeitgenossen (Johann Kaspar Lavater, Friedrich Wilhelm Marpurg, Charles Burney, Johann Friedrich Reichardt,

Christian Friedrich Daniel Schubart) von allen Verdiensten Carl Philipp Emanuel Bachs vor allem seine Originalität hervorhebt.

Von Beethoven ist bekannt, wieviel Wert er auf seine Einmaligkeit legte. Wer ihm schmeicheln wollte – Beethovens Konversationshefte sind ein beredtes Zeugnis davon –, nannte ihn »originell«. Er ist ein Prototyp des Komponisten des neuen bürgerlichen Zeitalters, der den Mythos der Einmaligkeit, eben des Originalen gleichsam wie eine Standarte vor sich hertrug. Man lasse sich nicht von den Werkgruppen als Teilen des Dutzend bei der Opusnumerierung täuschen, etwa von drei Trios op. 1, drei Klaviersonaten op. 2, drei Violinsonaten op. 12 oder gar den sechs Quartetten op. 18: Frühzeitig hat Beethoven die barocke Unverbindlichkeit der Serienproduktion durch die Idee des Zyklischen ersetzt; so hat der Gedanke, daß die letzten Quartette einen Zyklus bilden, in der Beethoven-Forschung heute so etwas wie Gewißheit erlangt. Das Zyklische, die zwingende Notwendigkeit des einzelnen sub specie des Ganzen, das Ganze zugleich aber bedingt durch die kleinste Einzelheit, etwa des Motivs und seiner Verarbeitung im »obligaten Akkompagnement«, wird heute als die einmalige Leistung Beethovens angesehen.

Was nun den Vergleich unserer Protagonisten Carl Philipp Emanuel Bach und Ludwig van Beethoven betrifft, so sei eine (scheinbar) paradoxe These gewagt: Die »Originalität« beider beruhte zunächst nicht auf der Einmaligkeit ihrer Produktion, sondern auf ihrer Vielsprachigkeit. Erst die Verschmelzung und akute Zuspitzung verschiedener Musiksprachen zu einer Sprache der Zukunft macht beider Genialität aus.

Carl Philipp Emanuel Bach sprach musikalisch vier Sprachen: das Gelehrte, das Galante, das Empfindsame und das »Freischweifende«. Das *Gelehrte*, also das Schreiben für obligate Stimmen, war »täglich Brot« im Vaterhaus. Das *Galante* lag nahe: Die Residenz Dresden war nicht weit, der große Johann Adolph Hasse war ein enger Freund und Pate, und das Werk des Thomaskantors ist voll von Galanterien, man denke an die Suiten und Partiten, an das *Notenbüchlein für Anna Magdalena Bach*. Auch in der aufkommenden *Empfindsamkeit*, der gleichsam säkularisierten Strömung des Pietismus, der der alte, orthodox lutherisch gesinnte Bach abhold war, sich aber in Wortschatz und Atmosphäre kaum entziehen konnte, scheint es, als hätte der Thomaskantor seine Söhne vorausgreifend überholt: Man denke an das Es-Dur- oder das f-Moll-Präludium aus dem 2. Band des *Wohltemperierten Klaviers*. Aber genauso das *Freischweifende* kannte der Vater, vermutlich aus der norddeutschen Orgeltradition: Die berühmte *Chromatische Phantasie* mag als Beispiel dafür einstehen.

Carl Philipp Emanuel Bach, auf der Grenzscheide zwischen den Zeiten, nahm diese Sprachen, polyglott wie er war, auf: Für seinen Arbeitgeber, Friedrich II., sprach er *galant*; das *Gelehrte* ließ er (in einer Zeit zunehmenden Dilettantentums) als Erweis seiner Professionalität gleichsam miteinfließen, es diente ihm nach traditionellem Muster für die Kirchenmusik; das *Empfindsame* war auf dem Clavichord seine »force«, wie man in seinem francophilen Zeitalter zu sagen pflegte, ebenso wie das *»Freischweifende«*, jenes ungebärdig Aufbegehrende, sich nicht an Takt- und Tonarten-Einheit Haltende, das aus dem Empfindsamen fast pathologisch herauswuchs. Burneys und auch Reichardts Berichte von Carl Philipp Emanuel Bachs improvisiertem Clavichordspiel beschreiben Züge des Trance- und Séancehaften, des Bewußtlosen und Nichtendenwollens, offenbar jene Irrationalität, die ihm wohl zuvörderst das Prädikat des Originalgenies eingebracht hat, eine Welt übrigens, die seinem Vater sicherlich fremd gewesen wäre.

Daß Carl Philipp Emanuel Bach zu betonen pflegte, sein Vater sei sein einziger Lehrer gewesen, ist mehr als nur eine biographische Pointe, denn für die Generation der gleichzeitig mit den Bach-Söhnen Lebenden, die nicht das Glück eines solchen Lehrers gehabt hatten, gab es in dieser »Vorklassik« nicht sehr viel zu lernen. Durch die proklamierte neue »Einfachheit« und »Natürlichkeit« war das barocke Handwerk verkommen, und wie man an Haydns oder Mozarts Entwicklung sehen kann, waren sie auf eigenen Scharfsinn und mühsam eruierte Vorbilder angewiesen, allen voran Carl Philipp Emanuel Bach, für Mozart auch dessen berühmter Halbbruder Johann Christian Bach und die Mannheimer, schließlich Johann Sebastian Bach und Georg Friedrich Händel. Haydn und Mozart hatten das Niveau des Komponierens aus der Tiefebene der »Vorklassik« ins Freie geführt, eine Leistung, die wir an der sogenannten Wiener Klassik mit Recht bewundern.

Als Beethoven antrat, war diese Leistung also bereits erbracht. Zu den Verfahrensweisen Haydns und Mozarts hatte er unmittelbaren Zugang, sein Lehrer Neefe machte ihn in jungen Jahren mit dem *Wohltemperierten Klavier* und mit Kompositionen Carl Philipp Emanuel Bachs bekannt; die schon ein wenig verstaubte italienische Kontrapunktsphäre war ihm durch das Wiener Musiktheorie-Orakel Johann Georg Albrechtsberger ebenso geläufig wie die Werke Händels, dessen Gesamtausgabe er noch auf dem letzten Krankenlager dankbar als Geschenk der Londoner Philharmonischen Gesellschaft entgegennahm (»Gehet hin und sehet, wie man mit so geringen Mitteln so gewaltige Wirkungen erreicht«).

So sprach auch Beethoven verschiedene musikalische Sprachen, ebenso wie Carl Philipp Emanuel Bach war er polyglott, nur sind bei ihm die Dialekte durch seine andere historische Stellung vermittelter, nicht so kraß nebeneinanderstehend. Vergleicht man sie mit denen Carl Philipp Emanuel Bachs, so fällt auf, daß z. B. das Gelehrte bei Beethoven, so genuin er es von Jugend an vielleicht mitbekam, dennoch wie neu im wahrsten Wortsinn erarbeitet wirkt, etwa in der Kontrapunktik des Spätwerks, den letzten Klaviersonaten, der *Missa solemnis*, der IX. Symphonie und der letzten Quartette. Was das Galante betrifft, so scheint es, als habe Beethoven zeitlebens der liebenswürdig aufgeklärten Bonner Duodezfürstentumsidylle seine Reverenz erwiesen: Bis ins Spätwerk hinein hält sich etwas vom Komplimentiergestus, wie etwa schon im G-Dur-Quartett (op. 18/2).

Hinzu kommt bei Beethoven eine gewisse Derbheit, eine Trivialität, die die Vorklassik bei aller von ihr nun betonten »Einfachheit« und »Natürlichkeit« nicht kannte, und die Beethoven – in Gegenposition zu dem ihm durchaus wohlwollenden Adel – für eine Art jakobinische Revanche hielt.

Was den empfindsamen Stil Carl Philipp Emanuel Bachs betrifft, so pflegte ihn Beethoven vor allem in seinen langsamen Sätzen. Er fügte ihm jedoch eine Variante hinzu, die seinen Ruhm als Originalgenie mitbegründete, obwohl diese bei Mozart bereits fertig vorgebildet war: Gemeint ist die *Sarastro*-Sphäre, das »Bei Männern, welche Liebe fühlen« oder – anders ausgedrückt – der »Menschheitston« des neuen bürgerlichen Subjekts. Bei Beethoven zählen unter anderem der weihevolle Andante-Ton des Themas in der Sonate As-Dur (op. 26), der ganze *Florestan/Leonore*-Komplex, aber auch der Adagio-Satz aus dem ersten Rasumowsky-Quartett dazu.

Das »Freischweifende«, das Beethoven an Carl Philipp Emanuel Bach vermutlich besonders beeindruckte, ist in seinem Werk, vor allem im Klavierwerk, leicht nachzuweisen und ist oft nachgewiesen worden: in der *Sturmsonate* mit ihren Rezitativen, im wie improvisiert erscheinenden 1. Satz der *Mondscheinsonate*, in der Fantasie op. 77, überhaupt in allem Rezitativischen, das bis ins Spätwerk immer die Sprache Beethovens war. Sie scheint jedoch gebändigter als bei Carl Philipp Emanuel Bach, da das suggestiv Sprechende zugleich stringent konstruktiv eingebunden ist (man denke an die entsprechenden Stellen im letzten Satz der IX. Symphonie). Wie in der Literatur ist hier das Entfesselte des Sturm-und-Drangs einer neu eroberten »Besonnenheit« (ein Ausdruck Friedrich Schlegels) gewichen.

Was Beethoven von Carl Philipp Emanuel Bach – immer im Hinblick auf die Originalgenie-Problematik – dann wesentlich unterscheidet, ist die »heroische« Sprache, die heldenhaft glänzende in Es-Dur (*Eroica*-Umkreis, V. Klavierkonzert) und das tragisch Marcia-funebre-hafte in c-Moll (von op. 1/3 über die *Pathétique* und die V. Symphonie bis hin zu op. 111). So sehr diese Sprache heute als typisch für Beethoven gilt, so ist doch zu konstatieren, daß ihr »Ton« aus dem revolutionären Frankreich stammt. Sie ist Ausdruck von Beethovens ebenso glühender wie ambivalenter Identifikation mit der Epoche Napoleons. Die letzten Streichquartette schließlich, die von allen Dialekten Beethovens immer noch etwas enthalten, sind unserer Problemstellung gegenüber gleichsam exterritorial: Ihr Bizarres und zugleich Konstruktives, ihre geballte Expression erschlossen sich wohl erst dem 20. Jahrhundert in der Erfahrung mit der Neuen Musik ganz.

Carl Philipp Emanuel Bach und Beethoven – der Vergleich darf historisierendem Denken und differenziert wertendem Urteil nicht verschlossen sein. Ähnlichkeiten sind frappierend, gravierende Unterschiede sollten nicht geleugnet werden: Carl Philipp Emanuel Bach war ein großer Anreger und Berichterstatter seines Zeitalters, ein scharfsinniger Theoretiker und hellsichtiger Stilbildner, aber angesichts Beethovens fällt es schwer, von einem großen Komponisten zu sprechen. Zu ungleich waren auch beider historische Situationen: Carl Philipp Emanuel Bachs Lebens- und Wirkenszeit fiel noch in die Abendröte des zur Neige gehenden aufgeklärten Absolutismus und doch bereits in den –

noch zwielichtigen – Aufbruch des bürgerlichen Zeitalters. Beethoven dagegen wurde zum ersten und zugleich überragenden Repräsentanten eben jener neuen Zeit.

Die Grabinschrift für Carl Philipp Emanuel Bach, die kein Geringerer als Friedrich Gottlieb Klopstock verfaßte, lautet:

Der tiefsinnige Harmonist

Vereinte die Neuheit mit der Schönheit,

War groß

In der vom Wort geleiteten,

Noch größer

In der kühnen sprachlosen Musik.

Wer wollte leugnen, daß dies nicht auch für Beethoven zugetroffen hätte!

Christian Hornemann
Porträt Ludwig van Beethovens
1802, Miniatur auf Elfenbein, 5,8 × 4,7 cm
rechts unten signiert: »Hornemann 1802«
Beethoven-Haus, Bonn, Sammlung H. C. Bodmer

Christian Hornemann (1765–1844) stammte aus Kopenhagen. Er kam 1798 mit einem Empfehlungsschreiben zu dem berühmten, Schule bildenden Porträtmaler Friedrich Heinrich Füger nach Wien, wo er bis etwa 1803 blieb. Hornemann porträtierte – ähnlich wie später Isidor Neugaß – neben Beethoven im selben Jahr auch Joseph Haydn, wobei das Bildnis Haydns jedoch nicht ganz die künstlerische Qualität besitzt wie das Beethovens.

Die Miniatur Hornemanns ist das erste wirklich bedeutende Porträt Ludwig van Beethovens, auch weil dieses Abbild des Komponisten als realistisch einzustufen ist, wie ein Vergleich mit der Lebendmaske Beethovens aus dem Jahre 1812 zeigt. Diese Ähnlichkeit läßt vermuten, daß Beethoven für Hornemann Modell saß. Möglicherweise entstand die Miniatur, die Beethoven zur Zeit der Uraufführung der II. und der Komposition der III. Symphonie zeigt, sogar in seinem Auftrag. Jedenfalls befand sich dieses Porträt in Beethovens Besitz. Wie sehr er es schätzte und als Kleinod empfand, macht folgende Begebenheit deutlich: Als Beethoven 1804 eine heftige Auseinandersetzung mit Stephan von Breuning hatte, dem er seit seinen Bonner Jugendtagen eng verbunden war und der mit ihm damals in einer gemeinsamen Wohnung lebte, schien die Freundschaft zunächst zerrüttet. Doch versöhnten sich beide wieder, und Beethoven schickte dem Freund daraufhin, als Zeichen seines ehrlichen Bedauerns, die Hornemannsche Miniatur mit den Worten: »Hinter diesem Gemählde mein guter, lieber St.[ephan] sey auf ewig verborgen, was eine Zeit lang zwischen unß vorgegangen – ich weiß es, ich habe dein Herz zerrissen, meine Bewegung in mir, die du an mir gewiß bemerken mustest, hatte mich genug dafür gestraft. Boßheit wars nicht, was in mir gegen dich vorgieng, nein ich wäre deiner Freundschaft nie mehr würdig, Leidenschaft bei dir und bei mir – (...) mein Porträt war dir schon lange bestimmt, du weißt es ja, daß ich es immer jemand bestimmt hatte, wem könnte ich es wohl mit dem wärmsten Herzen geben, als dir treuer, guter, edler Steffen.«

(M. L.)

II. Symphonie in D-Dur, op. 36

Analyse und Essay von Armin Raab

Wider das Klischee von Beschaulichkeit und Ausgeglichenheit ist die II. Symphonie ein »heiteres« Werk?

Entstehungszeit: Skizzen zwischen Sommer 1800 und Februar 1802, Ausarbeitung bis April 1802, möglicherweise vor der Veröffentlichung umgearbeitet

Erste bekannte Aufführung: 5. April 1803, Theater an der Wien

Originalausgabe (Jahreswende 1803/1804): Grande Sinfonie pour deux Violons, Alto, deux Flûtes, deux Hautbois, deux Clarinettes, deux Bassons, deux Cors, deux Trompettes, Timballes, Violoncelle et Basse, composée et dediée à son Altesse Monseigneur le Prince Charles de Lichnowsky par Louis van Beethoven

Sätze (mit Beethovens Metronomzahlen):
1. Adagio molto (♪ = 84) – Allegro con brio (♩ = 100)
2. Larghetto (♪ = 92)
3. Scherzo. Allegro (♩. = 100)
4. Allegro molto (♩ = 152)

Die ungläubige Verwunderung über den krassen Gegensatz zwischen der besinnlich-heiteren II. Symphonie und dem pessimistischen *Heiligenstädter Testament* ist längst zum Topos der Konzertführer-Literatur verfestigt. Grundlage dafür ist die Annahme, Beethoven habe die Symphonie im Spätsommer 1802 fertiggestellt – eben zu der Zeit, als er jenes berühmte Dokument verfaßte, das in so erschütternder Weise von den Folgen der zunehmenden Ertaubung berichtet. Als Beethoven das an seine Brüder adressierte Testament niederschrieb, war jedoch die Arbeit an der Symphonie längst weitgehend, wahrscheinlich sogar endgültig abgeschlossen.

Die entscheidenden Hinweise für eine exakte Datierung geben die Skizzen. Während sich von den Arbeiten an der I. Symphonie keine einzige Notiz erhalten hat, ist zu ihrer Nachfolgerin reiches Material überliefert, verteilt auf zwei Skizzenbücher (Staatsbibliothek zu Berlin: Landsberg 7; Gesellschaft der Musikfreunde Wien: *Keßlersches Skizzenbuch*) und zwei Skizzenkonvolute (Staatsbibliothek zu Berlin: Landsberg 10 und Landsberg 12). Vor allem für die Ecksätze läßt sich detailliert der Weg vom Einfall zur fertigen Konzeption verfolgen (Westphal, S. 47–79). Die ersten Skizzen schrieb Beethoven bereits im Sommer oder Herbst 1800 nieder, also nicht lange nachdem er seinen symphonischen Erstling vollendet hatte. Die jüngsten Skizzen stammen vom Februar 1802. In der Zwischenzeit mußte er die Arbeit an der D-Dur-Symphonie mehrmals zugunsten anderer größerer Projekte zurückstellen, vor allem im Winter 1800/1801, als er den Auftrag für die Ballettmusik *Die Geschöpfe des Prometheus* (op. 43) erhielt.

An die Phase der Skizzierung schloß sich sicherlich die Ausarbeitung der Partitur unmittelbar an. Beethovens jüngerer Bruder Kaspar Karl, der zeitweise die Geschäfte des Komponisten führte, versuchte schon im März 1802 das Interesse des Leipziger Verlages Breitkopf & Härtel für eine Symphonie und ein Klavierkonzert (op. 37) zu wecken, indem er deren baldige Vollendung in Aussicht stellte. Im darauffolgenden Monat wollte Beethoven eine musikalische Akademie im Wiener Hoftheater veranstalten, sicherlich um beide Werke erstmals aufzuführen. In mehreren Briefen aus dieser Zeit bittet er seinen Schüler Ferdinand Ries, von Kopisten geschriebene Orchesterstimmen zu überprüfen. Es kann sich nur um Aufführungsmaterial zu op. 36 oder 37 gehandelt haben – eher noch zur Symphonie als zum Klavierkonzert, denn es gibt Indizien dafür, daß dieses erst unmittelbar zur tatsächlichen Uraufführung 1803 vollendet wurde.

Zu Beethovens großer Verärgerung kam das Konzert nicht zustande, weil der Intendant Baron von Braun, »bekanntlich ein dummer und roher Mensch«, das Hofburgtheater anderen Veranstaltern überließ, »äußerst mittelmäßigen Künstlern«, wie Kaspar Karl am 2. April indigniert an Breitkopf & Härtel berichtete. Wegen des Klavierkonzertes und der Symphonie bat er um Geduld: Sie sollten erst im Druck erscheinen, nachdem sie öffentlich erklungen waren. Erst Anfang 1803 wurden die Verhandlungen über op. 36 und op. 37 wieder aufgenommen. Sie führten jedoch zu keinem Erfolg. Einer Honorarforderung von 600 Gulden stand ein Angebot über nur 500 Gulden gegenüber. Mit besonderer Genugtuung konnte Kaspar Karl schließlich absagen. Sein Bruder habe, so schreibt er nach Leipzig, Symphonie und Konzert »einem Ihrer Herren Kollegen um 700 Gulden überlassen«. Bis op. 36 gedruckt wurde, sollten allerdings noch einige Monate vergehen. Das Wiener *Bureau des Arts et d'Industrie* zeigte die Ausgabe erst im März 1804 in der *Wiener Zeitung* an, vermutlich lag sie aber schon zur Jahreswende 1803/1804 vor. Zwei Jahre später brachte derselbe Verlag eine Bearbeitung für Klaviertrio heraus, die nach Angabe des Titelblattes vom Komponisten selbst stammt. Allerdings fehlt sie in Ferdinand Ries' Aufstellung von Beethovens eigenhändigen Arrangements; vielleicht gehört sie zu jenen »vielen anderen Sachen«, von denen Ries berichtet, daß sie »von mir arrangirt, von Beethoven durchgesehen, und dann von seinem Bruder Caspar, unter Beethoven's Namen, verkauft« wurden (Wegeler/Ries, S. 94).

Nachdem man ihm im April 1802 das Hofburgtheater verweigert hatte, ließ Beethoven ein Jahr verstreichen, ehe er erneut ein Konzert mit ausschließlich eigenen Werken vorbereitete. Auf dem Programm der Akademie am 5. April 1803 im Theater an der Wien stand – neben op. 36 und op. 37 – das Oratorium *Christus am Ölberg* (dessen hohe Opuszahl 85 über die Zeit der Entstehung täuscht). Außerdem nutzte Beethoven die Gelegenheit, auch seine I. Symphonie noch einmal zu präsentieren. Ob es sich bei dieser ersten nachweisbaren Aufführung der II. Symphonie um ihre Uraufführung handelte, ist fraglich. Der Widmungsträger, Carl Fürst von Lichnowsky, war einer der rührigsten unter den musikbegeisterten Adligen Wiens. Insgesamt fünf Werke Beethovens sind ihm gewidmet – als Dank für langjährige und großzügige Förderung. Es ist sehr wahrscheinlich, daß er das Werk bereits in einem Privatkonzert hatte aufführen lassen.

Die Zueignung an Lichnowsky könnte der Grund für die Verzögerung bis zum Erscheinen der Originalausgabe gewesen sein, denn es war üblich, Widmungsträgern – vor allem, wenn sie auch die Auftraggeber eines Werkes waren – für eine gewisse Zeit das alleinige Nutzungsrecht einzuräumen. Eine Publikation innerhalb dieses Zeitraums war dabei ausgeschlossen. In späteren Jahren allerdings setzte sich Beethoven immer häufiger über entsprechende Abmachungen hinweg.

Cecil Hill hat eine andere Erklärung für das späte Erscheinen der Originalausgabe gefunden. Er nimmt an, Beethoven habe den Schlußsatz der Symphonie nach der Aufführung vom April 1803 noch einmal überarbeitet. Hill stützt sich vor allem auf die Beobachtung, daß das Finale in der überlieferten Form wesentlich stärker von den letzten Skizzen abweicht, als dies bei den anderen Sätzen der Fall ist. Indiz einer Überarbeitung dürfte auch Ferdinand Ries' Mitteilung vom August 1803 sein, Beethoven schreibe derzeit an zwei Symphonien, »wovon die eine bereits schon fertig ist« (Brief an den Bonner Verleger Nikolaus Simrock; bei der anderen Symphonie handelt es sich um die *Eroica*).

Daß Beethoven an der Symphonie größere Änderungen vornahm, ist belegt. Cypriano Potter, ein englischer Pianist und Komponist, der bei einem längeren Besuch in Wien in regem Kontakt mit Beethoven stand, berichtet, dieser habe drei vollständige Partituren der II. Symphonie niedergeschrieben, ehe er zufrieden war (Grove, S. 33). Dem Zeugnis ist allerdings mit Vorsicht zu begegnen, da sich Potter erst 1817 in Wien aufhielt. Zuverlässiger ist eine andere Aussage über das Autograph der Symphonie (oder eines der Autographe, falls es tatsächlich mehrere gab): Ferdinand Ries hatte eine eigenhändige Partitur Beethovens in seinem Besitz. Sie sei ihm allerdings, so teilt er bitter mit, »von einem Freunde aus lauter Freundschaft gestohlen« worden. (Die Partitur ist bis heute nicht wieder aufgetaucht. Damit teilt op. 36 das Schicksal der I. und III. Symphonie, deren Autographe ebenfalls verschollen sind.) Im 2. Satz entdeckte Ries umfangreiche Korrekturen: »Das Larghetto ist nämlich so schön, so rein und freundlich gedacht, die Stimmführung so natürlich, daß man sich kaum denken kann, es sei je etwas daran geändert worden. Der Plan war auch von Anfang an, wie er jetzt ist, allein in der zweiten Violine ist, beinahe schon in den ersten Linien, bei vielen Stellen ein bedeutender Theil der Begleitung und an einigen Stellen auch in der Altviole, geändert, jedoch alles so vorsichtig ausgestrichen, daß ich trotz vieler Mühe, nie die Original-Idee herausfinden konnte« (Wegeler/Ries, S. 77).

Ursprung der Fehldatierung, die die Hauptarbeit an der II. Symphonie und das *Heiligenstädter Testament* zeitlich zusammenrückt, sind ein Irrtum von Ries und ein mißglückter Versuch der Richtigstellung durch Alexander Wheelock Thayer, einen der Pioniere der Beethoven-Forschung. Ries hatte geschrieben: »Im Jahre 1802 componirte Beethoven in Heiligenstadt (...) seine dritte Symphonie (jetzt unter dem Titel: Sinfonia eroica bekannt)« (Wegeler/Ries, S. 77). Thayer kommentierte in seinem chronologischen Verzeichnis der Werke Beethovens: »Er ist aber hier im Irrthum: statt ›dritte‹ muß ›zweite‹ gelesen werden« (Thayer 1865, S. 51). Doch Ries irrte nicht im Werk, sondern im Jahr. Zusätzlich irritiert, daß er Oberdöbling – Beethovens Sommeraufenthalt von 1803 – mit dem unmittelbar benachbarten Heiligenstadt gleichsetzte.

Der Topos vom Gegensatz zwischen Werk und Lebenswirklichkeit nahm seinen Ausgang allerdings zunächst in einer anderen falschen Datierung. Adolph Bernhard Marx vertrat die Auffassung, die II. Symphonie sei »1800 im Spätherbst zuerst in Wien aufgeführt« worden (Marx 1859, Band I, S. 226), und setzte sie in Bezug zu einem älteren Dokument persönlicher Tragik: Beethovens Brief an den Jugendfreund Wegeler in Bonn, in dem er zum allererstenmal seine beginnende Ertaubung schildert. (Der Brief entstand 1801, wurde aber von Marx ebenfalls fälschlich auf 1800 datiert.)

*

Die Frage nach dem vorgeblichen Widerspruch zwischen der heiter gestimmten II. Symphonie und der Tragödie von Beethovens Leben ist überflüssig – egal ob man diese durch den düsteren Brief an Wegeler oder das verzweifelte *Heiligenstädter Testament* dokumentiert. Nicht nur, weil die Hauptarbeit an der Symphonie in einer Zeit liegt, für die es wenig Anzeichen von Depressivität in Beethovens Leben gibt. Und nicht nur, weil der Frage eine Kunstanschauung zugrunde liegt, die aufgrund ihrer Naivität längst obsolet geworden ist: eine Anschauung, die im Werk primär den Ausdruck der psychischen Befindlichkeit seines Schöpfers sehen will. Selbst wenn man nicht von diesem Glauben an eine einschichtig biographische Determiniertheit des Kunstwerkes lassen und überdies die Ergebnisse der Philologie zur Datierung vernachlässigen wollte, müßte die Frage an der zweiten ihrer Voraussetzungen scheitern – ist denn Beethovens II. Symphonie überhaupt ein »heiteres« Werk?

Gewiß, es gibt Momente der Beschaulichkeit und Ausgeglichenheit. Der 2. Satz beginnt geradezu idyllisch, in ruhig strömender Melodik und statuarischer Harmonik. Vor allem die Abfolge von Viertakt- und Zweitaktgruppen, deren jede in abgeänderter Instrumentierung, Harmonik oder Dynamik wiederholt wird, fördert den Eindruck besinnlicher Ruhe. Einzig das »Seitenthema« in E-Dur,

zu dem eine nur kurze harmonische Verwicklung hinführt, verschleiert die Symmetrie durch Figuration der Wiederholung. (An sich hat das *Larghetto* Sonatensatzform; sein konsequenter Verzicht auf innere Dynamik wird Formtheoretiker jedoch von einer solchen Klassifizierung zurückhalten.) In den *Andante-moderato*-Abschnitten des langsamen Satzes der IX. Symphonie hat Beethoven Jahre später eine Melodie geschaffen, die diesem Seitenthema, ohne notengetreu zu sein, im Charakter verblüffend gleicht und formal eine ähnliche Funktion übernimmt. Wirklich zitathaft begegnet die dem Seitenthema folgende beschaulich schaukelnde Schlußgruppe des ersten Satzteiles an anderer Stelle wieder, allerdings nicht bei Beethoven, sondern in Franz Schuberts *Grand Duo* für Klavier zu vier Händen. Überhaupt ist es Schubert, auf den die gestalterischen Mittel des *Larghetto* vorausweisen (man vergleiche besonders die langsamen Symphoniesätze).

Im Mittelteil des Satzes ist es freilich mit der Heiterkeit vorbei: Er setzt mit einer geheimnisvoll anmutenden Mollfassung des Anfangsthemas ein, das nun ganz in Art einer Sonatensatz-Durchführung verarbeitet wird. Die viertaktige Periodisierung ist zugunsten kürzerer Gliederungen aufgegeben. Doch nicht der Wechsel von Stimmungen ist es, der Aufmerksamkeit verdient, sondern die Art, wie Musik durch motivisch-thematische Entwicklung gleichsam Geschichte erhält (man achte auf die ebenso kurze wie beredte Coda). Im Anschluß an die »Durchführung« wird zunächst der Hauptteil wiederholt – bei reicher Figuration der einzelnen Themen, wie man sie aus den langsamen Sätzen Beethovenscher Klaviersonaten kennt, mit dem Komplex des Seitenthemas und der Schlußgruppe nicht mehr in E-Dur, sondern in der Grundtonart A-Dur. Dann setzt mit der Coda erneut das Hauptthema an. Doch es kommt nicht zur Entfaltung, es verebbt, unterbrochen und kontrastiert von einem kurzen Flötenmotiv. Der Vorgang erhält resignative Züge. Das Material hat sich verändert, es ist einem Prozeß unterworfen.

Was sich hier im kleinsten Rahmen andeutet, ist jenes Merkmal Beethovenscher Musik, das sie am radikalsten von seinen Vorgängern unterscheidet: die Konzeption eines musikalischen Dramas. Hier liegt die Ursache für die zahllosen Anstrengungen, vor allem die späteren, die »großen« Symphonien programmatisch als Schicksals- und Weltanschauungsmusik zu erklären. Obwohl das wahre Drama sich einzig in der Musik selbst abspielt, wurde die Suche nach Bedeutung jenseits der Töne zum festen Bestandteil der Beethoven-Rezeption. Sie schien daher das geeignete Instrument, auch der II. Symphonie das Gewicht ihrer Nachfolgerinnen zu verleihen. Dabei blieb beispielsweise Otto Neitzels Versuch, die Symphonie konsequent durch alle Sätze als mythologische Schilderung des erwachenden Frühjahrs zu interpretieren, ein zu Recht wenig beachtetes Kuriosum (Neitzel, S. 18–26). Mit Harry Goldschmidt indes wandelte ein durchaus renommierter Beethoven-Forscher auf hermeneutischen Irrwegen. Für ihn ist Mozarts *Zauberflöte* das »geheime Programm«, durch dessen Offenbarung der Komponist die Symphonie davor hätte bewahren können, »so ungerechtfertigt im Schatten ihrer übrigen Schwestern zu stehen« (Goldschmidt 1975, S. 22). Daß sie Musik über Musik sei, erklären für Goldschmidt die angeblichen zahlreichen Mozart-Anklänge, mit denen Beethoven stilistisch merklich hinter seine eigene, durch die I. Symphonie vorgegebene Linie zurückfalle.

Interessant sind solche Deutungsversuche nur, weil sie die beiden häufigsten Klischeebilder von der II. Symphonie spiegeln: Sie sei ein Werk der Idylle, ein Werk bloßer Mozart-Nachfolge und damit Beethovens Abschied vom 18. Jahrhundert. Man sollte zeitgenössischen Rezensionen mehr trauen. Sie belegen hinreichend, in welchem Maße sich damalige Hörer, selbst wenn sie Beethovens Genialität anerkannten, durch die Unebenheiten seiner II. Symphonie vor den Kopf gestoßen fühlen mußten. Kann man nicht auch heute noch die Widerborstigkeit des Scherzos nachempfinden? (Es könnte übrigens ebensogut Menuett heißen wie das Menuett der I. Symphonie Scherzo; dem Wechsel der Bezeichnung entspricht kein Wechsel im Satzcharakter.) Beethoven treibt sein Spiel mit den Erwartungen des Hörers. Kaum hat man sich an die regelmäßige Abfolge von Forte und Piano gewöhnt, wird sie auf den Kopf gestellt; kaum stimmt das Trio in den Bläsern ruhigere Töne an, fährt im Forte ein Unisono der Streicher dazwischen. Die damit verbundene jähe Wendung nach fis-Moll samt ebenso unvermittelter Rückkehr nach D-Dur ist um so effektvoller, als Beethoven entgegen allen Erwartungen auch im Trio die Grundtonart der Symphonie beibehält. Es gibt ähnlich grelle Effekte in manchen der Menuette Haydns, doch insgesamt bleiben dessen Sätze ebenmäßiger, ausgeglichener.

Die Kennzeichen Beethovenschen Personalstils, die in den beiden Mittelsätzen der Symphonie in eher gedrängter Form zum Tragen kommen, entfalten sich vor allem in den Ecksätzen: seine Neigung zu Extremen und zu teleologischer Formgebung. Bereits wesentlich konsequenter als in der I. Symphonie hat Beethoven formale Konzeptionen verwirklicht, die Konstanten seiner Symphonik werden sollten: die Ausrichtung auf eine Schlußsteigerung hin – auf den einzelnen Satz bezogen durch Akzentuierung und Ausdehnung der Coda, auf den ganzen Zyklus bezogen durch Gewichtung des Finales.

Die »langsame Einleitung« des Kopfsatzes hebt in der Art mancher *Londoner Symphonien* Haydns an: mit dem Kontrast eines Fortissimo-Schlages zu einer ruhigen Kantilene, die so auch in einem langsamen Satz stehen könnte. Wie in der I. Symphonie führt die langsame Einleitung zunächst einmal von der Grundtonart weg; einem langen Orgelpunkt über B folgt eine modulatorische Passage. Bevor ein erneuter Orgelpunkt über der Dominante A zielstrebig zum Einsatz des Hauptthemas hinleitet, ereignet sich etwas, was der zu Kontrasten und Überraschungen neigenden Welt Haydns entsprungen ist, in seiner extremen Haltung aber diese Welt zugleich weit hinter sich läßt: Es erklingt ein abwärtsgeführter d-Moll-Dreiklang, in scharf punktiertem Rhythmus, im Unisono des ganzen Orchesters:

Oft wurde auf seine Übereinstimmung mit dem Hauptthema der IX. Symphonie hingewiesen. Erstaunlicherweise scheint jedoch niemals ein Verfechter der »biographischen Methode« darauf verfallen zu sein, das Dreiklangsmotiv als Hereinbrechen des tragischen persönlichen Verhängnisses zu deuten.

Einen heiteren Satz jedenfalls kann kein unbefangener Hörer nach diesem Schreckenssignal mehr erwarten. Spannungsgeladenes, atemloses Vorandrängen bestimmt seinen weiteren Verlauf. Jedes erreichte Ziel ist sogleich Ausgangspunkt einer Weiterentwicklung: Der beschwingte Charakter des marschartigen A-Dur-Seitenthemas wird durch die nach fis-Moll versetzte Wiederholung im Fortissimo in sein Gegenteil verkehrt. Dieser Impetus fügt das *Allegro con brio* auch da noch zur Einheit zusammen, wo es zu stocken scheint, so etwa, wenn die großangelegte Kadenz gegen Ende der Exposition auf einem verminderten Septakkord verstummt, bis aus der Generalpause wieder die Sechzehntel-Drehfigur des Hauptthemas aufsteigt. (Donald Francis Tovey erachtete diesen Moment für geradezu »sittenverderblich«; Tovey, S. 42.) Interessant ist, daß sich das Ziel exakt ausmachen läßt, auf dem die wilde Fahrt zum Stehen kommt: Auf dem Höhepunkt der Satzcoda mündet eine Variante des Hauptthemas in ein erneutes großes Orchester-Unisono, wieder mit einem Dreiklang. Wenngleich in D-Dur und umspielt von der Sechzehntel-Figur, gibt er sich deutlich als Pendant zum d-Moll-Signal in der »langsamen Einleitung« zu erkennen:

Erst aus der Gesamtsicht des Satzes erschließt sich die Funktion dessen, was beim ersten Erklingen noch als Fremdkörper wirken mußte.

Die Ausrichtung auf ein Ziel hin scheint im Finale zunächst kaum gegeben. Der Sonatenhauptsatz erhält durch Wiederholung des Hauptthemas am Beginn von Durchführung und Coda stark rondoartige Züge. Diese Anlehnung an die Rondoform verleiht ihm etwas von einem bloßen Kehraus. Damit nähme er einen Charakter an, wie man ihn vor allem aus den *Londoner Symphonien* Haydns kennt – wäre da nicht ein ungewohnter Tonfall im thematischen Material. Vor allem die trotzige Eröffnungsgeste, Keimzelle auch der Entwicklungen im Durchführungsteil, wäre keinem anderen Komponisten zuzutrauen als Beethoven:

Doch nicht nur der Tonfall ist neuartig. Als eigentliche Pointe fungiert die Coda. Weit ausgedehnter als die des Kopfsatzes, wird sie zum Ziel der gesamten Symphonie. Die Bewegung, nicht weniger atemlos als im 1. Satz, kommt auf einer Fermate zum Stehen (ein Effekt, der sich kurz vor Ende wiederholt). Was nun völlig neu ansetzt, hat manchen kühlen Analytiker ins Schwärmen geraten lassen. Für George Grove ist es eine »neue, zauberische Welt (...), die Erde ist vergessen und der Himmel nimmt uns auf« (Grove, S. 37). In dieser transzendierten Welt hat auch das störrische Eröffnungsmotiv seinen Platz – doch in einer bereinigten, gezähmten Fassung:

Dokumente

»Mein Gehör ist seit drei Jahren immer schwächer geworden (...) meine Ohren, die sausen und brausen Tag und Nacht fort. Ich kann sagen, ich bringe mein Leben elend zu, seit zwei Jahren fast meide ich alle Gesellschaften, weil's mir nicht möglich ist den Leuten zu sagen: Ich bin taub. Hätte ich irgendein anderes Fach, so ging's noch eher, aber in meinem Fache ist das ein schrecklicher Zustand; dabei meine Feinde, deren Zahl nicht gering ist, was würden diese hierzu sagen! – Um Dir einen Begriff von dieser wunderbaren Taubheit zu geben, so sage ich Dir, daß ich mich im Theater ganz dicht am Orchester anlehnen muß, um den Schauspieler zu verstehen. Die hohen Töne von Instrumenten, Singstimmen, wenn ich etwas weit weg bin, höre ich nicht; im Sprechen ist es zu verwundern, daß es Leute gibt, die es niemals merken; da ich meistens Zerstreuungen hatte, so hält man es dafür. Manchmal auch hör' ich den Redenden, der leise spricht, kaum, ja die Töne wohl, aber die Worte nicht; und doch sobald jemand schreit, ist es mir unausstehlich. Was es nun werden wird, das weiß der liebe Himmel. (...) Ich habe schon oft den Schöpfer und mein Dasein verflucht; Plutarch hat mich zu der Resignation geführt. Ich will, wenn's anders möglich ist, meinem Schicksale trotzen, obschon es Augenblicke meines Lebens geben wird, wo ich das unglücklichste Geschöpf Gottes sein werde. Ich bitte Dich, von diesem meinem Zustande niemanden, auch nicht einmal der Lorchen etwas zu sagen, nur als Geheimnis vertrau' ich Dir's an (...)«
(Beethoven an Franz Gerhard Wegeler am 29. Juni 1801)

»O ihr Menschen, die ihr mich für feindselig, störrisch oder misanthropisch haltet oder erkläret, wie unrecht tut ihr mir, ihr wißt nicht die geheime Ursache von dem, was euch so scheinet. (...) doch war's mir noch nicht möglich den Menschen zu sagen: Sprecht lauter, schreit, denn ich bin taub; (...) Gottheit! du siehst herab auf mein Inneres, du kennst es, du weißt, daß Menschenliebe und Neigung zum Wohltun drin hausen. O Menschen, wenn ihr einst dieses leset, so denkt, daß ihr mir unrecht getan, und der Unglückliche, er tröste sich, einen seinesgleichen zu finden, der trotz allen Hindernissen der Natur, doch noch alles getan, was in seinem

Vermögen stand, um in die Reihe würdiger Künstler und Menschen aufgenommen zu werden.«
(Auszüge aus dem *Heiligenstädter Testament* von 1802)

»Keiner Gesellschaft von Musikern und Freunden der Kunst kann es gleichgültig seyn, dass endlich auch eine zweyte Sinfonie von Beethoven so eben erschienen ist. Sie ist ein merkwürdiges, kolossales Werk, von einer Tiefe, Kraft, und Kunstgelehrsamkeit, wie sehr wenige –; von einer Schwierigkeit in Absicht auf Ausführung, sowol durch den Komponisten, als durch ein grosses Orchester, (das sie freylich verlangt,) wie ganz gewiss keine von allen jemals bekannt gemachten Sinfonieen. Sie will, selbst von dem geschicktesten Orchester wieder und immer wieder gespielt seyn, bis sich die bewundernswürdige Summe origineller und zuweilen höchstseltsam gruppirter Ideen enge genug verbindet, abrundet, und nun als grosse Einheit hervorgehet, wie sie dem Geiste des Komponisten vorgeschwebt hat; sie will aber auch wieder und immer wieder gehört seyn, ehe der Zuhörer, selbst der gebildete, im Stande ist, das Einzelne im Ganzen und das Ganze im Einzelnen überall zu verfolgen und mit nöthiger Ruhe in der Begeisterung zu geniessen – zu geschweigen, dass sich auch jeder an so ganz Eigenthümliches, als hier fast alles ist, doch erst ein wenig gewöhnen muss.«
(Allgemeine musikalische Zeitung vom 9. Mai 1804, Spalte 542)

»Eine grosse Symphonie aus D von Beethoven eröffnete das erste, am 9ten December gegebene Concert. Noch sind die Werke dieses, in seiner Art einzigen Künstlers hier nicht genug bekannt. Man ist an Haydns und Mozarts Werke gewöhnt, und darf sich nicht wundern, wenn diese seltnen Producte Beethovens, die sich so sehr von dem Gewöhnlichen entfernen, im Allgemeinen nicht immer ihre Wirkung auf den Zuhörer hervorbringen. Es ist hier der Ort nicht, diese Compositionsweise zu würdigen: dass aber eine glühende Phantasie, dass ein hoher Schwung kraftvoller und sinnreicher Harmonien, durchaus in denselben herrsche, gestehen auch jene, welche das Klare und Singbare für das Höchste der Kunst halten. Uebrigens lässt jedoch das Andante dieser Symphonie auch von dieser Seite nichts zu wünschen übrig. Der Menuet, so wie dem letzten Allegro hängt zwar etwas sehr Bizarres an: doch wenn uns das Humoristische in so manchem unserer Schriftsteller anziehet, warum wollen wir denn von dem Componisten, der das ganze, so

wenig noch erforschte Gebiet der Tonkunst in Anspruch nimmt, erwarten, dass er nur an hergebrachten Formen hange; nur immer dem Ohre schmeichle; nie uns erschüttere, und über das Gewohnte, wenn auch etwas gewaltsam, erhebe?«
(Allgemeine musikalische Zeitung vom 19. Februar 1812, Spalte 124)

»MOZARTS GEIST AUS HAYDNS HÄNDEN«
BEETHOVENS SYMPHONIK IM KONTEXT DER WIENER KLASSIK

Zur Ausbildung eines Musikers – wie eines jeden anderen Künstlers – gehörte im 18. und 19. Jahrhundert eine Reise zu den großen Musik- und Kunstzentren. Als Leopold Mozart mit seinem Sohn Wolfgang Amadeus quer durch Europa zog, tat er dies nicht in erster Linie, um das Wunderkind als Attraktion vorzuführen. Sein primäres Ziel war eine optimale musikalische Erziehung durch unmittelbares Erleben. Mozarts musikalische Universalität ist Ergebnis dieser Odyssee. Joseph Haydn dagegen unternahm seine einzigen größeren Reisen, die ihn 1791 und 1794 nach London führten, nicht als Lernender, sondern um sich als ein längst Vollkommener zu präsentieren. Er hatte sein Leben zuvor isoliert in Eisenstadt und Esterháza verbracht; nur die Wintermonate führten Fürst Esterházy – und damit auch seinen Hofkapellmeister Haydn – für längere Zeit nach Wien. Durch die Abgeschiedenheit, so konstatierte Haydn später, habe er »original werden« müssen. Es ist bezeichnend, daß seine bedeutendsten Werke jenen Gattungen angehören, deren Genese er selbst maßgeblich bestimmte: Symphonie und Streichquartett. In der »internationalen« Gattung der Oper, Domäne des universellen Mozart, blieb er dagegen provinziell.

So lange Ludwig van Beethoven in Wien lebte, plante er zu reisen. Gleich Haydn hätte er sich gerne in London feiern lassen; auch Paris blieb für ihn ein Traumziel. Doch alle Vorhaben zerschlugen sich. Die einzige größere Kunstreise von Wien aus – über Prag nach Berlin – unternahm er bereits 1796 (ein zweiter Aufenthalt in Prag 1798 ist nicht sicher zu belegen). Dabei präsentierte er sich mehr als Klaviervirtuose denn als Komponist. Die späteren Sommeraufenthalte in den böhmischen Badeorten und in der näheren Umgebung von Wien hatten privaten Charakter.

Daß Wien zur Wahlheimat Beethovens wurde, war unbeabsichtigte Folge einer Bildungsreise. Schon 1783 hatte sein Bonner Lehrer Christian Gottlob Neefe in Cramers *Magazin der Musik* geschrieben: »Dieses junge Genie verdiente Unterstützung, daß er reisen könnte.« Dabei versäumte Neefe nicht, die Parallele zu dem Musiker zu ziehen, der am offensichtlichsten durch seine Kenntnis des musikalischen Europas gewonnen hatte: »Er würde gewiß ein zweiter Wolfgang Amadeus Mozart werden, wenn er so fortschritte, wie er angefangen.« Selbstverständlich war es nicht selbstloses Mäzenatentum, was Kurfürst Max Franz schließlich bewog, seinen jungen Hoforganisten zweimal in die Welt hinauszusenden. Die Investition – die in einer Gehaltsfortzahlung, vielleicht auch in der Übernahme der Reisekosten bestand – sollte der Bonner Hofmusik zu noch größerem Glanz verhelfen. (Es war sicher Beethovens Glück, daß diese Pläne nicht in Erfüllung gingen.) Politische Gründe legten Wien als Ausbildungsort nahe: Max Franz, der erste (und letzte) Habsburger auf dem Thron des Kurfürstentums Köln, war ein Bruder Kaiser Josephs II. Die Wahl Wiens war jedoch auch künstlerisches Programm: Hätte Max Franz aus Beethoven beispielsweise einen Opernkomponisten machen wollen, hätte er ihn nach Italien schicken müssen.

Beide Reisen verfehlten ihren Zweck. Den ersten Aufenthalt in Wien 1787 mußte der Sechzehnjährige überstürzt abbrechen, weil seine Mutter im Sterben lag. Er war zwar – wie geplant – mit Mozart zusammengetroffen, aber zu regelmäßigem Unterricht war es nicht mehr gekommen. Die zweite Bildungsreise von 1792 wurde zur endgültigen Übersiedlung, als zwei Jahre später mit dem Einmarsch der französischen Revolutionstruppen in Bonn der Kurstaat erlosch, wodurch Beethoven seine Anstellung verlor. Vor dieser zweiten Reise legten die Bonner Freunde ein Stammbuch für den Scheidenden an (Stammbücher waren die seriöseren Vorläufer unserer heutigen Poesiealben). Graf Waldstein, ein langjähriger Förderer, trug geradezu prophetische Worte ein: »Durch ununterbrochenen Fleiß erhalten Sie: Mozarts Geist aus Haydens Händen«. Ein Jahr nach Mozarts Tod sind hier erstmals die drei »Wiener Klassiker« im Zusammenhang genannt – lange bevor man Beethoven überhaupt hätte dazurechnen wollen.

»Klassiker« bedeutet bekanntermaßen nicht nur Epochenabgrenzung und Wertkategorie. Mit dem Begriff verbindet sich die Vorstellung einer schulbildenden Tradition und eines gegenseitig befruchtenden Zusammenwirkens ihrer Vertreter, wie sie in der Literatur die beiden »Weimarer Klassiker« Goethe und Schiller praktizierten. Haydn und der eine Generation jüngere Mozart bereicherten und beeinflußten einander in der Tat wechselseitig. Haydn war für Mozart Vorbild; seinerseits zollte er dem Jüngeren vorbehaltlos Bewunderung. In seinem Spätwerk glauben Musikhistoriker zahlreiche Einflüsse Mozarts nachweisen zu können.

Das Verhältnis zwischen Haydn und Beethoven war zwangsläufig von anderer Art; schließlich kam Beethoven als Schüler Haydns nach Wien – als ein sehr kritischer und eigensinniger Schüler. Schon bald war er mit dem Unterricht unzufrieden und nahm heimlich zusätzliche Stunden bei Johann Schenk, einem Komponisten populärer Singspiele. Später soll Beethoven das Ansinnen, er möge sich auf den Titelblättern seiner ersten Veröffentlichungen »Schüler von Haydn« nennen, mit der Begründung zurückgewiesen haben, daß er zwar »einigen Unterricht bei Haydn genommen, aber nie etwas von ihm gelernt habe« (Wegeler/Ries, S. 86). Doch scheint Haydn um das Fortkommen seines Eleven bemüht gewesen zu sein. Bevor er zu seiner zweiten Englandreise aufbrach, brachte er ihn bei dem berühmten Kontrapunkttheoretiker Johann Georg Albrechtsberger unter. Mehrfach schrieb Haydn an den Kurfürsten nach Bonn, um über die Fortschritte im Unterricht zu berichten und größere finanzielle Unterstützung für Beethoven zu erwirken. Max Franz freilich zeigte sich enttäuscht: Die Stücke, die ihm als Beleg für den Fleiß seines Hoforganisten zugesandt wurden, kannte er größtenteils schon – sie waren nämlich noch in Bonn für die Hofkapelle komponiert worden.

Zahlreich sind die Anekdoten, die ein gespanntes Verhältnis zwischen Haydn und Beethoven auch in späteren Jahren dokumentieren sollen. Der Ältere war verstimmt vom schroffen und allzu selbstbewußten Auftreten seines ehemaligen Schülers. Beethoven andererseits argwöhnte, Haydn mißgönne ihm den zunehmenden Erfolg. Dieser Verdacht war wohl unbegründet. Es gibt genügend Hinweise darauf, daß Haydn dem jüngeren Komponisten hohe Achtung entgegenbrachte. Anerkennung des Könnens bedeutet freilich nicht Akzeptanz des ästhetischen Wollens. Haydn verweigerte gerade den Werken Beethovens das Verständnis, die dessen ureigenste Musiksprache am deutlichsten zum Ausdruck brachten. Der Generationenkonflikt entzündete sich, wie so oft, an der Polarität von Tradition und Fortschritt. Bezeichnend sind die Ereignisse um die erste Aufführung von Beethovens drei Klaviertrios op. 1 im Palais des Fürsten Lichnowsky. Der anwesende Haydn gab sich beeindruckt, riet aber dem Komponisten, das dritte, das c-Moll-Trio, nicht zu veröffentlichen. Beethoven, der dieses Trio für das beste der Gruppe hielt (zweifellos ist es das ungewöhnlichste), war zutiefst gekränkt.

Man hat aus solchen Zusammenstößen (von denen es mehrere gab) auf eine lebenslange Verstimmung zwischen den beiden Komponisten schließen wollen. Vor allem Anton Schindler wob in seiner Beethoven-Biographie an dieser Legende – wie an so vielen anderen. Schindler war es auch, der verbreitete, Beethoven habe nicht ein einziges Werk Haydns besessen. Ein Blick in das anläßlich der Versteigerung von Beethovens Nachlaß angefertigte Verzeichnis belehrt eines Besseren: Aufgelistet sind Ausgaben der beiden Oratorien *Die Schöpfung* und *Die Jahreszeiten* sowie zweier Messen, dazu die bei Pleyel in Paris erschienenen ersten Partiturdrucke sämtlicher Streichquartette. Das bedeutendste Stück in Beethovens Haydn-Sammlung war das Autograph der Symphonie Nr. 98 – sicherlich ein Geschenk des Komponisten selbst. Dies darf ebenso als Zeichen für ein besonders herzliches Verhältnis gelten wie Beethovens Widmung seiner Klaviersonaten op. 2 an Haydn.

Auch Werke Wolfgang Amadeus Mozarts hatte Beethoven in großer Zahl erworben. Neben einzelnen Streichquartetten und dem Requiem waren es vor allem Opern: als Klavierauszug (*Idomeneo*), als handschriftliche Partitur (*Zauberflöte*; wohl eine Kopistenabschrift) oder gedruckte Partitur (*Così fan tutte*, *Don Giovanni*, *La clemenza di Tito*). Zeichen seiner intensiven Beschäftigung mit den beiden älteren Klassikern ist, daß er einzelne Werke, oft auch nur Ausschnitte daraus, die ihn gerade besonders interessierten, abschrieb. Notwendig wurden solche Abschriften vor allem dann, wenn ihm das Werk, das er studieren wollte, nur in Einzelstimmen vorlag. Überliefert sind Spartierungen Beethovens, also Übertragungen von Einzelstimmen in Partitur, zu Haydns Es-Dur-Streichquartett (op. 20 Nr. 1), zu Mozarts G-Dur-Streichquartett (KV 387), Klaviertrio in G-Dur (KV 496), Fuge in c-Moll (KV 426) und zum Finale des 1. Aktes des *Don Giovanni*.

Den Kompositionsunterricht zur Zeit der Wiener Klassik hat man sich nicht so vorzustellen, als sei dabei das Abfassen von Sonaten- und Symphoniesätzen geübt worden. Die Formenlehre etablierte sich erst im Laufe des 19. Jahrhunderts. Zuvor waren nahezu ausschließlich Kontrapunkt und Generalbaß Unterrichtsgegenstand. Es ist überliefert, daß Haydn für seinen Unterricht den berühmtesten Kontrapunkt-Traktat des 18. Jahrhunderts heranzog, den *Gradus ad Parnassum* des Johann Joseph Fux. Nicht das aber war es, was Beethoven von Haydn lernen wollte, und nicht das war es, was er am Ende tatsächlich von ihm lernte. Die Behauptung, der Unterricht habe ihm nichts vermittelt, schließt keineswegs aus, daß Haydn ihm auf andere Weise Lehrmeister war. Beethoven lernte aus Anschauung, durch Studium der Partituren, durch Hören, er lernte ganz im Sinne des »Unterrichtsmodells« einer Bildungsreise durch das Leben in einer Stadt, die erfüllt war von Musik.

Es fällt leicht nachzuweisen, daß Beethovens Verhältnis zu seinem Lehrer Haydn besser war, als es eine auf Anekdoten gestützte Biographik lange Zeit glauben machen wollte, und es fällt leicht nachzuweisen, daß Beethoven sich sein Leben lang reges Interesse an der Musik Mozarts und Haydns bewahrte. Sobald man jedoch konkret aufzeigen will, ob und wie dies sein eigenes Schaffen bestimmte, begibt man sich auf unsicheren Boden. Es hat nicht an Versuchen gefehlt, den Einfluß der »Dioskuren« Haydn und Mozart auf den jüngsten Klassiker zu belegen. So stellte Theodor von Frimmel in seinem *Beethoven-Handbuch* unter dem Stichwort *Anlehnungen, Anklänge an ältere Meister* eine ganze Reihe von Einzelstellen quer durch Beethovens Oeuvre zusammen, die ihn an bestimmte Werke Haydns oder Mozarts erinnerten (Frimmel 1926, Band I, S. 14–17). Über bloße Reminiszenzenjagd hinaus gehen Analysen von Melodiebildung, Harmonik und Formgestaltung (Jalowetz 1911; Gal 1916) oder von Satztypen, etwa dem Scherzo (Becking 1921). Georg Feder hat eine Zusammenfassung dieser personalstilistischen Forschungen gegeben und eine ganze Reihe weiterer Beobachtungen zur Übernahme und Steigerung typisch Haydnscher Effekte durch Beethoven angefügt (Feder 1970). Überraschende Modulationen, plötzliche Wechsel der Dynamik, kühne Dissonanzen, rhythmische Finessen und die Verarbeitung von »unbedeutendem« motivischem Material – für die der Kopfsatz der V. Symphonie Paradigma ist – konnte Beethoven sich von Haydn abschauen. Einig sind sich fast alle Autoren in zwei Punkten: daß Beethoven das Prinzip der motivisch-thematischen Arbeit, das in seinem Stil eine so entscheidende Rolle spielt, von Haydn übernahm und daß sich die Einflüsse Mozarts und Haydns nicht auf das Schaffen des frühen Beethoven beschränken, sondern im Gesamtwerk verfolgt werden müssen.

Friedrich Blume hat 1970 vorgeschlagen, die Forschung solle sich mehr auf die Frage konzentrieren, wodurch sich Beethoven von Haydn und Mozart unterscheide. Es habe keinen Sinn zu überlegen, ob die Streichquartette op. 18 mehr bei Haydn oder mehr bei Mozart anknüpfen, wenn doch ihre Unabhängigkeit von beiden ins Auge falle. Selbst in der Widmung der Klaviersonaten op. 2 an Haydn sieht Blume mehr »ein Manifest dessen, was in der Musik kommen soll«, eine Abgrenzung gegenüber Haydn, statt praktizierter Nachfolge. Aus dem Dilemma der Stilforschung – der Unterscheidung zwischen Zeitstil und Personalstil – befreit auch dieser Ansatz nicht. Sowenig man das, was Beethoven nur von Mozart oder Haydn gelernt haben kann, sicher vom musikalischen Gemeingut abgrenzen kann, so wenig kann man sich bei stilistischen Neuerungen sicher sein, daß sie seine »Erfindung« sind. Unsere Kenntnis des musikalischen Umfeldes der Klassiker ist nach wie vor gering. Trotz solcher Bedenken dürfte aber eines sicher sein: Für Beethovens Werdegang war der Teil seiner Ausbildung entscheidend, den er in Wien absolvierte – von wem und auf welche Weise auch immer er dort gelernt hat.

Willibrord Joseph Mähler
Porträt Ludwig van Beethovens
1804/1805, Öl auf Leinwand, 117,5 × 90,5 cm
Historisches Museum der Stadt Wien

Von Willibrord Mähler (1778–1860) stammt das erste »große« Beethoven-Porträt: ein Kniestück. Mähler wurde bei einem der bedeutendsten Porträtisten seiner Zeit ausgebildet, bei Anton Graff in Dresden. Er wählte jedoch nicht den Beruf des Künstlers, sondern zog es vor, seinen Lebensunterhalt als Beamter bei der geheimen Hof- und Staatskanzlei zu sichern. (Die Beamtenschaft Wiens war damals eine kulturtragende Bevölkerungsschicht.) Mähler war also ein Dilettant im ursprünglichen Sinne des Wortes, der – vielseitig begabt – auch als Sänger und Dichter hervorgetreten ist.

Mähler kam, wie Beethovens Mutter, aus Ehrenbreitstein bei Koblenz, weshalb er bei Beethoven wohl auf landsmannschaftliche Verbundenheit gestoßen sein dürfte. Daß der Künstler nicht nur Beethoven zweimal porträtiert hat, sondern auch Julie von Vering, die spätere Frau Stephan von Breunings, läßt vermuten, er habe zum Freundeskreis Beethovens gezählt oder zumindest Zugang dazu gehabt (die Korrespondenz Beethovens stützt außerdem eine solche Annahme).

Das Bild entstand in der Zeit zwischen den ersten privaten Aufführungen der III. Symphonie (op. 55) bei Fürst Lobkowitz und der öffentlichen Uraufführung am 7. April 1805. Im Alter beschrieb Mähler dem Beethoven-Biographen Alexander Wheelock Thayer sein Werk folgendermaßen: »Es war ein Porträt, welches ich bald nach meiner Ankunft in Wien [1803] malte, auf welchem Beethoven beinahe in Lebensgröße sitzend dargestellt ist; die linke Hand ruht auf einer Lyra, die rechte ist ausgestreckt, als wenn er in einem Momente musikalischer Begeisterung den Tact schlüge; im Hintergrunde ist ein Tempel des Apollo.«

Mit der Miniatur Christian Hornemanns stimmt Mählers Bildnis erstaunlich überein. Das bedeutet, daß auch dieses Porträt wirklichkeitsgetreu ist, wenn auch die Gesichtspartie geschönt wurde. Dabei unterscheidet es sich aber wesentlich im ikonographischen Programm: Mählers Werk gehört noch dem Bildnistyp des Künstlerporträts des 18. Jahrhunderts an. Der Künstler wird – wenn nicht gerade direkt bei der Arbeit, am Klavier komponierend – mit berufsbezogenen Attributen, hier mit einer Lyra, versehen. Die auffallende Gestik der rechten Hand weist übrigens auf Einflüsse Friedrich Heinrich Fügers hin.

Mählers Porträt von 1804/1805 ging in Beethovens Besitz über. Zehn Jahre später ließ sich Beethoven von ihm nochmals malen. Aus dieser Zeit haben sich sogar vier Bilder erhalten, von denen eines eine Replik ist. Mähler legte damals eine Tonkünstlergalerie an, in der außerdem Josef Eybler, Johann Nepomuk Hummel, Johann Baptist Vanhal, Josef Weigl, Antonio Salieri, Franz Krommer und andere Zeitgenossen Beethovens im Bild festgehalten waren.

(M. L.)

III. Symphonie in Es-Dur, op. 55, »Sinfonia Eroica«

Analyse und Essay von Egon Voss

Nur heroische Musik?
Betrachtungen zur Eroica

Entstehungszeit: Zwischen 1798 und 1806
Offizielle Uraufführung: 7. April 1805 im Theater an der Wien, in einer Akademie des Geigers Franz Clement
Originalausgabe (Oktober 1806): SINFONIA EROICA à due Violini, Alto, due Flauti, due Oboi, due Clarinetti, due Fagotti, tre Corni, due Clarini, Timpani e Basso, composta per festeggiare il sovvenire di un grand Uomo e dedicata A Sua Altezza Serenissima il Principe di Lobkowitz da Luigi van Beethoven

Sätze (mit Beethovens Metronomzahlen):
 1. Allegro con brio (♩. = 60)
 2. Marcia funebre. Adagio assai (♪ = 80)
 3. Scherzo. Allegro vivace (♩. = 116)
    Alla breve (o = 116)
 4. Finale. Allegro molto (♩ = 76)
    Poco Andante (♪ = 108)
    Presto (♪ = 116)

Die Entstehung der *Eroica* läßt sich nicht genau datieren. Ihr Beginn liegt nahezu völlig im Dunkeln; er läßt sich nicht einmal ungefähr angeben. Aber auch zur endgültigen Fertigstellung der Partitur fehlt ein konkretes Datum. Den äußeren Rahmen bildet der Zeitraum 1798–1806. Im Frühjahr 1798 soll Graf Bernadotte, zu jener Zeit französischer Gesandter in Wien, gegenüber Beethoven den Gedanken geäußert haben, eine Symphonie zur Verherrlichung des Generals Napoleon Bonaparte zu schreiben (Frimmel, Beethoven-Handbuch I, S. 35). Dies könnte den Beginn der Beschäftigung mit dem Werk bezeichnen, vorausgesetzt, man wertet den Bezug der Symphonie zu Bonaparte als ursprüngliche Intention. Im Oktober 1806 erschien die *Eroica* im Druck, dürfte also spätestens unmittelbar zuvor ihre definitive Gestalt gefunden haben. Sehr wahrscheinlich aber war sie schon früher abgeschlossen; denn immerhin gab es seit Juni 1804 eine ganze Reihe von Aufführungen, meist im privaten Kreis, dann aber auch öffentlich – darunter jene in der Akademie des Geigers Franz Clement am 7. April 1805, die allgemein als offizielle Uraufführung der *Eroica* gilt. Ob die Symphonie dabei allerdings bereits genau jene Gestalt hatte, in der sie 1806 publiziert wurde und in der wir sie kennen, ist ungewiß. Wie es scheint, nutzte Beethoven die ersten Aufführungen zur Erprobung des Werks, und daß er einzelne Änderungen danach vornahm, ist erwiesen. Die zunächst getilgte Wiederholung der Exposition des 1. Satzes beispielsweise wurde, wie einem Brief von Beethovens Bruder Kaspar Karl vom 12. Februar 1805 zu entnehmen ist (Thayer II, Anhang III), erst wiedereingeführt, nachdem Beethoven die Symphonie mehrere Male von einem Orchester gehört hatte.

Nach Dr. Bertolini, einem Arzt Beethovens, wurde die *Eroica* durch Bonapartes ägyptischen Feldzug 1798 angeregt, speziell der Trauermarsch durch das Gerücht vom Tode Lord Nelsons in der Schlacht von Aboukir im Juni dieses Jahres (Thayer II, S. 421). Nach einer anderen Quelle, Czernys Erinnerungen, überlieferte derselbe Bertolini, der Trauermarsch sei durch den Tod des englischen Generals Abercromby in der Schlacht von Alexandria im März 1801 ausgelöst worden. Entsprechende Niederschriften Beethovens lassen sich jedoch nicht nachweisen. Das nämliche gilt für den 4. Satz, dessen Entstehungsbeginn wegen des musikalisch-thematischen Zusammenhangs mit dem Finale des Balletts *Die Geschöpfe des Prometheus* zeitweise gleichfalls ins Jahr 1801 gelegt wurde.

Konkretere Daten liefern einige Briefe aus dem Jahre 1803. Beethovens Bruder Kaspar Karl, der zeitweise die Geschäfte führte, bot am 21. Mai dem Verlag Breitkopf & Härtel »eine neue Simphonie« an, bei der es sich um die *Eroica* handeln muß. Die I. Symphonie war bereits publiziert, und von der II. hatte Kaspar Karl am 26. März an Breitkopf & Härtel geschrieben, daß sie an einen anderen Verleger gegangen sei; mit »neue Simphonie« bezog er sich auf diese Tatsache. Fast zur gleichen Zeit, am 25. Mai, offerierte er die neue Symphonie dem Bonner Verleger Simrock. Entsprechend heißt es in einem Brief des Beethoven-Schülers Ferdinand Ries vom 6. August, ebenfalls an Simrock, Beethoven schreibe gerade zwei Symphonien, von denen »die eine bereits schon fertig« sei. Am 22. Oktober schließlich berichtete derselbe Ries, Beethoven habe ihm die Symphonie »neulich« vorgespielt. Die *Eroica* war also möglicherweise, zumindest in einer ersten Version, schon Ende Mai 1803 fertig, die Arbeit wenigstens soweit gediehen, daß die Fertigstellung absehbar war. Das aber bedeutet sehr wahrscheinlich, daß die kontinuierliche kompositorische Arbeit an dem Werk nicht erst im Jahre 1803 begann, wie bislang meist angenommen, sondern schon früher einsetzte, was bei einem Werk dieses Umfangs und dieses Ranges im übrigen auch kaum verwunderlich wäre.

Der Beginn der Komposition der *Eroica* rückt damit in die Nähe des berühmten *Heiligenstädter Testaments* vom Oktober 1802 und der Lebensumstände, die es veranlaßten. Beethoven war im Herbst 1802 krank, und zwar allem Anschein nach so schwer, daß sich das Gerücht von seinem Tode verbreitete (so der Komponist Joseph Wölfl in einem Brief aus Amsterdam vom 25. 10. 1802 an Breitkopf & Härtel). Zugleich stellt sich eine unmittelbare Verbindung her zu den 1802 geschriebenen Klaviervariationen op. 34 und 35, von denen Beethoven sagte, sie seien »auf eine wirklich ganz neue Manier bearbeitet« (Brief vom 18. 10. 1802). Daß eine solche Kennzeichnung auch auf die *Eroica* zutrifft, steht außer Zweifel. Schließlich ist noch auf die zeitliche Nähe zur Komposition des Oratoriums *Christus am Ölberg* aufmerksam zu machen, auf den ersten Blick nur eine Äußerlichkeit, doch möglicherweise von tieferer Bedeutung, bedenkt man, daß Beethoven am 18. April 1805 an Breitkopf & Härtel über die Symphonie schrieb, es wäre »vielleicht gut, dieselbe mit dem Oratorium aufzuführen; beide Stücke füllen einen ganzen Abend sehr wohl aus«.

Die *Eroica* hat, wie jeder weiß, mit Napoleon Bonaparte zu tun. Das belegen mehrere Briefe und eine erhaltene Partiturabschrift aus der Zeit der Entstehung zweifelsfrei. Über die Art des Zusammenhangs aber besteht vor allem aufgrund späterer Zeugnisse, die zur Legendenbildung neigen, keine Klarheit (vgl. den folgenden Essay »Beethoven und Bonaparte«). Fest steht jedoch zumindest soviel, daß Beethoven die Symphonie Bonaparte zunächst widmen, sie dann »Bonaparte« nennen wollte und schließlich beides unterließ. Das Werk erschien 1806 als »SINFONIA EROICA« mit dem Zusatz »composta per festeggiare il sovvenire di un grand Uomo«; gewidmet war es »Sua Altezza Serenissima il Principe di Lobkowitz«.

Von einer heroischen Symphonie erwartet man Ernst, Würde, Pathos, Feierlichkeit, große Gestik, Gewicht. Das alles kommt in der *Eroica* zwar auch vor, besonders im 2. Satz, dem Trauermarsch, aber es kennzeichnet die Musik weder von Beginn an noch ausschließlich. Weite Strecken sind frei davon, an anderen Stellen ist der Ernst sogar mit einem Zug ins Spielerische gepaart, der zum Heroischen gar nicht paßt. Die Musik ist häufig tänzerisch oder tanzhaft. Nicht zufällig liegt dem 4. Satz als Hauptthema ein Kontretanz zugrunde, den Beethoven – und das stellt die Rolle dieses Themas als Tanzmelodie besonders heraus – eigens innerhalb einer Tanzfolge, den 12 *Kontretänzen* WoO 14, veröffentlicht hat. Auch im Finale des Balletts *Die Geschöpfe des Prometheus*, das gleichfalls diesen Kontretanz verwendet, dominiert die Funktion des Tanzes; denn nach allem, was man weiß, geht in diesem Finale keine besondere Handlung vor sich, sondern es werden lediglich fröhlicher Beschluß und gutes Ende »mit festlichen Tänzen« gefeiert. Aber nicht nur der Kontretanz prägt den 4. Satz; im g-Moll-Teil (T. 211–255) erklingt ein sogenannter Vérbunkos, ein ungarischer Werbetanz. Im 1. Satz beruht der Tanzcharakter vornehmlich auf dem Dreiertakt und dessen Gestaltung, die wesentlich bestimmt ist von der aus dem Hauptthema abgeleiteten Notenfolge Halbe – Viertel. Sie verleiht der Musik die Eigenschaft des Schwingenden und Wiegenden; auf diese Weise wirkt die Musik leicht, bisweilen sogar gelöst und heiter. Eine verwandte Stimmung kennzeichnet den 3. Satz, der in seiner huschenden Eile allerdings kaum tänzerische Züge aufweist. Von dieser dem Heroischen fernstehenden Atmosphäre geht die Musik in den Sätzen 1, 3 und 4 aus. Freilich bleibt die Stimmung nicht ungetrübt. Beethoven setzt Kontraste, die bisweilen grell und scharf, vor allem überraschend sind, und er entwickelt die Musik immer wieder, den 3. Satz ausgenommen, ins Konflikthafte. Seine Dramaturgie ist gleichsam die, vorzuführen, welche Abgründe hinter so tänzerisch anmutender, neutral-harmlos oder gar heiter erscheinender Musik verborgen sind.

Ein ganz anderer Aspekt, der jedoch auch nicht zum Heroischen paßt, ist der des Humors, des Parodistischen in dieser Symphonie. Der berühmte »falsche« Horneinsatz unmittelbar vor Beginn der Reprise im 1. Satz ist das vorzüglichste Beispiel dafür; es ist die Parodie auf den Orchestermusiker, der nicht aufgepaßt hat und darum zu früh einsetzt (s. Seite 104).

Gleichfalls parodistisch wirkt die D-Dur-Variation des Themas im 4. Satz (T. 183–190). Die Auflösung lediglich in repetierte Achtelnoten ist das primitivste Variationsmittel, das sich denken läßt, und daß ein solches Verfahren in einem Satz seine Anwendung findet, der im übrigen in besonderem Maße kunstvoll ist, läßt nur den Schluß zu, daß es nicht ganz ernst gemeint sein kann:

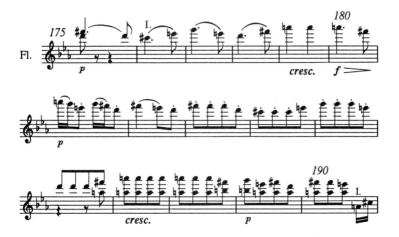

Nimmt man hinzu, daß zu Beginn des 19. Jahrhunderts auch die bis zum Anschein der Unübersichtlichkeit reichende Vielfalt der motivischen Gestalten und Charaktere sowie die Eigenwilligkeiten der Form als Ausdruck von Humor – in einem weiten Sinne – betrachtet wurden, dann leuchtet ein, warum von dieser Musik eine Linie zu den Romanen Jean Pauls gezogen, Beethoven bisweilen sogar der Jean Paul der Musik genannt wurde.

*

Der 1. Satz (*Allegro con brio*) ist einer der längsten, die Beethoven geschrieben hat. Die außergewöhnlichen Dimensionen zeigen sich bereits bei der Exposition des Hauptthemas, das gleich dreimal vorgetragen wird, nicht nur zweimal, wie sonst üblich. Der Seitensatz hat zwei Themen (T. 57ff./83ff.) und mündet in einen umfangreichen Epilog. Die Durchführung avanciert – auch das ist neu – zum längsten Formteil überhaupt, und schließlich gibt es noch eine Coda, die fast so lang ist wie die Exposition. Charakteristisch ist, daß die Themen sämtlich lyrischer Natur sind. Das Hauptthema, fast identisch mit dem der Ouvertüre zu Mozarts *Bastien und Bastienne*, stammt aus dem Bereich des Pastoralen; es ist gekennzeichnet durch in sich ruhende Zuständlichkeit und erscheint darum wenig geeignet für symphonische Entwicklungen. Erst recht die beiden Seitenthemen haben in ihrer Beschränkung auf Sekundintervalle und einfach-normale Rhythmik den Charakter getragener Kantabilität. Ähnliches gilt für das berühmte »neue« Thema in der Durchführung (T. 284ff.).

Die bewegenden Impulse erhält der Satz durch kontrastierende Motive, die sich in den vermittelnden Gliedern zwischen den Themen und Formteilen finden. Das beginnt schon bei den zwei Orchesterschlägen am Anfang des Satzes: Zunächst unscheinbar und wie das Relikt einer Einleitung wirkend, erweisen sie sich später als tragendes Motiv, beispielsweise im Epilog, wo der Orchesterschlag sich geradezu verselbständigt (T. 128–131). Wichtiger noch ist die bewegte, scharf konturierte Motivik, die im Seitensatz zwischen die beiden Themen eingeschoben ist (T. 65–72).

Von ganz besonderer Bedeutung aber ist das Hauptmotiv der Überleitung vom Haupt- zum Seitensatz (T. 45ff.) mit seiner für das Geschehen des Satzes zentralen Betonung der 2. Zählzeit im Takt (das folgende Notenbeispiel gibt lediglich die Bläser- und Violinstimmen wieder):

Diese der »Normalität« der Themen, besonders des Hauptthemas, zuwiderlaufende Rhythmisierung deutet bereits im Anschluß an den zweiten Themenvortrag (T. 25 ff.) ihre außerordentliche Sprengkraft an, die sich dann auf dem Höhepunkt der Durchführung (T. 248 ff.) in dramatischer Zuspitzung entlädt. Hier wird, was anfangs noch bloßes Spiel mit dem Versetzen der Taktschwerpunkte und der Aufhebung der traditionell den Hauptakzent tragenden »eins« im Takt zu sein schien, zur Störung, Unterminierung oder gar Auflösung der festen Taktordnung, des stabilen Gefüges. Die so durch latente Taktwechsel, Hemiolenbildung und Synkopen bewirkte Aufgipfelung endet mit einer grellen Dissonanz, die gleichsam in das neue Thema, eine elegische e-Moll-Melodie, aufgelöst wird. Auch dieses neue Thema gehört zu den Abnormitäten des Satzes. Wesentlich ist allerdings weniger die Tatsache des Neuen, als vielmehr die gerade für eine Durchführung ungewöhnliche melodische Geschlossenheit, die alle übrigen Themen des Satzes übertrifft, wenngleich andererseits nicht zu übersehen ist, daß dieses Thema mit seinem Beharren in der Tonart zugleich dem Hauptthema verwandt ist. Dieses erfährt in der Coda eine Apotheose (T. 631 ff.). Es ist gleichsam der Versuch, dem Thema, das schon in der Reprise leicht verändert auftrat, eine endgültige und geschlossene Form zu geben. Zu dieser kommt es jedoch nicht; das Thema, nach Horn, Violinen und tiefen Instrumenten schließlich fast triumphal in den Trompeten erklingend, verliert sich im Klang, so daß es am Ende offener erscheint als zu Beginn.

Der den 2. Satz (*Marcia funebre. Adagio assai*) bildende Trauermarsch in c-Moll ist das Kernstück der *Eroica* als heroischer Symphonie. »Marcia funebre sulla morte d'un Eroe«, wie der Titel des Trauermarsches der Klaviersonate op. 26 (1802 publiziert) lautet, könnte wohl auch über diesem Satz stehen. Wie sehr Beethoven in den ersten Jahren nach 1800 mit der Gattung des Trauermarsches befaßt war, zeigt sich im übrigen noch daran, daß auch die in der »ganz neuen Manier bearbeiteten« Variationen op. 34 als 5. Variation einen Trauermarsch, gleichfalls in c-Moll, enthalten. Beethoven griff auf eine alte Gattung zurück. Wichtiger erscheint jedoch, daß der Trauermarsch einerseits zuvor nie Bestandteil zyklischer Werke der Instrumentalmusik war, andererseits in Frankreich nach 1789 eine Phase besonders spektakulärer Handhabung, nämlich zur Totenehrung bestimmter Helden der Revolution, erfahren hatte.

Beethovens Komposition geht nun allerdings nicht darin auf, ein Trauer-Marsch zu sein. Er hat weder die rhythmische Gleichförmigkeit von op. 34 noch die formale Übersichtlichkeit und Rundung von op. 26. Der Marsch in Moll (T. 1–68) und das Trio in C-Dur (T. 69–104) vermögen in ihrer Reihung periodischer Taktfolgen und deren blockartiger Wiederholung noch traditionell zu wirken, so daß sich sogar eine Verwendung in einer Trauerzeremonie vorstellen ließe, doch dann wird diese Ebene gänzlich verlassen. Die Reprise des Marsches (T. 105 ff.) macht nach wenigen Takten einem expressiven Fugato mit zwei neuen Themen Platz (T. 114 ff.), das durch seinen durchführungshaften Charakter in markantem Kontrast zum Vorangegangenen steht. Es endet nach intensiver Steigerung mit einer Kadenz in g-Moll und fügt das Zitat des Marschthemas an (T. 154 f.), so als sollte nun dessen Reprise erfolgen. Doch Beethoven überrascht seine Hörer ein zweites Mal. Während das Marschthema gleichsam in Zaghaftigkeit versiegt, bricht sich unvermittelt ein massiver As-Dur-Akkord Bahn, anfangs in den Blechbläsern fanfarenhaft geprägt, dann im gesamten Orchester ganz vom Klang bestimmt. Aus dieser Eruption geht die Reprise des Marschteils hervor (T. 173 ff.), bemerkenswerterweise fast unmerklich und auf diese Weise die gewöhnlich zuvor eintretende Zäsur verschleiernd. Die Charakteristika dieser Reprise sind der Verzicht auf alle Wiederholungen sowie die Gründung des Themas auf einen neuen, in Achteln gehenden Baß, dessen Eigenart, die aller Marschrhythmik zuwiderlaufende Betonung des 2. und 4. Achtels,

den Eindruck seltsam schwankender Bewegung hervorruft und der Marschreprise damit einen markant veränderten Charakter gibt. Der Satz schließt mit einer ausgedehnten Coda (T. 210 ff.), die am Ende das allmähliche Verstummen des Marschthemas (T. 239 ff.) vorführt.

Der 3. Satz (*Allegro vivace*), ein Scherzo mit Trio, vertreibt allein durch sein schnelles Tempo jede Erinnerung an einen Tanzsatz. Die eilige Bewegung in gleichmäßigen Vierteln ist überdies so strukturiert, daß je zwei Dreivierteltakte einen übergeordneten Alla-breve-Takt bilden, die dreigliedrige Ordnung also mit einer zweigliedrigen konkurriert. Wie um diesen Tatbestand auch äußerlich zu dokumentieren, hat Beethoven bei der Wiederholung des Scherzos nach dem Trio das Pendant zu T. 123 ff. eigens im Alla breve mit halben Noten notiert (T. 381 ff.):

Thematisch-motivisch wird unterschieden zwischen der grundierenden Viertelbewegung mit ihren charakteristischen Pendelfiguren und einem regelmäßig geformten achttaktigen Thema

(T. 7–14), das insgesamt fünfmal vorgetragen wird. Dabei ist bemerkenswert, daß es erst beim letzten Mal in Es-Dur erklingt, was besagt, daß der Satz erst in T. 93 zur Grundtonart findet, alles zuvor gleichsam Vorspiel war. Die Wendung zur Grundtonart geschieht jedoch mit großer Vehemenz; innerhalb nur eines Taktes (T. 92) wendet sich die Musik zum Fortissimo, nachdem zuvor 91 Takte lang Pianissimo herrschte, was in Verbindung mit dem vorgeschriebenen Stakkato die Vorstellung schwerelos-leichtfüßigen Dahinhuschens weckt. Mit dem Fortissimo gelangen auch die für Beethovens Musik so kennzeichnenden, zuvor jedoch vermiedenen Sforzato-Akzente in das Scherzo, dessen klangliche Schärfung sich auch rhythmisch auswirkt in der synkopisch wirkenden Umkehrung der Notenfolge Halbe – Viertel zu Viertel – Halbe T. 115ff./123ff., ein negativer Bezug gleichsam zum Hauptthema des 1. Satzes, vor allem aber zum 1. Teil des Trios. Dessen Instrumentation nur mit Hörnern weckt fast zwangsläufig die Assoziation der Jagd. Der Mittelteil jedoch, in dem die Hörner nahezu schweigen, verwischt diesen Eindruck wieder; zudem hat er in dem Holzbläser-Unisono (T. 207ff.) durch die strikte Legato-Vorschrift eine Tendenz zur Verunklarung der Taktordnung, die dem Gegenstand der Jagd ebenso unangemessen erscheint wie der as-Moll-Sextakkord, mit dem das Trio schließt.

Das Finale (*Allegro molto*) ist der wohl ungewöhnlichste Satz in Beethovens Symphonien. Es fällt schwer, ein Formmodell zu nennen, das annähernd der komponierten Musik entspricht. Zwar hat man es ohne Zweifel mit einem Thema und Variationen dieses Themas zu tun, aber ein Variationenzyklus, wie man ihn sonst von Beethoven und den Klassikern kennt, liegt dennoch nicht vor; zudem hat Beethoven ja mit op. 35, den sogenannten *Eroica*-Variationen, denen das gleiche Thema zugrunde liegt, demonstriert, wie ein »klassischer« Zyklus von Variationen über dieses Thema auszusehen hat. Verglichen mit op. 35 macht das Finale der *Eroica* den Eindruck, als seien Beethoven die kompositorischen Elemente durcheinandergeraten. Jedenfalls hält er sich nur partiell an die übliche Methode, jeweils das vollständige Thema zu variieren, so daß bei einer Länge des Themas von sechzehn Takten (ohne Wiederholungen) eine Reihung ausschließlich sechzehntaktiger Abschnitte entstünde. Neben solchermaßen »konventionellen« Variationen, von denen es immerhin auch sechs gibt, stehen ganze Formteile, die nur mit einzelnen Motiven des Themas arbeiten, so daß dem Komponieren in feststehenden Blöcken – dem Tektonischen – jenes der motivisch-thematischen Entwicklung – das Dynamische – gegenübersteht. Zwei durch Fugati eingeleitete durchführungsartige Abschnitte (T. 117ff./277ff.), in denen sich die Musik dramatisch steigert, zeigen das ebenso wie der ganz anders geartete g-Moll-Abschnitt (T. 211ff.), der – wie erwähnt – als temperamentvoller Vérbunkos gestaltet ist.

Daß die Form komplizierter ist als ein Variationenzyklus, wird auch daran deutlich, daß es Passagen gibt, die die Funktion von Überleitungen haben (T. 108–116/258–276); überdies erscheinen einige Variationen mit Anhängen, wie sie sonst nur am Schluß der Zyklen üblich sind. Beethovens Unterscheidung zwischen dem Thema einerseits (der Diskantmelodie T. 76ff.)

und dessen Baß andererseits (T. 12ff.)

ist auf Kontrast angelegt. Das Thema, der schon mehrfach erwähnte Kontretanz, eine Melodie mit lyrischem Einschlag, wird durchgehend homophon behandelt, der Baß hingegen, wie es die ersten zwei Variationen sowie die Fugati erweisen, hauptsächlich polyphon-kontrapunktisch (der g-Moll-Abschnitt ist die Ausnahme). Der Leichtigkeit (Thema) treten also Ernst und Strenge (Baß) entgegen. Beethoven hätte damit den Kontrast, ein Prinzip vor allem der Sonatensatzform, statt ihn auf mehrere Themen wie üblich zu gründen, aus nur einem einzigen Thema bezogen. Nach Art der Sonatensatzform erscheint auch die Wiederkehr des Themas im *Poco Andante*-Teil, die nach dem ausgedehnten Dominant-Orgelpunkt zuvor wie eine Reprise wirkt, zumal auch der Exposition des Themas zu Beginn (T. 12) ein durch die Dominante bestimmter Abschnitt vorangestellt ist. Auch das Finale der *Eroica* ist so wesentlich von der Sonatensatzform geprägt.

Besonders das Finale demonstriert, wie originell-vielfältig, wie unkonventionell die *Eroica* ist. Diese Eigenschaften sind es, die den besonderen Rang dieser Musik ausmachen; ihnen sollte daher die Aufmerksamkeit gelten. Der Begriff des Heroischen und noch mehr der Bezug zu Bonaparte sind demgegenüber eher geeignet, den Blick zu verstellen und unvoreingenommen – aufmerksames Zuhören zu verhindern.

Dokumente

»Die Sonate mit Violin accomp. [op. 47] erhalten Sie für 50 Gulden, sie wird wahrscheinlich an Adam und Kreutzer als erster Violinist und Klavierspieler in Paris dediziert, weil Beethoven Adam eine Verbindlichkeit wegen dem Pariser Klavier schuldig ist, welches Sie bei meinem Vater näher erfahren können, dem ich dies ganze schrieb. Die Symphonie will er Ihnen für 100 Gulden verkaufen. Es ist nach seiner eigenen Äußerung das größte Werk, welches er bisher schrieb. Beethoven spielte sie mir neulich, und ich glaube Himmel und Erde muß unter einem zittern bei ihrer Aufführung. Er hat viel Lust, selbe Bonaparte zu dedizieren, wenn nicht, weil Lobkowitz sie auf ein halb Jahr haben und 400 Gulden geben will, so wird sie Bonaparte genannt. Von Leipzig sind schon 180 Gulden für diese 2 Werke geboten, weil aber sein Bruder mit unter der Decke liegt, so will er sie nicht geben. Ich bitte, mir also wegen der Symphonie gleich zu antworten. Die Sonate schicke ich so bald als möglich weg. Die II Symphonie ist noch nicht fertig.«
(Ferdinand Ries an Nikolaus Simrock in Bonn, 22. Oktober 1803)

»Die französische Revolution – das Wort Revolution möchte ich beiläufig gesagt anspucken – also die französische Revolution begeisterte unsern Beethoven zu einer Symphonie, die er ›Bonaparte‹ betitelte. Da mußte er denn eines Tages lesen, daß sich sein politisches Ideal, der französische Consul, auf den Kaiserthron zu setzen geruht habe. – Dieses Geruhen machte ihn sehr unruhig. – Sogleich, als er nach Hause kam, riß er das Titelblatt von seiner

Symphonie weg, und machte dafür ein anderes, das die Aufschrift führte: ›Symphonia‹ oder ›Sinfonia Eroica‹. Und das war gut.«
(Ernst Ortlepp in seinem Buch *Beethoven – Eine phantastische Charakteristik*, Leipzig 1836, S. 83)

»Bei dieser Symphonie hatte Beethoven sich Buonaparte gedacht, aber diesen, als er noch erster Consul war. Beethoven schätzte ihn damals außerordentlich hoch, und verglich ihn [mit] den größten römischen Consuln. Sowohl ich, als Mehrere seiner näheren Freunde haben diese Symphonie schon in Partitur abgeschrieben, auf seinem Tische liegen gesehen, wo ganz oben auf dem Titelblatte das Wort ›Buonaparte‹, und ganz unten ›Luigi van Beethoven‹ stand, aber kein Wort mehr. Ob und womit die Lücke hat ausgefüllt werden sollen, weiß ich nicht. Ich war der erste, der ihm die Nachricht brachte, Buonaparte habe sich zum Kaiser erklärt, worauf er in Wuth gerieth und ausrief: ›Ist der auch nichts anders, wie ein gewöhnlicher Mensch! Nun wird er auch alle Menschenrechte mit Füßen treten, nur seinem Ehrgeize fröhnen; er wird sich nun höher, wie alle Andern stellen, ein Tyrann werden!‹ Beethoven ging an den Tisch, faßte das Titelblatt oben an, riß es ganz durch und warf es auf die Erde. Die erste Seite wurde neu geschrieben und nun erst erhielt die Symphonie den Titel: ›Sinfonia eroica‹. Späterhin kaufte der Fürst Lobkowitz diese Composition von Beethoven zum Gebrauche auf einige Jahre, wo sie dann in dessen Palais mehrmals gegeben wurde.«
(Ferdinand Ries in den *Biographischen Notizen über Ludwig van Beethoven*, Koblenz 1838, S. 78)

»Eine ganz neue Sinfonie Beethovens, (zu unterscheiden von der zweyten . . .), ist in einem ganz andern Styl geschrieben. Diese lange, für die Ausführung äusserst schwierige Komposition ist eigentlich eine sehr weit ausgeführte, kühne und wilde Phantasie. Es fehlt ihr gar nicht an frappanten und schönen Stellen, in denen man den energischen, talentvollen Geist ihres Schöpfers erkennen muss: sehr oft aber scheint sie sich ganz ins Regellose zu verlieren. (. . .) Ref[erent] gehört gewiss zu Hrn. v. Beethovens aufrichtigsten Verehrern; aber bey dieser Arbeit muss er doch gestehen, des Grellen und Bizarren allzuviel zu finden, wodurch die Uebersicht äusserst erschwert wird und die Einheit beynahe ganz verloren geht.«
(*Allgemeine musikalische Zeitung* vom 13. Februar 1805, Spalte 321)

»Die Sinfonie würde unendlich gewinnen, (sie dauert eine ganze Stunde), wenn sich B. entschliessen wollte sie abzukürzen, und in das Ganze mehr Licht, Klarheit und Einheit zu bringen (...) Auch fehlte sehr viel, dass die Sinfonie allgemein gefallen hätte.«
(Allgemeine musikalische Zeitung vom 1. Mai 1805, Spalten 501/502)

»Das Unternehmen, ein solches kolossales Werk vorzutragen, war wieder ein grosses Wagestück; und nur durch die Unterstützung mehrerer Mitglieder des Hoforchesters konnte es zu Stande gebracht werden. Dieses so wol, als die Rücksicht, dass diese Sinfonie doch sonst vielleicht nie, oder Gott weiss wann ein Mal, zur Aufführung gelangt seyn würde, machte das Unternehmen dankenswerth. Die Meinungen der Zuhörer über das Werk waren getheilt. Viele bewunderten es, alle fanden es entsetzlich lang (...)«
(Allgemeine musikalische Zeitung vom 28. Januar 1807, Spalte 285)

BEETHOVEN UND BONAPARTE
VERSUCH, DIE BEZIEHUNG NÜCHTERN ZU BETRACHTEN

Gäbe es nicht den Zusammenhang der *Eroica* mit Napoleon Bonaparte, niemand brächte Interesse auf für dieses Thema, und das mit Recht: Von einer Beziehung Beethovens zu Bonaparte im engen und strengen Sinne kann nicht die Rede sein. Dazu sind die Anzahl und die Bedeutung der überlieferten Zeugnisse zu marginal. Was sich aus ihnen ablesen läßt, ragt in keiner Weise hervor und dürfte lediglich dem entsprechen, was die Zeitgenossen allgemein in bezug auf Bonaparte dachten und empfanden. Das demgegenüber Spektakuläre am Zusammenhang der *Eroica* mit Bonaparte aber lebt wesentlich von der Legendenbildung, die – und das ist sehr bezeichnend – erst rund zehn Jahre nach Beethovens Tod, also fast 35 Jahre nach den Ereignissen selbst einsetzte. So wenig man über Beethovens Verhältnis zu Bonaparte tatsächlich weiß, und so ungenau und auch widersprüchlich einige diesbezügliche Dokumente erscheinen, eines ist gewiß: Die berühmte Geschichte, daß Beethoven Bonaparte zunächst (vor allem als ersten Konsul der französischen Republik) uneingeschränkt verehrt und die *Eroica* für ihn oder »auf ihn« geschrieben habe, um dann, als er erfuhr, Bonaparte habe sich zum Kaiser erklärt, im Zorn das Titelblatt mit der Widmung der Symphonie zu zerreißen, das Werk umzuwidmen und fortan ein entschiedener Gegner Bonapartes zu sein, stimmt mit der Wirklichkeit nicht überein. Das wird sofort deutlich, wenn man – was historische Methode erfordert – die Böcke von den Schafen sondert, das heißt, die späteren, nachträglichen Zeugnisse von den zeitgenössischen trennt, denen als den unmittelbaren Dokumenten naturgemäß mehr Glaubwürdigkeit zukommt als den späteren, in die neben Erinnerungsfehlern immer auch die nachträglichen Sichtweisen einfließen.

Beethovens erste Erfahrung mit Bonaparte war die Bedrohung Österreichs und Wiens durch französische Truppen, insbesondere die von Bonaparte geführten, die im April 1797 bis in die Steiermark, vier Tagesmärsche von Wien entfernt, vordrangen. Wie konkret diese Erfahrung gewesen sein muß, geht daraus hervor, daß Beethoven Mitglied des von den Wiener Bürgern zur Verteidigung aufgestellten »Corps der Freiwilligen« wurde, wenn auch »nur« in der Funktion des Kapellmeisters, der vermutlich nicht die Waffe in die Hand zu nehmen brauchte. Zeugnisse dieser Kapellmeisterfunktion sind zwei Kompositionen, der *Abschiedsgesang an Wiens Bürger* (WoO 121) vom November 1796 und das *Kriegslied der Österreicher* (WoO 122) vom April 1797. Es steht gänzlich außer Frage, daß Beethovens Beteiligung am »Corps der Freiwilligen« nichts mit bewußter Gegnerschaft zu Bonaparte zu tun hat. Jedoch ist ebenso richtig, daß Beethoven sich vermutlich nicht an der Verteidigung beteiligt hätte, wenn er als Jakobiner, der er angeblich war, der Meinung gewesen wäre, Bonaparte bringe die Errungenschaften der Revolution und der Republik nach Österreich.

Am 15. 1. 1801 schrieb Beethoven an den Verleger Franz Anton Hoffmeister, er hoffe, zu einer Ausgabe der Werke Johann Sebastian Bachs beizutragen, »sobald wir den goldenen Frieden verkündigt werden hören«. Der Sarkasmus dieser Äußerung, die sich auf den Frieden von Lunéville (9. 2. 1801) zwischen Österreich und Frankreich bezieht, ist unverkennbar und läßt nicht gerade auf Wohlwollen gegenüber Bonaparte schließen. Dem entspricht, daß Beethoven am 30. 1. 1801 in einem Konzert »zum Vortheil der verwundeten Soldaten der k. k. Armee« mitwirkte. War dies möglicherweise keine politische Äußerung, so steht das bei dem folgenden Briefzitat außer Frage, das sich erstmals direkt auf Bonaparte bezieht. Beethoven schrieb am 8. 4. 1802, wiederum an Hoffmeister: »Reit Euch denn der Teufel insgesamt meine Herren – mir vorzuschlagen eine solche Sonate zu machen? – Zur Zeit des Revolutionsfiebers – nun da wäre das so etwas gewesen, aber jetzt da sich alles wieder ins alte Geleis zu schieben sucht, Bonaparte mit dem Papste das Konkordat geschlossen – so eine Sonate? – Wär's noch eine ›Missa pro sancta Maria à tre voci‹ oder eine Vesper usw. – nun da wollt ich gleich den Pinsel in die Hand nehmen und mit großen Pfundnoten ein ›Credo in unum‹ hinschreiben, – aber du lieber Gott eine solche Sonate zu diesen neu angehenden christlichen Zeiten – hoho! – da laßt mich aus, da wird nichts daraus.« Der im zuvor zitierten Brief beobachtete Sarkasmus kehrt hier erheblich gesteigert wieder. Dieser Ton, in dem sich Hohn und Spott mit Zorn vermischen, zeugt nicht für eine freundliche Bewertung der politischen Entwicklung. Sofern Beethoven also ein Verehrer Bonapartes war, wofür es jedoch bis zum Oktober 1803 kein unmittelbares Zeugnis gibt, ist zumindest soviel zu konstatieren, daß die Verehrung alles andere als ungetrübt war.

Im Jahre 1803 schrieb oder beendete Beethoven Klaviervariationen über *God save the King* (WoO 78) und über das englische Nationallied *Rule Britannia* (WoO 79). Durch seinen Schüler Ries ließ er sie im August 1803 dem Verleger Nikolaus Simrock anbieten. Es liegt nahe, das als bewußte politische Äußerung Beethovens aufzufassen, da im Mai 1803 England Frankreich den Krieg erklärt hatte und Anfang Juni die Franzosen in Hannover einmarschiert waren. Wäre es so, dann hätte Beethoven unmißverständlich Partei für die Gegner Bonapartes ergriffen. War es hingegen keine Bekundung einer dezidierten Meinung, dann spricht es nicht für Beethovens politisches Bewußtsein; denn ob er seine Variationen über die englischen Nationallieder nun bewußt oder absichtslos schrieb und zum Verlag anbot – in beiden Fällen war es eine Demonstration für England und gegen Frankreich, damit gegen Bonaparte.

Das zentrale Dokument der Beziehung der *Eroica* zu Bonaparte und das erste, das man als Zeugnis von Beethovens angeblicher Verehrung des Korsen auffassen kann, ist ein Brief von Ries an Simrock vom 22. 10. 1803. Es heißt darin: »Die Symphonie will er Ihnen für 100 Gulden verkaufen. Es ist nach seiner eigenen Äußerung das größte Werk, welches er bisher schrieb. Beethoven spielte sie mir neulich, und ich glaube Himmel und Erde muß unter einem zittern bei ihrer Aufführung. Er hat viel Lust, selbe Bonaparte zu dedizieren, wenn nicht, weil Lobkowitz sie auf ein halb Jahr haben und 400 Gulden geben will, so wird sie Bonaparte genannt.« An diesem Brief ist zunächst zweierlei bedeutsam: Zum einen wird unterschieden zwischen Dedikation und Benennung, was nicht geschehen wäre, hätte die Symphonie den Namen Bonapartes von vornherein getragen. Zum anderen besagt die Formulierung »Er hat viel Lust, selbe Bonaparte zu dedizieren«, daß der Entschluß zur Dedikation noch im Reifen war, also nicht einmal diese Absicht von Anfang an bestand. Sodann ist unübersehbar, daß Dedikation offenkundig von höherem Rang war als Benennung. Vor allem aber: Was soll man von einer Verehrung halten, die zuliebe eines Fürsten, Lobkowitz, der 400 Gulden dafür zahlt, auf eine Widmung gerade an den Gegenstand der Verehrung verzichtet – noch dazu, wenn diese Verehrung, wie behauptet wird, auf ernsthafter, nämlich freiheitlich-republikanischer Überzeugung beruhte?

Für die Idee der Widmung an Bonaparte gibt es allerdings auch noch eine andere Erklärung. Wie mehrere Briefe von Ries sowie Beethovens eigenes Schreiben vom 6. 7. 1804 an Wiedebein in Braunschweig belegen, trug sich Beethoven mindestens seit dem Sommer 1803 mit dem Gedanken einer Übersiedlung nach Paris. In einem der Ries'schen Briefe (11. 12. 1803) heißt es sogar, Beethoven wolle die neue Symphonie, die *Eroica* »nun gar nicht verkaufen und sie für seine Reise aufbehalten«. Um in Paris Fuß zu fassen, boten sich naturgemäß Widmungen von Kompositionen an hochgestellte und einflußreiche Persönlichkeiten an. Daß sich Beethoven tatsächlich von solchem Pragmatismus leiten ließ, beweist die Violinsonate op. 47, die für George Polgrin Bridgetower geschrieben, aber nicht diesem, sondern Rodolphe Kreutzer gewidmet wurde, und zwar genau zu jener Zeit, als Beethoven damit umging, nach Paris zu übersiedeln. In dem aufwendigen Widmungstext bezeichnet Beethoven Kreutzer, der seit 1802

Kammervirtuose bei Bonaparte war, ausdrücklich als seinen Freund, obwohl es für diese Freundschaft im übrigen keinerlei Belege gibt.

Dasjenige Dokument, das die Beziehung der *Eroica* zu Bonaparte am deutlichsten zu vermitteln scheint, ist eine mit August 1804 datierte Kopistenabschrift der Partitur, wichtig zudem auch deshalb, weil Beethovens Autograph verschollen ist. Auf dem Titelblatt dieser Kopie stand ursprünglich: »Sinfonia grande/intitolata Bonaparte«. Die zweite Zeile wurde später entfernt. Dieser entsprechend heißt es in einem Brief Beethovens an den Verlag Breitkopf & Härtel vom 26. 8. 1804: »Die Symphonie ist eigentlich betitelt Bonaparte«. Man wertet diese Zeugnisse gern als Beweise für die innere Beziehung der Komposition zu Bonaparte, als Argument für deren programmatischen Charakter. Dem ist entgegenzuhalten, daß es sich auch hier möglicherweise oder sogar wahrscheinlich vielmehr um Pragmatismus handelt. Kompositionen klingende Beinamen zu geben, war durchaus üblich, und zwar ohne daß deswegen eine inhaltliche Beziehung zwischen Titel und Werk bestand. Haydns Symphonie Nr. 69 beispielsweise trägt den Beinamen *Laudon*, den Namen eines seinerzeit berühmten österreichischen Feldmarschalls. Als es um die Veröffentlichung eines Klavierauszuges dieser Symphonie ging und Komponist und Verleger sich darauf einigten, das Finale wegen seiner besonderen Schwierigkeit auszulassen, schrieb Haydn: »das Wort Laudon wird zur Beförderung des Verkaufes mehr als zehen finale beytragen«. Was spricht dagegen, daß Beethoven nicht ähnlich dachte? Wie viel mehr als Laudon war der Name Bonaparte geeignet, Interesse an der Symphonie zu wecken, zumal in Frankreich!

Das vielleicht Bemerkenswerteste an der genannten Partiturabschrift der *Eroica* ist ein handschriftlicher Zusatz Beethovens selbst, der lautet: »Geschrieben auf Bonaparte«. Er scheint, allen bislang angeführten Zeugnissen zum Trotz, zu besagen, daß die Symphonie doch von Beginn an mit Bonaparte zu tun hatte. Man müßte sich davon wohl überzeugen lassen, wäre nicht offenkundig, daß der Zusatz nachträglich erfolgte, wahrscheinlich sogar erst viele Jahre später, ganz abgesehen davon, daß er schnell hingeworfen, wie aus dem Augenblick geboren anmutet. Es ist darum nicht auszuschließen, daß es sich dabei weniger um eine Aussage über die Wirklichkeit handelt als vielmehr um jene Mischung aus ungenauer Erinnerung einerseits und gewandeltem Bewußtsein andererseits, die für Entstehungsmythen charakteristisch ist. Seit Bonaparte auf St. Helena interniert war, stieg sein Ansehen nahezu ins Unermeßliche; vor allem nach seinem Tod (1821) steigerte es sich zu rückhaltloser Glorifizierung. Auch Beethoven blieb davon nicht unberührt, wie das Zeugnis Carl Czernys und – indirekt – Beethovens Konversationshefte belegen. Es ist daher möglich, wenn nicht wahrscheinlich, daß auch er von der Sympathiewelle für Bonaparte erfaßt wurde und in ihrem Sog seiner Symphonie eine Entstehungsgeschichte unterschob, die zwar anders verlaufen war, die er aber angesichts der allgemeinen Verehrung des Heros gern so gehabt hätte.

So uneindeutig der Charakter von Beethovens Beziehung zu Bonaparte vor dessen Usurpation des Kaiserthrons war, so mehrdeutig war sie danach. Spätestens im Juni 1804 gelangte die Nachricht, daß Bonaparte Kaiser würde, nach Wien. Zu dieser Zeit müßte sich jene berühmte von späteren Zeugnissen überlieferte Szene abgespielt haben, in der Beethoven im Zorn über diesen Verrat Bonapartes das Titelblatt der *Eroica* zerriß, seine Verehrung Bonapartes in Ablehnung oder gar Haß umschlug. Wäre es tatsächlich so gewesen, dann hätte Beethoven nicht wenige Wochen danach, in dem bereits zitierten Brief vom 26. 8. 1804, die Symphonie dadurch charakterisiert und angepriesen, daß sie Bonaparte betitelt sei. Auch später stand Beethoven Bonaparte durchaus nicht eindeutig ablehnend gegenüber. So erwog er zeitweise, seine Messe op. 86 Bonaparte zu widmen. Im Jahre 1808 ließ er sich ernsthaft auf das Angebot ein, als Kapellmeister an den Hof des Königs von Westfalen nach Kassel zu gehen, an den Hof Jérômes, der ein König von Bonapartes Gnaden und dessen jüngster Bruder war. Ist es wahrscheinlich, daß Beethoven das getan hätte, wäre seine Gegnerschaft zu Bonaparte so prinzipiell gewesen, wie spätere Zeugnisse es darstellen?

Die Hauptquelle für die berühmte Szene, in der Beethoven angeblich in Zorn über Bonaparte geriet und das Titelblatt der *Eroica* zerriß, ist eine Schilderung von Ries, die 1838 publiziert wurde. Beethovens Biograph Anton Schindler bestätigte sie 1840 unter Berufung auf den Grafen Moritz Lichnowsky, von dem selbst aber kein Zeugnis überliefert ist. Andere Belege aus Beethovens Umgebung gibt es nicht, sieht man von der Darstellung des Barons de Trémont ab, die jedoch aus noch späterer

Zeit stammt und vermutlich auf Ries und Schindler fußt. Die sachlichen Fehler in Ries' Schilderung beweisen, daß Ries aus der Erinnerung schrieb und nicht auf der Grundlage von Aufzeichnungen. Unverkennbar ist auch die Neigung zur anekdotischen Übertreibung, der es mehr um die Pointe geht als um die Richtigkeit des Dargestellten. Schließlich hat, was die politische Seite der Sache anbelangt, das Wissen des Jahres 1838 um die Geschehnisse von 1804 die Schilderung bestimmt. Mochte man 1838 wissen, was sich 1804 tatsächlich abgespielt hatte – im Jahre 1804 stellte es sich anders dar. Bonaparte war geschickt genug, die Umwandlung seines Konsulats ins erbliche Kaisertum nicht selbst zu proklamieren. Insofern ist Ries' Äußerung, Bonaparte habe sich zum Kaiser erklärt, falsch. In der Öffentlichkeit entstand vielmehr der Eindruck, es sei der Wunsch des französischen Volkes, zumindest seiner Repräsentanten, Bonaparte zum Kaiser zu machen. Eine kluge Strategie stellte es so dar, als würde der Kaiser über weniger Rechte und weniger Macht verfügen als der erste Konsul. Dieses Bild gewinnt man zumindest aus der Lektüre deutscher Zeitungen des Jahres 1804, auch solcher, die Beethoven möglicherweise gelesen hat, wie der Augsburger *Allgemeinen Zeitung* und der *Zeitung für die elegante Welt*. Überdies vollzog sich der Wechsel vom Konsulat zum Kaisertum weder kurzfristig noch überraschend, sondern über Monate.

Ries' Schilderung gerät geradezu ins Zwielicht durch die Tatsache, daß die nämliche Geschichte, wenn auch weniger ausgeschmückt und minder dramatisch inszeniert, bereits zwei Jahre zuvor publiziert worden war, und zwar in dem Buch *Beethoven. Eine phantastische Charakteristik* (Leipzig 1836, S. 83). Der Verfasser war Ernst Ortlepp, ein angesehener Leipziger Musikkritiker, der die äußeren Fakten seiner Schilderung dem zitierten Brief Beethovens vom 26. 8. 1804 an das Leipziger Verlagshaus Breitkopf & Härtel entnommen haben dürfte. Da Ortlepps Buch keine Biographie ist, sondern nichts anderes als ein Roman, steht zu vermuten, daß die berühmte Szene, von der Generationen bis heute die politische Gesinnung Beethovens ableiten, die Erfindung eines Literaten ist.

Isidor Neugaß
Porträt Ludwig van Beethovens, 1806, Öl auf Leinwand
Auf der Rückseite bezeichnet: »Peint par Neugast à Vienne 1806«
71,3 × 56,3 cm, Beethoven-Haus, Bonn (Dauerleihgabe der
Ars longa-Stichting)

Man nimmt an, daß der Berliner Künstler Isidor Neugaß (um 1780–1847) sein Beethoven-Porträt im Auftrag des Fürsten Carl von Lichnowsky gemalt hat, dem wichtigsten Mäzen Beethovens in dessen ersten Wiener Jahren; Beethoven wohnte sogar zeitweise bei ihm. Lichnowsky führte den Komponisten in die von der Aristokratie dominierten, der Kunst und der Musik besonders aufgeschlossenen Wiener Gesellschaftskreise ein und gewährte ihm darüber hinaus sogar eine zeitlang regelmäßige finanzielle Unterstützung. Als Dank widmete Beethoven dem »großen Liebhaber und Kenner der Musik« (Franz Gerhard Wegeler) bedeutende Werke, darunter die II. Symphonie D-Dur (op. 36).

Über den Maler Isidor Neugaß ist wenig überliefert. Bekannt ist er nur noch durch zwei Künstlerporträts: eines von Joseph Haydn, das er 1805/1806 für Fürst Esterházy angefertigt hatte, und das kurz darauf entstandene Gemälde von Beethoven.

Beethoven im cremefarbenen Hemd mit Schal und roséfarbener Weste trägt einen blauen Rock, über den ein brauner Umhang geworfen ist. Sein Gesicht ist gut getroffen, wenn auch – dem Stil der Zeit entsprechend – etwas geschönt. So sind die Pockennarben nicht wiedergegeben. Manche Details des Bildes wirken unvollendet. Dies wurde mit dem oft zitierten Zerwürfnis zwischen Beethoven und Fürst Lichnowsky in Verbindung gebracht: Beethoven hatte sich 1806 auf dem Lichnowskyschen Schloß in Grätz geweigert, französischen Offizieren auf dem Klavier vorzuspielen.

Das Bild gehört dem klassizistischen Porträt-Typus an: Dieser ist gekennzeichnet durch die statuarische Darstellung, den Verzicht auf berufsbezogene Attribute und die Distanz zum Betrachter. Das Haydn-Porträt von Isidor Neugaß gehört dagegen noch dem an Mähler erinnernden Bild-Typus an: Vor dem Komponisten liegen Notenblätter; im Hintergrund steht eine antikische Säulenhalle mit lyraspielender Skulptur.

Vom Beethoven-Porträt ist noch eine leicht veränderte Replik erhalten, die Neugaß vermutlich selbst im Auftrag der mit Beethoven befreundeten, ungarischen Aristokratenfamilie Brunsvik geschaffen hat.

(M. L.)

IV. Symphonie in B-Dur, op. 60

Analyse und Essay von Wolf-Dieter Seiffert

»Heiter, verständlich und sehr einnehmend«
Beethovens »unscheinbare« IV. Symphonie

Entstehungszeit: Spätsommer bis Herbst 1806 (abgeschlossen spätestens November 1806)
Uraufführung: März 1807 im Palais Lobkowitz
Originalausgabe (1808): IVme Synfonie à 2 Violons, Alto, Flûte, 2 Hautbois, 2 Clarinettes, 2 Cors, 2 Bassons, Trompettes, Timballes, Violoncello et Basse. Composée et Dediée à Monsieur le Comte d'Oppersdorff par Louis van Beethoven

Sätze (mit Beethovens Metronomangaben):
1. Adagio (♩ = 66) – Allegro vivace (𝅝 = 80)
2. Adagio (♪ = 84)
3. Allegro vivace (♩. = 100)
   Trio. Un poco meno allegro (♩. = 88)
   Tempo 1mo (♩. = 100)
4. Allegro, ma non troppo (♩ = 80)

Aus der Vogelschau, im raschen Überflug aller neun Symphonien Ludwig van Beethovens droht dessen IV. zwischen den beiden unmittelbar benachbarten Symphonien fast übersehen zu werden: Hier das kolossale, wuchtig in den Himmel ragende Gebirgsmassiv der *Eroica*, dort das atemberaubende, schon mit seinen ersten Tönen alle Sinne an sich reißende Drama der *Schicksals-Symphonie* (und am Horizont tauchen schon die beeindruckenden Gewitterwolken der *Pastorale* auf...). Eignet der von allen Beethoven-Symphonien am dünnsten besetzten B-Dur-Symphonie denn gar nichts Markantes, womit sie sich gegen ihr symphonisches Umfeld behaupten, die Blicke auf sich lenken könnte?

Wenn sie in einer Konzertkritik wenige Jahre nach ihrer Entstehung als »heiter, verständlich und sehr einnehmend« charakterisiert wurde (Allgemeine musikalische Zeitung von 1811), dann halten sich in dieser Wertung Genugtuung und sanfter Tadel die Waage: Genugtuung darüber, die Komposition im Gegensatz etwa zur III. oder V. Symphonie ohne größere Anstrengung »verstehen« zu können, Tadel deswegen, weil sie den spürbaren geistigen Anspruch ihrer Schwesterwerke nicht erreiche. Beide Reaktionen sind freilich fehl am Platz, obwohl der Rezensent Richtiges erspürt hat: Beethovens IV. ist tatsächlich freundlicher und gelöster, weit weniger »heroisch« oder »pathetisch« im Ton. Ihre Besonderheit liegt dessen ungeachtet in ihrer konzentrierten, souveränen Meisterschaft im Umgang mit den ureigensten Mitteln der Musik selbst, ohne einen Augenblick fade-introvertiert oder akademisch zu sein. Hinter ihrer vermeintlichen Heiterkeit ist zu erkennen, wie kondensiert Beethovens IV. Symphonie – trotz oder vielmehr gerade wegen ihrer äußerlich so unscheinbaren Mittel – den Geist und die Kunst sowohl der Es-Dur- wie auch der c-Moll-Symphonie in sich trägt, auch wenn ihr weitgehend deren große Geste fehlt (Bekker, S. 228 f.).

Beethovens Leben und Werk dürfte zu den am besten erforschten Themen der Musikwissenschaft zählen. Um so mehr erstaunt es, daß in den einschlägigen Biographien zur Entstehung der IV. nur Lapidares in Erfahrung zu bringen ist. Beethoven führte sie demnach zusammen mit den drei vorangegangenen Symphonien und weiteren Kompositionen erstmals im März 1807 in zwei Privatkonzerten beim Fürsten Lobkowitz auf. Etwa vier Monate zuvor muß die Komposition abgeschlossen gewesen sein, denn Beethoven schreibt am 18. November 1806 an Breitkopf & Härtel: »Die [am 3. September bereits] versprochene Sinfonie kann ich Ihnen noch nicht geben, weil ein vornehmer Herr sie von mir genommen [hat]«. Mit diesem »vornehmen Herrn« ist Graf Franz von Oppersdorff (1778–1818) gemeint, Widmungsträger der Symphonie, den Beethoven im Spätsommer oder im Herbst 1806 in Oberschlesien kennengelernt hatte, als er seinen Freund und Gönner Fürst Carl von Lichnowsky in Grätz bei Troppau besuchte. Während dieses Aufenthaltes vermutet man die Hauptentstehungszeit der B-Dur-Symphonie, wobei unbekannt ist, wieviel davon in Grätz, wieviel in Wien vollendet wurde.

Ob Beethoven, wie sonst üblich, eine gewisse, der endgültigen Ausarbeitung vorangehende Vorbereitungszeit benötigte, weiß man in Ermangelung aussagekräftiger Skizzen nicht. Das Fehlen solcher Quellen läßt vermuten, daß ausgerechnet jenes Skizzenbuch, in dem sich Beethoven (unter anderem) auch die IV. erarbeitet hatte, verlorengegangen ist. Bekannt ist aber, daß die B-Dur-Symphonie – wie auch das IV. Klavierkonzert (op. 58) und das Violinkonzert (op. 61) – Beethovens über mehrere Jahre sich hinziehende Arbeit an der c-Moll-Symphonie unterbrach, welche er sogar noch vor Fertigstellung der III. (Anfang 1804) begonnen hatte. Wollte ihm nach dem Kraftakt der *Eroica* der erneute Anlauf zu einer Symphonie pathetischen Tons zunächst nicht so recht gelingen? Immerhin zeichnen sich die genannten Opera (zu denen auch die drei *Rasumowsky*-Quartette op. 59 zu zählen sind) allesamt durch eine gewisse Zurückhaltung hinsichtlich einer dramatisch-konflikthaften Zuspitzung aus, geradezu als ob für Beethovens inneres Gleichgewicht »zwischen den Höhen der *Eroica* und dem tragischen Stoff der C-moll-Sinfonie ein Verweilen in freundlichen Stimmungen« notwendig gewesen wäre (Nef, S. 103).

Doch dies bleibt Spekulation, wie auch jedweder biographische Bezug, in den die IV. immer wieder gestellt wird, entweder falsch ist (im vermeintlichen Zusammenhang mit der »Unsterblichen Geliebten«) oder sehr gewagt erscheint (in Verbindung mit Beethovens Zuneigung zur Gräfin Josephine – oder zu Therese? – von Brunsvik). Sicher ist einzig, daß die IV. Symphonie in eine Periode wahren Schaffensrausches, vielleicht in das produktivste Jahr Beethovens überhaupt fällt. Der Abrundung halber sei noch mitgeteilt, daß – entgegen dem ursprünglichen Angebot – nicht Breitkopf & Härtel die IV. herausbrachten, sondern das Wiener *Bureau des Arts et d'Industrie:* nämlich im März 1808, ziemlich genau ein Jahr nach ihrer Uraufführung.

*

Sicherlich – »langsame Einleitungen« zu Symphonien kennt man aus zahlreichen Werken Haydns und Mozarts; auch Beethovens I., II. und VII. Symphonie werden durch solche den Kopfsatz einleitende Klangportale eröffnet. Doch die langsame Einleitung der IV. stellt etwas ganz Besonderes, schwer in Worte zu Fassendes dar:

1. Satz, T. 1-8

Immer wieder wird in der Beethoven-Literatur vom zutiefst romantischen Charakter dieser merkwürdig traumverloren-erstarrten Einleitungstakte gesprochen, vielleicht weil sie auf die Symphonien Anton Bruckners und Gustav Mahlers vorausweisen, in denen sie unüberhörbare Spuren hinterlassen haben. Indem Beethoven dieses faszinierende *Adagio* dem *Allegro vivace* voranstellt, scheint er davor zu warnen, die Schatten zu übersehen, die das vermeintlich heitere Spiel wirft.

Ohne selbst wirklich konkret thematisch zu sein, bereitet die Einleitung doch den Boden für das Folgende. Dabei ist von geringerer Bedeutung, daß die gleich zu Beginn absteigenden Terzen versteckt das zweite Thema des *Allegro vivace* vorwegnehmen,

1. Satz, T. 107-116

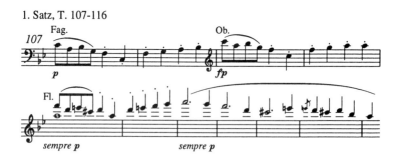

oder daß in der bogenförmigen Akkordbrechung der ersten Violinen (Takt 6–7) der Anfang des Scherzos angekündigt wird.

Tiefgreifender, weil die Struktur unmittelbar betreffend, sind die metrischen und die harmonischen Proportionen, wie sie in der Einleitung und in ihren Auswirkungen auf das Satzganze beobachtet werden können. Rudolf Bockholdt hat gezeigt, daß die Takteinheiten von Einleitung und Hauptteil exakt im Verhältnis von 1:4 stehen (Bockholdt 1988, S. 46): Ein *Adagio*-Takt entspricht also vier *Allegro*-Takten. Ein verblüffendes Zahlenverhältnis, das in der Partitur sofort augenfällig wird. Hier nämlich stellt man fest, daß die überwiegende Anzahl von Takten, sowohl in der Einleitung wie auch im folgenden *Allegro*, mit einfachen Viertelnoten oder Achtelnoten, gefolgt von Achtelpausen, »gefüllt« ist. Der entscheidende Moment, in dem diese Relation geradezu körperlich spürbar wird, ist natürlich der Übergang vom langsamen in das schnelle Tempo – ein Übergang von elementarer Wucht, die ihre Energie nicht zuletzt aus der in diesem Augenblick stattfindenden »Tempo-Metamorphose« gewinnt (Bockholdt 1988, S. 50).

Den tieferen Grund für die merkwürdige innere Unruhe der langsamen Einleitung, für die hochgespannte Erwartung dessen, was da kommen möge, kann ein Blick auf die zugrunde liegende Harmonik offenbaren. So wird die Haupttonart B-Dur bis zum großartigen Eintritt des *Allegro* hinausgezögert. Trotz ihrer fast tastenden Fortbewegung kommt die Einleitung harmonisch ständig »vom Weg« ab, weil sie einerseits eine starke Neigung zu chromatischen Halbtonschritten (Dahlhaus 1979, S. 8), andererseits zu terzverwandten Tönen und Akkorden erkennen läßt. Ganz zu Beginn, nach dem leeren, hohlen b-Klang des ganzen Orchesters, halten die Holzbläser (ohne Oboen) zusammen mit dem tiefen Pedal der Hörner den Grundton b (und nur diesen!) über mehrere Takte aus. (Auch der Schlußakkord des Satzes kommt in feiner Anspielung auf den Anfangsakkord ohne Terz und Quinte aus.) Dazu erklingt aber sofort die Unterterz ges und stört den Grundton; noch scheint jedoch die Ordnung aufrechterhalten zu sein, denn die unisono geführten Streicher bewegen sich im Bereich von b-Moll. F- oder gar B-Dur gerät im Verlauf der Exposition zunehmend aus der Sicht; die Akkorde schweifen in teilweise gewagten Verbindungen ab, bis der Ton a (T. 32) erreicht ist. (Kurz zuvor, in T. 30/31, wird zwar für einen Moment »B-Dur« gestreift – synkopisch und durch ein Sforzato hervorgehoben –, doch hastig mit dem so entfernten E-Dur-Septakkord im Folgetakt als scheinbar »bedeutungslos« abgetan.) Mit dem Ton a ist der Hörer aber instinktiv unzufrieden, denn damit ist noch nicht die »richtige« Stufe erreicht: Die Dominante – in diesem Fall F-Dur bzw. der Ton f –, die am Ende jeder klassischen langsamen Einleitung angestrebt werden muß, ist bisher noch nicht erklungen. Kurzzeitig steht zu befürchten, daß die Einleitung der IV. Symphonie daher ihr eigentliches Ziel und damit geradezu ihre tiefere Legitimation verfehlt. Doch nun erfolgt der grandiose, pathetische Augenblick des Übergangs in das rasche *Allegro vivace*, denn anders als erwartet läßt Beethoven die Dominante ins Geschehen eintreten: Fast noch befreiender als der raffiniert vorbereitete Finale-Eintritt in seiner V. Symphonie, viel radikaler als die verwandte Überleitung zur Reprise im Kopfsatz der I. Symphonie (T. 170 ff.) und letztlich auch gewaltiger als die eher rhythmisch motivierte Überleitung in der VII. Symphonie (Kopfsatz, T. 53 ff.) wird in der IV. im Fortissimo wahrhaftig mit einem Schlag (erstmals Pauken und Trompeten) das hartnäckig wiederkehrende a als Terzton zu F-Dur umgedeutet. Sogleich schleudert der ganze Orchesterapparat mehrfach – dabei nicht das Tempo, aber den Puls um ein Vierfaches beschleunigend – voller Leben und Lebensfreude den lange ersehnten F-Dur-Akkord heraus, der dann mit Überschwang in das B-Dur-Dreiklangsthema stürmt. »Der Beginn des ›Allegro vivace‹ der Vierten Symphonie ist einer derjenigen Augenblicke in Beethovens Musik, die uns den Atem verschlagen« (Bockholdt 1988, S. 49):

1. Satz, T. 34-44

Skepsis darüber, ob nun die bedrückend-unruhige Stimmung der Einleitung überwunden sei, zeigt sich darin, daß die freudig bewegte Dreiklangsbrechung (mit der jubelnden Terz als angesetztem Spitzenton) schon nach wenigen Augenblicken ins »pianodolce« der Holzbläser zurückgenommen wird. Die Zweifel zerstreuen sich aber sogleich wieder, da das gesamte Orchester nun doch im »Fortissimo sempre« von der Jubelstimmung furios ergriffen wird.

Eine ganz eigentümliche Szene ereignet sich dann in der Durchführung, die ganz auf dem nun zerpflückten Material des Dreiklang-Hauptthemas basiert. Zunächst durchläuft das Thema einige Modulationen, dann erklingt es äußerst verhalten im Pianissimo (nur noch Violine 1 und Cello), um daraufhin in D-Dur zuerst der Flöte, dann dem Fagott, den Violinen etc. etc. das Wort zu erteilen. Zum Fagotteinsatz (ab T. 221) tritt sogar eine wunderbar ruhig-beseelte Melodie hinzu, die uns wie frisch erfunden anmutet und doch von zuvor schon Erklungenem abgeleitet ist. Es scheint nun, als zöge sich das »Jubelthema« verschreckt in sich selbst zurück, als ginge ihm allmählich die Kraft aus, da seine ursprüngliche Energie gänzlich versiegt (T. 269 ff.). Was dann geschieht, ist einmaliger Inspiration, Gestaltungskunst und Orchesterbehandlung entsprungen und wegen der unglaublichen Kraftentfaltung mit nichts, was Beethoven zuvor geschrieben hat, vergleichbar, auch nicht mit den strukturell sehr ähnlichen Stellen im e-Moll-Streichquartett (op. 59/2, 4. Satz, T. 89 ff., 251 ff.) und in der *Waldsteinsonate* (op. 53, 1. Satz, vor Repriseneintritt), nicht einmal mit dem umgekehrten Vorgang am Schluß des Trauermarsches der *Eroica*. Die Rede ist von der Überleitung der Durchführung zur Reprise: Aus dreifachem Piano der entlegensten Tonart heraus (Fis-Dur-Septakkord als Dominante von H-Dur) setzt ganz zart die Rollfigur des Hauptthemas ein – die Pauke nickt mit leisem Wirbel dazu.

Dann der entscheidende Moment (T. 302 f.), wenn mittels enharmonischen Wechsels unhörbar und nur in der Partitur sichtbar der Ton fis zu ges verwandelt wird – dieser Ton ges, der schon in der Einleitung eine so bedeutende Rolle gespielt hatte und die er dann später im Scherzo wieder erhalten wird! Er löst sich in den Bässen beglückend zum f auf mit darüber liegendem B-Dur-Akkord – wie aus einer anderen Welt kommend; und just in diesem Moment erklingt auch wieder die Rollfigur, die jetzt dank der auf b insistierenden Pauke nicht mehr losgelassen wird. Mit immer stärker anwachsender Energie lädt sich die allgegenwärtige Figur einer auskomponierten, gewaltigen Crescendo-Bewegung auf, bis sie, vergleichbar dem Befreiungsschlag zu Beginn des Satzes, endlich wieder in das jubelnde Hauptthema einfällt (B-Dur wird, nebenbei gesagt, nirgends durch eine »ordentliche« Kadenz bekräftigt, sondern nur durch ununterbrochenes Anschlagen des Akkordes gewissermaßen »festgenagelt«).

Der Kontrast von diesem wirbelnden, gleichwohl mehrfach gebrochenen 1. Satz zum nachfolgenden *Adagio* könnte nicht größer sein. Dieses *Adagio*, das als »Muster des erhabenen und doch so innigen und gefühlstiefen Beethovenschen Adagio, [als] sein eigentlicher Inbegriff« bezeichnet wurde (Nef, S. 118), ist großräumig disponiert – von der Aufführungsdauer etwa so lang wie der Kopfsatz – und verlangt von den Ausführenden wie Zuhörenden gleichermaßen langen Atem. Ernest Ansermet wollte im *Adagio* »zweifelsohne eine Naturbetrachtung« erkennen; Arnold Schering hingegen behauptete, Beethoven habe hier als programmatische, jedoch verschwiegene Idee Schillers Gedicht *Sehnsucht* in Musik gesetzt (Schering 1934, S. 73), wobei er – durchaus feinfühlig – in erster Linie die Takte 54 ff. im Auge hatte; Schering vergleicht die wachsende Sehnsucht mit dem ungemein zarten Anwachsen der Instrumentation.

Zwei gegenseitig sich bedingende und durchdringende Elemente bestimmen in ihrer Gegensätzlichkeit den gesamten *Adagio*-Satz. Gleich zu Beginn werden sie vorgestellt:

2. Satz, T. 1-3

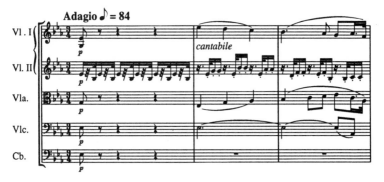

Im Gegensatz zum ersten Akkord des 1. Satzes, der ja keinen wirklichen Akkord, sondern lediglich die Manifestation des Grundtones darstellt (ein »hohler« b-Klang), wird zu Beginn des 2. Satzes ebenfalls der Grundton angeschlagen, hier jedoch sogleich mit der Dur-Terz versehen. Aus ihm entspringt ein simples Quarten-Motiv in den Streichern, das zu Recht mehrfach als »Paukenmotiv« bezeichnet wurde und (allerdings erst zum Satzschluß) demonstrativ von der Pauke gespielt wird (T. 102). Dieses vielleicht durch das rollende Hauptthema des 1. Satzes inspirierte »Paukenmotiv« ist alles andere als eine rein begleitende Zutat zu der in T. 2 eintretenden Melodie: Zwar verwandelt es sich genau in diesem Augenblick des Melodieeintritts unmerklich zu einem typisch geigerischen »Nachschlagmotiv«, das klanglich-akkordisch den Orchestersatz füllt und somit scheinbar in den Hintergrund tritt (die eigentliche Gegenstimme bestreitet ab T. 2 zunächst die Bratsche), aber das sachte über die Tonleiterstufen herabgleitende Thema der ersten Violinen – eine eher simple als gesanglich fließende Melodie – würde ohne die rhythmisch prägnante Stütze des weiterentwickelten »Paukenmotivs« in den zweiten Violinen »ins Ungreifbare verschweben« (Dahlhaus 1979, S. 17). Scharf punktierter Rhythmus und in Vierteln gleitende Tonleiter-Kantilene bedingen sich also wechselseitig (Feil, S. 391f.).

Diese rhythmisch-metrische Dialektik des Ausgangsmaterials erhält eine eigentümliche Brisanz durch das extrem langsame Tempo, das in Beethovens Metronomangaben mit MM 84 für den Achtelschlag angegeben ist. Doch der Achtelpuls kann nicht recht gemeint sein; die eigentliche »innere« Bewegung des *Adagio* ist der sehr ruhige Viertelschlag (MM 42), was spätestens mit Einsatz der Violinenkantilene in Takt 2 offenkundig wird, wie schon Richard Strauss bemerkte (Strauss, S. 52). Das »Rätsel« der hier scheinbar falschen Beethovenschen Metronomisierung ist mittlerweile denkbar einfach gelöst: Beethoven mußte »MM 84« schreiben, da sein Metronom keine Schläge unter MM 50 wiedergeben konnte (Feil, S. 391).

Der 3. Satz (*Allegro vivace*) mit seinem raschen Tempo und der besonderen »rhythmisch-metrischen Pointe« (Dahlhaus 1979, S. 22) ist – vergleichbar dem 3. Satz der *Eroica* – ein typisch Beethovensches Scherzo, auch wenn er es hier nicht mit dieser Bezeichnung (sondern lediglich mit der Tempoangabe *Allegro vivace*) überschrieben hat. Gerne wird übersehen, warum dieser im 3/4tel-Takt stehende Zweierrhythmus (Hemiole), der uns so herrlich den ganzen Satz über in Atem hält, »funktioniert«. Der Grund ist ein zweifacher: Zum einen ist die thematische Basis denkbar schlicht konstruiert: Es handelt sich um einen aufwärts stürmenden gebrochenen B-Dur-Dreiklang – Erinnerungen an das Kopfthema des 1. Satzes sowie an die Quarten-

Thematik des *Adagio* werden wach. Zum anderen verstört freilich nur der unmittelbare Anfang (T. 1–2) mit seiner um ein Viertel nach vorne verschobenen, damit auftaktigen Hemiole. Bereits die unmittelbare Fortsetzung führt uns wieder auf rhythmisch ausgetretenere Pfade:

3. Satz, T. 1-8

Hörte man diesen Scherzobeginn zum ersten Mal (und wer könnte das schon von sich behaupten?), würde man schlimmstenfalls ein ungemein lautes Poltern des Orchesters wahrnehmen, das sich nach wenigen Sekunden in rhythmisch geordneten Bahnen einfindet. Aber die Fortsetzung zeigt, daß es gerade dieser verquere Rhythmus ist, der Beethoven reizte; er wird immer und immer wieder aufgegriffen. Damit verhält sich das Scherzo der IV. Symphonie völlig anders als der Schluß des *Eroica*-Scherzos (und ist damit gleichzeitig wieder verwandt), wo sich plötzlich nach einer durch ein Sforzato unterstützten Rhythmusverschiebung das Dreier-Metrum zum Alla-breve-Takt verändert (siehe das Notenbeispiel auf S. 136).

Hatte Beethoven etwa diese wütende Eruption der III. im Hinterkopf gehabt, als er das Scherzo der IV. komponierte?

Es kommt ein Drittes hinzu: Das Scherzo ist – und darin unterscheidet es sich wesentlich von dem ebenfalls den Dreiertakt merkwürdig verschleiernden Anfang des *Eroica*-Scherzos – in guter Menuett-Tradition mit Vorder- und Nachsatz angelegt. Vor dieser Folie nimmt man zur Kenntnis, daß auf die vier Takte Fortissimo-Tutti das besänftigende Piano der Bläser antwortet. Doch der Nachsatz enttäuscht schon nach wenigen Augenblicken die Erwartungshaltung: Eine weitere Pointe des Scherzos der IV. Symphonie besteht nämlich darin, daß es nicht »regulär« zurück zur Ausgangstonart führt, sondern merkwürdig abschweift, dabei die Bläser und Streicher in wogender Bewegung hält und erst mit

Hilfe der Hemiole im Fortissimo endlich wieder in das vorgegebene Metrum einrastet.

Das sich anschließende Trio behält die Tonart B-Dur und den auftaktigen Impuls des Scherzos bei, verlangsamt aber ein wenig den Schwung (*Un poco meno allegro*), um den Holzbläsern eine »kindlich rührende, zu Herzen dringende Melodie« (Nef, S. 124) anzuvertrauen. Immer wieder nutzen die ersten Geigen »koboldartig« die sich bei den Phrasenunterbrechungen bietende Chance, eine kleine Fioritüre anzubringen; später dann bildet sich aus solch einem Einwurf ein breiter Streicherteppich, der dem naiven Holzbläserthema – je nach Temperament des Hörers – einen pathetischen oder bedrohlich schwankenden, jedenfalls bordunartigen Untergrund bereitet:

3. Satz, Trio, T. 139-144

Wie bereits in der *Eroica* schließt sich der bärbeißige Scherzoteil unmittelbar an, doch fordert das Trio nochmals einen Auftritt und zieht somit auch das Scherzo, jetzt auf seinen zweiten Teil verkürzt, ein drittes Mal nach sich. Von diesem Tumult angesteckt, heben zum Schluß die Hörner neckisch sogar zu einer weiteren »Trio«-Idylle an (sie erinnern sich an ihren Auftritt in der *Eroica*!), doch unwirsch werden sie – und damit der ganze 3. Satz – mit einem Fortissimo-Schlag zum Schweigen gebracht.

Ungestümes Vorwärtsdrängen war schon Wesensmerkmal des 1. Satzes; im Finale (*Allegro ma non troppo*) wird es zudem genial thematisiert. Auf- und abwogende Sechzehntel-Kaskaden der Streicher, später auch gelegentlich der Holzbläser, bestimmen die unruhige Bewegung, die »flüssig wie Quecksilber« (Nef, S. 126) kaum je zur Ruhe kommt. Da kann sich die so schlichte, die *Pastorale* vorwegnehmende, Bläseridylle des Seitensatzes nicht allzu lange halten:

4. Satz, T. 37-44

Sehr bald wird sie wieder von den dahineilenden, perpetuum-mobile-artigen Streicherwogen eingeholt. Nicht einmal die scharf dissonanten Einschübe können das Drängen ernsthaft gefährden. In der Durchführung gewinnt die anfangs etwas konturenarme Bewegung (von Hauptthema zu sprechen, wäre eine Überstrapazierung des Begriffs) geradezu tänzerischen Charakter, der später im herrlich motorisch-nervösen und doch beseelten Seitensatzthema des Finales der großen C-Dur-Symphonie Franz Schuberts wieder anklingt.

Von Felix Weingartner stammt der bedenkenswerte Hinweis, man solle das Tempo dieses Finales (*Allegro ma non troppo*) nicht so rasch nehmen, wie es Beethovens schnelle – zu schnelle? – Metronomisierung (MM Halbe = 80) vorgibt, denn dieser Satz wirke »schnell, ohne in Wirklichkeit schnell zu sein« (Weingartner, S. 58). Daß drängende Geschwindigkeit (unabhängig vom angeschlagenen realen Tempo) im Finale der IV. Symphonie vom Komponisten tatsächlich thematisiert wurde, mag der Schluß des Satzes beweisen: Es ist nämlich mehr als nur ein Scherz, wenn plötzlich mit zwei Fortissimo-Schlägen und nachfolgender Generalpause (Takt 343f.) das Eilen und Drängen geradezu gewaltsam angehalten wird und das quirlige Sechzehntel-Motiv von den hohen Streichern und den Fagotten im Zeitlupentempo und durch Fermaten gebremst vorgeführt wird; hier handelt es sich um die Demonstration des autonomen Komponisten, der – wann immer er will – in einen von ihm in Gang gesetzten, scheinbar unaufhaltsam vorwärtsdrängenden Prozeß entscheidend eingreifen kann. Andererseits reflektiert dieses Innehalten ironisch den zweifellos vorherrschenden Eindruck von »Schnelligkeit« und »Hast«, der repräsentiert wird durch den Hauptnotenwert des Finales: die Sechzehntelnoten in Kombination mit dem *Allegro*-Tempo. Bereits die Halbierung des Notenwertes bei aufrechterhaltenem Tempo (viele Dirigenten lassen hier irrtümlicherweise Rubato spielen) genügt und beweist, daß die melodische Qualität eines Themas entscheidend von der Wahl des Notenwertes in Relation zum Tempo abhängt. Derart abgebremst wirkte das Finale-Hauptmotiv geradezu ermüdend langweilig, weshalb es Beethoven ganz zum Schluß noch einmal triumphierend als rasante Sechzehntelrakete auftreten läßt.

Dokumente

»Kein Geheimnis sei dein Nichthören mehr – auch bei der Kunst.«
(Skizzenblatt aus dem Jahr 1806)

»Quittung über 500 fl., welche ich vom Grafen Oppersdorf empfangen habe für eine Sinfonie, welche ich für denselben geschrieben habe. Laut meiner eigenhändigen Handschrift Ludwig van Beethoven.«
(Quittung vom 3. Februar 1807)

»Ich will Ihnen (...) nur noch melden, daß Ihre Sinfonie schon lange bereit liegt, ich sie Ihnen nun aber mit nächster Post schicke. 50 fl. können Sie mir abhalten, da die Kopiaturen, welche ich für Sie machen lassen, billigstens 50 fl. ausmacht. Im Fall Sie aber die Sinfonie nicht wollen, machen Sie mir's noch vor Posttag zu wissen. Im Falle Sie selbe aber nehmen, dann erfreuen Sie mich sobald als möglich mit den mir noch zukommenden 300 fl. Das letzte Stück der Sinfonie ist mit 3 Posaunen und Flautino, zwar nur 3 Pauken, wird aber mehr Lärm als 6 Pauken und zwar besseren Lärm machen.«

(Beethoven im März 1808 an Franz von Oppersdorff, dem ursprünglich – wie aus dem Brief hervorgeht – die V. gewidmet werden sollte, später dann die IV. Symphonie zugeeignet wurde.)

»Obschon durch so mehrmalige Abbrechung beinahe überzeugt, daß auch diese von mir gemachte Anknüpfung doch wieder fruchtlos, trage ich Ihnen in diesem Augenblicke nur folgende Werke an: zwei Symphonien, eine Messe und eine Sonate fürs Klavier und Violoncell. NB. Für alles zusammen verlange ich 900 Gulden; jedoch muß diese Summe von 900 fl. nach Wiener Währung in Konventionsgeld, worauf also auch namentlich die Wechsel lauten müssen, ausgezahlt werden. Aus mehreren Rücksichten muß ich bei den zwei Symphonien die Bedingung machen, daß sie vom 1. Juni an gerechnet erst in sechs Monaten herauskommen dürfen. Vermutlich dürfte ich eine Reise den Winter machen und wünschte daher, daß sie wenigstens im Sommer noch nicht bekannt würden.«
(Beethoven an Breitkopf & Härtel, 8. Juni 1808)

»Den ersten Abend eröffnete die, bis jetzt hier noch nicht öffentlich gehörte Symphonie aus B dur des musikal. Jean Paul, Beethoven – ein Werk, vom Componisten mit eben der Originalität und Energie ausgestattet, welche die frühern Productionen seiner Muse bezeichnen, ohne der Klarheit durch Bizarrerien zu schaden, welche manches seiner Werke, vorzüglich z. B. seine Pastoral-Symphonie und seine Eroica entstellen – ein Werk, welches an Genialität, Feuer und Effect nur der Symphonie aus C moll, an Klarheit nur der ersten aus C dur nachsteht – an Schwierigkeit der Execution aber keiner.«
(Allgemeine musikalische Zeitung von 1812, Spalte 381)

Voll Zufriedenheit über eine vormittags glücklich geendete Sinfonie und ein vortreffliches Mittagsmahl entschlummerte ich sanft und sah mich im Traume plötzlich in den Konzertsaal versetzt, wo alle Instrumente, belebt, große Assemblée unter dem Vorsitze der gefühlvollen und mit naiver Naseweisheit erfüllten Oboe hielten. (...) Auf einmal trat der Kalkant [der Blasebalgtreter an der Orgel] in den Saal, und erschrocken fuhren die Instrumente auseinander, denn sie kannten seine gewaltige Hand, die sie zusammen-

packte und den Proben entgegentrug. »Wartet«, rief er, »rebelliert ihr schon wieder? Wartet! Gleich wird die Sinfonia Eroica von Beethoven aufgelegt werden, und wer dann noch ein Glied oder eine Klappe rühren kann, der melde sich.«

»Ach, nur das nicht!« baten alle. »Lieber eine italienische Oper, da kann man doch noch zuweilen dabei nicken«, meinte die Bratsche.

»Larifari!« rief der Kalkant. »Man wird euch schon lehren! Glaubt ihr, daß in unseren aufgeklärten Zeiten, wo man über alle Verhältnisse wegvoltigiert, euretwegen ein Komponist seinem göttlichen riesenhaften Ideenschwunge entsagen wird? Gott bewahre! Es ist nicht mehr von Klarheit und Deutlichkeit, Haltung der Leidenschaft, wie die alten Künstler Gluck, Händel und Mozart wähnten, die Rede. Nein, hört das Rezept der neuesten Sinfonie [Beethovens IV. Symphonie ist gemeint], das ich soeben von Wien erhalte, und urteilt darnach: Erstens, ein langsames Tempo, voll kurzer abgerissener Ideen, wo ja keine mit der andern Zusammenhang haben darf, alle Viertelstunden drei oder vier Noten – das spannt! Dann ein dumpfer Paukenwirbel und mysteriöse Bratschensätze, alles mit der gehörigen Portion Generalpausen und Halte geschmückt; endlich, nachdem der Zuhörer vor lauter Spannung schon auf das Allegro Verzicht getan, ein wütendes Tempo, in welchem aber hauptsächlich dafür gesorgt sein muß, daß kein Hauptgedanke hervortritt und dem Zuhörer desto mehr selbst zu suchen übrigbleibt; Übergänge von einem Tone in den andern dürfen nicht fehlen; man braucht zum Beispiel wie Paer in der Leonore nur einen Lauf durch die halben Töne zu machen und auf dem Tone, in den man gern will, stehenzubleiben, so ist die Modulation fertig. Überhaupt vermeide man alles Geregelte, denn die Regel fesselt nur das Genie.«

Da riß plötzlich eine Saite an der über mir hängenden Gitarre, und ich erwachte voll Schrecken, indem ich durch meinen Traum auf dem Wege war, ein großer Komponist im neuesten Genre, oder – ein Narr zu werden.

(Carl Maria von Weber in seinem fragmentarischen Kunstroman *Tonkünstlers Leben*, Dresden/Leipzig 1827/1828)

Die »griechisch-schlanke« Symphonie?
Die Wirkung der Symphonik Beethovens auf die Romantik

Man wird Robert Schumann kaum widersprechen wollen, wenn er die IV. Symphonie Ludwig van Beethovens mit der eigenwillig-treffenden Bemerkung charakterisiert, sie sei »griechisch-schlank«. Schumanns Bonmot ist deshalb so treffend, weil es relativ gemeint ist, nämlich ausschließlich auf das symphonische Schaffen Beethovens bezogen. »Griechisch« steht wohl in erster Linie für »klassisch«, also »vorbildlich« und »mustergültig«, für etwas, woran man sich orientieren kann und sollte. Und »schlank« trifft in mehrfacher Hinsicht zu: Beethovens IV. ist geringstimmiger als alle anderen Symphonien besetzt, sie beschäftigt die Holzblasinstrumente in geradezu kammermusikalischer Feinabstimmung, und ihr fehlt schließlich der demonstrativ pathetisch-heroische Ton. Die IV. wirkt aufgrund ihres vordergründig freundlichen Gestus nicht so lastend-bedeutungsvoll wie etwa die *Eroica*, die V. oder die IX. Symphonie.

Daß Schumann seine Bemerkung durchaus positiv und in gezielter Abgrenzung zu den soeben genannten Symphonien, vor allem aber in Kontrastierung zur IX. verstanden wissen wollte, wird überaus deutlich, wenn man den Kontext betrachtet, in dem sie gemacht wurde. Schumann, der ja nicht nur Komponist, Pianist und Dirigent, sondern spätestens ab 1831 auch als Schriftsteller und scharfsinniger Kritiker wirkte, läßt hier Eusebius, Florestan und deren Meister Raro, also jene davidsbündlerischen Phantasiegestalten auftreten, deren er sich bekanntlich gerne bediente, um ästhetische Urteile, Kritik, Lob und Gefühle zu reflektieren. In diesem Zusammenhang ist nun entscheidend, daß sich diese drei – nach einem Konzerterlebnis mit Beethovens IX. Symphonie – über die verständnislose Reaktion eines seltsamen Zuhörers unterhalten:

Zuhörer: »Ich bin der Blinde, der vor dem Straßburger Münster steht, seine Glocken hört, aber den Eingang nicht findet. Laßt mich in Ruhe, Jünglinge, ich verstehe die Menschen nicht mehr.« Eusebius: »Wer wird den Blinden schelten, wenn er vor dem Münster steht und nichts zu sagen weiß? Zieht er nur andächtig den Hut, wenn oben die Glocken läuten.« Florestan: »Ja liebt ihn nur, liebt ihn so recht – aber vergeßt nicht, daß er auf dem Wege eines jahrelangen Studiums zur poetischen Freiheit gelangte, und verehrt seine nie rastende moralische Kraft [gemeint ist Beethoven!]. Sucht nicht das Abnorme an ihm heraus, geht auf den Grund des Schaffens zurück, beweist sein Genie nicht mit der letzten Sinfonie, so Kühnes und Ungeheures sie ausspricht, was keine Zunge zuvor, – ebensogut könnt ihr das mit der ersten oder mit der griechisch-schlanken in B-Dur! Erhebt euch nicht über Regeln, die ihr noch nicht gründlich verarbeitet habt. Es ist nichts Halsbrechenderes als das, und selbst der Talentlosere könnte euch im zweiten Moment der Begegnung die Maske beschämend abziehen« (zitiert nach Boetticher, S. 81).

Florestan reagiert also nicht etwa enthusiastisch auf die Verehrung von Beethovens IX. Symphonie, sondern er tritt geradezu als prophetischer Warner auf. Er sagt zwar, man könne Beethovens Genie ebensogut anhand der I. oder IV. wie anhand der IX. Symphonie erkennen, meint jedoch, die IX. stehe geradezu außerhalb jeglicher Konvention, und betrachtet sie als das Werk eines individuellen, einmaligen Entwicklungsprozesses, vor dessen Nachahmung nur gewarnt werden könne. Immerhin fallen die Begriffe »abnorm« und »Regelverletzung«, rhetorisch geschickt abgefangen durch den Hinweis auf Beethovens »poetische Freiheit« wie dessen »nie rastende moralische Kraft«.

Das Credo Florestan-Schumanns lautet also: An Beethovens IX. kann man als Künstler nicht anknüpfen, sie eignet sich in ihrer grenzüberschreitenden Einmaligkeit keinesfalls als Vorbild. Wer sich mit der Absicht trägt, eine Symphonie nach Beethoven zu komponieren, sollte sich an denjenigen Werken des Meisters orientieren, die ihn noch deutlich an das Erbe Haydns und Mozarts binden: Hier bieten sich wie von selbst die I., II., IV. und VIII. Symphonie, weniger die hochemotionale, Neuland erobernde III., V. oder VII. Symphonie an, die bezeichnenderweise auch nicht genannt werden. So sehr es also Beethovens Spätwerk zu bewundern gilt, es bildet – laut Schumann – eine Sackgasse für die Komponisten der Nachfolgegeneration.

Die Gattung der Symphonie war mit Beethoven an die äußerste Grenze ihrer Existenzberechtigung gestoßen; sie war in ihrem Weiterleben wenn nicht zum Untergang verurteilt, so doch massiv gefährdet. Denn das alle Aufmerksamkeit auf sich ziehende Einzelwerk, das jetzt idealtypisch für sich selbst dasteht, also nicht mehr als Beispiel der Gattung, löscht die bislang gültigen, normierenden Gesetze durch seine Existenz allmählich aus: »Das Werk als Sonderfall zehrt gleichsam die Substanz der Gattung auf« (Kunze, 1993, S. 5).

Beethoven – nicht Haydn oder Mozart – prägte im Bewußtsein der Zeitgenossen von der *Eroica* aufwärts mit jeder einzelnen seiner Symphonien geradezu Modelle, an denen sich fortan die Komponisten und das Publikum orientierten, es sei denn, man ignorierte als Komponist ganz einfach ihre übermächtige künstlerische Potenz (wie Carl Maria von Weber oder Louis Spohr). Die neun Symphonien wurden also sehr rasch nach ihrem Entstehen zum hymnisch verehrten Ideal einer Gattung, deren große Blütezeit kurioserweise erst mit Beethoven anhob.

Trotz des Bewußtseins des Unerreichbaren und des eigenen Anspruchs, »original« zu sein, knüpften viele Komponisten der unmittelbaren Nachfolge – also Franz Schubert, Felix Mendelssohn Bartholdy, Robert Schumann oder auch Hector Berlioz – an eines der Beethovenschen Symphonie-Modelle an; die Komponisten der zweiten Jahrhunderthälfte eroberten sich dann nur ehrfürchtig-zögerlich die Symphonie (Johannes Brahms) oder wandten sich neuen Formen zu, wie der »Symphonischen Dichtung« (Franz Liszt). Denn stets waren sie hin- und hergerissen zwischen der historisch legitimierten »klassischen« Form, wie sie zumindest bis zu Beethovens VIII. Symphonie anerkannt war, und der geforderten, die Schranken der Tradition gleichzeitig einreißenden Originalität. Originalität äußert sich aber, wie Schumanns Zeitgenosse Hegel feststellte, nicht durch das »Hervorbringen von Absonderlichkeiten, (...) wie sie nur gerade diesem Subjekt eigentümlich sind und keinem anderen würden zu Sinne kommen«; ein »wahrhaftes Kunstwerk (...) erweist seine echte Originalität nur dadurch, daß es als die *eine* eigene Schöpfung *eines* Geistes erscheint, der nichts von außen her aufliest und zusammengeflickt, sondern das Ganze im strengen Zusammenhange aus einem Guß, in einem Tone sich selbst zusammengeeint hat« (Hegel, S. 383). Und so wird, ungeachtet der geradezu übersteigerten Wertigkeit der individuellen künstlerischen Freiheit, überraschend häufig in Rezensionen und Kritiken »eine Grenze gegen die neue Musik der eigenen Zeit errichtet, sobald sie als unorganisch, überspitzt, effekthascherisch, oder auch, sobald sie als flach, gehaltlos, äußerlich empfunden wird« (Blume,

MGG 11, Sp. 797). Wie auch immer die Symphoniker des 19. Jahrhunderts reagieren mochten: Entweder schalt man sie als Epigonen oder als Exzentriker.

Richard Wagners wortreichen Beethoven-Exegesen, die sich immer aufs neue an der IX. Symphonie entzündeten und auf deren, die endgültigen Grenzen markierende, Bedeutung verwiesen, muß man zugute halten, daß sie genau dieses Dilemma symphonischen Komponierens nach Beethoven klar erkannten. Er konnte in seinem ideellen Denkgebäude vom Gesamtkunstwerk, das Wort, Musik, Bühne und Bewegung in sich vereinigte, auch der verstörend individuellen Symphonik Beethovens ihren Platz zuweisen. Wagner tat sich daher leicht, auf die Bemühungen seiner Zeitgenossen verächtlich herabzublicken: »Die Formen, in denen der Meister [Beethoven] sein künstlerisches, weltgeschichtliches Ringen kundgab, blieben für die komponierende Mit- und Nachwelt eben nur *Formen*, gingen durch die Manier in die Mode über, und trotzdem kein Instrumentalkomponist selbst in diesen Formen nur noch die mindeste Erfindung kundzugeben vermochte, verlor doch keiner den Mut, fort und fort Symphonien und ähnliche Stücke zu schreiben, ohne im mindesten auf den Gedanken zu geraten, daß die *letzte* Symphonie bereits *geschrieben sei*. (...) Ihr gebt euch vergebene Mühe, zur Beschwichtigung eures läppisch-egoistischen Produktionssehnens, die vernichtende musik-weltgeschichtliche Bedeutung der letzten Beethovenschen Symphonie leugnen zu wollen; (...) macht was ihr wollt; seht neben Beethoven ganz hinweg, tappt nach Mozart, umgürtet euch mit Sebastian Bach; schreibt Symphonien mit oder ohne Gesang, schreibt Messen, Oratorien (...), macht Lieder ohne Worte, Opern ohne Text –: ihr bringt nichts zustande, was wahres Leben in sich habe. Denn seht, – euch fehlt der *Glaube*! Der große Glaube an die Notwendigkeit dessen, was ihr tut!« (Wagner 1849, S. 69 ff.).

Ohne an dieser Stelle auch nur ansatzweise einen konkreten Einblick in das bücherfüllende Thema der vielfältigen und hochinteressanten Auseinandersetzung der »Romantiker« mit den symphonischen Formen und Modellen Beethovens bieten zu können, sei zumindest auf die IV. Symphonie und deren beeindruckende Wirkungsmacht auf das 19. Jahrhundert zurückgekommen. Sie war es in erster Linie, zu der sich viele Komponisten im ersten Drittel des 19. Jahrhunderts besonders hingezogen fühlten. Franz Schubert schrieb sich (unvollständig) die Langsame Einleitung ab, und überhaupt scheint in seinem symphonischen Oeuvre gerade Beethovens IV. einen nachhaltigen Eindruck hinterlassen zu haben. Felix Mendelssohn Bartholdy führte sie mit durchschlagendem Erfolg in seinem Debütkonzert als Leipziger Gewandhaus-Dirigent auf. Robert Schumann nahm sie sich, wie seine I. Symphonie in derselben Tonart B-Dur zeigt, zum Vorbild: Zum einen übernimmt er die fünfteilige Scherzoform (allerdings mit zwei unterschiedlichen Trio-Sätzen) anstatt der traditionell dreiteiligen Form, zum anderen überwölbt Schumann das Hauptthema in der Durchführung des 1. Satzes (T. 150–166, 218–234) mit einem neuen lyrischen Gedanken – man könnte diesen Vorgang mit Carl Dahlhaus als »strukturelle Reminiszenz« bezeichnen (Dahlhaus, 1979, S. 34), denn dieses nicht alltägliche Formprinzip konnte er an Beethovens Kopfsatz der IV. (T. 221–240) studieren. Auch der junge Brahms stand im Banne der IV. Symphonie Beethovens: In seinem d-Moll-Klavierkonzert (op. 15) zitiert er den »Nachgesang« des Beethovenschen *Adagios* (Takt 35–36). Selbst Gustav Mahler ließ sich durch die fast mystische Stimmung der langsamen Einleitung der IV. inspirieren, wie man am Anfang seiner I. Symphonie deutlich hören kann.

Ein weiterer Komponist, der selbst eher an die III. und VII. Symphonie Beethovens anknüpfte, der fanatische Beethoven-Verehrer Hector Berlioz, sah – übrigens wie Schumann – in Beethovens B-Dur-Symphonie vorwiegend die Klassizität gewahrt. Er stellte sie in eine Linie mit der II. Symphonie, nennt sie »im allgemeinen lebhaft, frisch, heiter oder von himmlischer Zartheit« (Berlioz 1844; nach Dahlhaus 1979, S. 31). Den längsten Abschnitt seiner Analyse widmete er jedoch bezeichnenderweise nicht dem »griechisch-schlanken« Tonfall, sondern dem romantisch-zugespitzten Übergang der Durchführung in die Reprise des 1. Satzes; nicht das »Konventionelle« also, sondern das Besondere hob der geniale Exzentriker Berlioz hervor.

In seiner absichtsvollen Betonung ihrer »griechisch-schlanken« Gestaltung verdrängte Schumann freilich jene ganz wesentliche Grundstimmung der IV. Symphonie, die keineswegs nur Berlioz bemerkte. Nicht zu Unrecht hat man Beethovens IV. nämlich als dessen »romantische« bezeichnet: »Ein (...) Element, welches sie aufs stärkste kennzeichnet, ist der romantische Hang, das

Helldunkel, in welchem die Phantasie (...) in allen Sätzen dieses Werkes zu verweilen liebt. Dieser romantische Zug macht sich äußerlich bemerkbar in dem zögernden Aufbau der Melodien, in dem langen Festhalten der Harmonien, in der versteckten Einmischung von Dissonanzen, in der bald in scharfen Kontrasten springenden, bald träumerischen Dynamik: Erscheinungen, die uns in keiner zweiten Symphonie Beethovens so systematisch entgegentreten, wie in der B-dur-Symphonie.« (Kretzschmar, zitiert nach Nef, S. 108f.)

Genau diese Merkmale, die Schumann geflissentlich überhörte und die wir Heutigen mit unseren abgestumpften Ohren ohnehin nur voller Anstrengung wahrnehmen, waren es, an denen sich Carl Maria von Weber so störte, daß er eine bösartige Glosse gegen Beethovens IV. verfaßte. Auch wenn er darin in raffinierter Übertreibung Beethovensche Charakteristika geißelt, die aber gerade die B-Dur-Symphonie gar nicht bietet, so hatte Weber doch ein sehr feines Gespür für das verstörend Neuartige, das sich unter der brüchigen Oberfläche der »griechisch-schlanken« Symphonie Beethovens verbirgt.

Ludwig Ferdinand Schnorr von Carolsfeld
Porträt Ludwig van Beethovens, Brustbild im Profil
1809/1810, Bleistiftzeichnung, 22,5 × 18,5 cm
Original verschollen, Photo: Beethoven-Haus, Bonn

Aus der Zeit zwischen der Uraufführung der V. und VI. Symphonie und der Komposition des nächsten Symphonienpaares stammt das Porträt von Ludwig Schnorr von Carolsfeld (1788–1853). Der Maler, der seit 1804 an der Wiener Akademie ausgebildet wurde und zur Zeit der Entstehung dieses Porträts Kustos der *Belvedere*-Galerie war, gehört zu den Exponenten der deutschen romantischen Schule.

Die verschollene Bleistiftzeichnung war Bestandteil eines heute nur mehr zwölf Blätter umfassenden Heftes, das den Wiener Freundeskreis der Familie Malfatti dokumentiert, in den Beethoven von seinem Freund und Berater Ignaz von Gleichenstein eingeführt worden war. Alle Porträtierten sind im Profil von links als Brustbild dargestellt – so auch Beethoven: Eine dem Skizzenhaften entspringende Unmittelbarkeit ist kombiniert mit sorgfältiger Detailausarbeitung, etwa der Haare und Koteletten, zudem ist mit wenigen Strichen ein charakteristischer Gesichtsausdruck und Blick Beethovens eingefangen.

Seit Beethoven im März 1809 von Erzherzog Rudolph und den Fürsten Kinsky und Lobkowitz eine jährliche finanzielle Unterstützung zugesagt bekommen hatte, plante er, eine Familie zu gründen. Dies ist insofern bedeutsam für das Porträt, als Beethoven – entgegen seinen früheren Gewohnheiten – Wert auf ein gepflegtes Äußeres gelegt hat, wohl weniger aus persönlicher Neigung, denn aus dem Wunsch nach gesellschaftlicher Anerkennung heraus. Unter den Zeichnungen befindet sich auch ein Bildnis Therese von Malfattis (1769–1829), bei der Beethoven im Mai 1810 vergebens um die Hand ihrer gleichnamigen Tochter angehalten hatte. Mehr Erfolg hatte Ignaz von Gleichenstein, der 1811 die andere Tochter, Anna von Malfatti, heiratete.

(M. L.)

V. Symphonie in c-Moll, op. 67

Analyse und Essay von Martin Geck

Konvention und Originalität
Die Dimension des Symphonischen in der V. Symphonie

Entstehungszeit: Erste Skizzen bereits 1803/1804; Ausarbeitung in den Jahren 1807/1808

Uraufführung: 22. Dezember 1808 im k. k. Theater an der Wien innerhalb einer von Beethoven veranstalteten musikalischen Akademie, in der – neben anderen Werken Beethovens – auch die *Pastorale* aufgeführt wurde

Originalausgabe (April 1809): Sinfonie pour 2 Violons, 2 Violes, Violoncelle et Contre-Violon; 2 Flûtes, petite Flûte, 2 Hautbois, 2 Clarinettes, 2 Bassons, Contre-Basson, 2 Cors, 2 Trompettes, Timbales et 3 Trompes composée et dédiée à son Altesse Sérénissime Monseigneur le Prince régnant de Lobkowitz Duc de Raudnitz et A son Excellence Monsieur le Comte de Rasumoffsky par Louis van Beethoven

Sätze (mit Beethovens Metronomangaben):
1. Allegro con brio (♩ = 108)
2. Andante con moto (♪ = 92)
3. Allegro (♩. = 96)
4. Allegro (♩ = 84) – Presto (𝅝 = 112)

Die zwischen 1799 und 1802 entstandenen beiden ersten Symphonien Beethovens kann man als geniale, zugleich jedoch der Tradition der Gattung verhaftete Werke betrachten: Ihr formaler Standard ist im wesentlichen vorgegeben und insoweit unstrittig; Fortschritt und Wandel zeigen sich in den Einzelheiten der individuellen Gestaltung.

In dem halben Jahrzehnt seit 1803 setzt der Symphoniker Beethoven neue Maßstäbe, indem er in eine grundsätzliche Auseinandersetzung mit der Dimension des Symphonischen eintritt und damit ästhetische Probleme aufwirft, die einer systematischen Durchdringung und Klärung bedürfen. Was vermag, so lautet die Leitfrage, ein Komponist zu leisten, der das Wesen des Symphonischen neu definieren anstatt sich damit begnügen will, vorgegebene Formschemata – wie geistvoll auch immer – auszufüllen?

Dabei geht es um drei große Problembereiche, deren erster das Verhältnis zur Geschichte der Gattung ist: Lassen traditionelle Vorgaben jene Geschmeidigkeit zu, derer ein Komponist bedarf, um »poetische Ideen« in Musik zu setzen, wie es ja Beethovens erklärtes Ziel ist – etwa die zwar historisch, aber nicht ästhetisch erklärbare Satzfolge der Symphonie oder das Sonatensatzschema? Wie ist innerhalb des Mediums der reinen Instrumentalmusik, so lautet die zweite Frage, die Teilhabe der Musik an den großen Ideen der Zeit zu verwirklichen und *zugleich* ihr absolutes, selbstbezügliches Wesen sichtbar zu machen? Wie kann, drittens, die Macht des modernen Orchesterapparats genutzt werden?

Vor diesem Denkhorizont ist es Beethoven nicht länger möglich, wie selbstverständlich eine Symphonie nach der anderen zu schreiben. Um sein Vorhaben nach verschiedenen Richtungen angehen zu können, arbeitet er vielmehr an mehreren Projekten zugleich. Bereits im letzten Stadium der Arbeit an der *Eroica*, dem ersten bedeutenden Meilenstein auf dem neuen Wege, sinnt Beethoven auf neue Lösungen: Skizzenbücher aus den Jahren 1803/1804 dokumentieren erste Pläne zu einer c-Moll-Symphonie; sie enthalten bereits ihren charakteristischen Beginn – sowohl in Vorstudien als auch in nahezu definitiver Gestalt. Doch diese spätere V. Symphonie wird, unter anderem, zugunsten der IV. zurückgestellt; und als Beethoven die Arbeit an ihr im Jahr 1807 wieder entschlossen aufnimmt, arbeitet er parallel an ihrem Schwesterwerk, der *Pastorale*. Beide Werke werden im Verlauf des Jahres 1808 etwa gleichzeitig fertig.

Doch damit nicht genug: In derselben Zeit beschäftigen Beethoven die drei *Leonoren*-Ouvertüren und die Ouvertüre zum Trauerspiel *Coriolan*, die ihrerseits genuin symphonische Musik sind. Der Horizont des gesungenen oder gesprochenen Dramas, vor dem diese Ouvertüren konzipiert werden, ist zwar ein anderer als derjenige der Symphonie; die grundsätzliche Fragestellung ist jedoch dieselbe: Es geht um die Dialektik von Konventionen und Originalität, Form und Inhalt, kompositorischer

Struktur und poetischer Idee, Durchgeistigung und orchestraler Klangvorstellung.

Man muß die V. Symphonie im Kontext dieses Ringens um einen »neuen Weg« sehen, von dem im anschließenden Essay noch die Rede sein wird: Beethoven baut seine Philosophie in Tönen zu dieser Zeit nicht in Gestalt einzelner Werke, sondern als ein großes Ensemble unterschiedlicher Charaktere.

*

Unter dem Aspekt der Formenlehre gesehen, läßt der 1. Satz (*Allegro con brio*) die Sonatensatzform durchscheinen: Exposition (T. 1–124), Durchführung (T. 125–248), Reprise (T. 248–374), Coda (T. 374–502). Bemerkenswert ist die Disponierung der beiden Themen, deren erstes in jeder Weise satzbeherrschend ist:

1. Satz, V. Sinfonie, T. 6-21

Das Seitenthema tritt demgegenüber merklich zurück: Es wird zwar durch ein aus dem Rhythmus des Hauptthemas abgeleitetes Signal der Hörner mit großem Nachdruck angekündigt,

hat jedoch kaum die Kraft, den Rhythmus des Hauptthemas abzuschütteln. Von diesem geradezu zu Tode gehetzt, taucht es erst in der Reprise wieder auf:

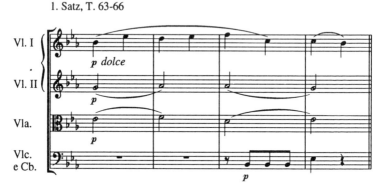

Indessen wird man dem Charakter des Satzes nicht gerecht, wenn man ihn in das Schema der traditionellen Sonatensatzform preßt oder allein seine beiden Themen in den Blick nimmt. Viel eher erschließt er sich von zwei knappen musikalischen Wahrzeichen her, die aus dem motivisch-thematischen Prozeß herausgehoben und dem Satz gleichsam vorgegeben sind: dem berühmten Motto zu Anfang und dem zunächst weniger auffälligen, jedoch nicht minder markanten Oboen-*Adagio* in den ersten Takten der Reprise.

Daß diese gleichsam extraterritorialen Wahrzeichen jeweils von einer Fermate abgeschlossen werden, macht deutlich, daß sie ihre eigene Zeit haben, die über den Sonatensatz hereinbricht, um sein selbstbezügliches Wesen zu erschüttern. Nicht ohne Grund hat Beethoven in einem späten Stadium der Komposition die Halbe des vierten Taktes in den fünften Takt verlängert und damit die ursprüngliche Symmetrie gestört; die zweite Fermate sollte die erste an Dauer und Wirkung übertreffen und vollends deutlich machen, daß die »Zeit« zu Anfang des Satzes eine irrationale Herrschaft ausübt:

Das anfänglich aufgerichtete Wahrzeichen taucht an entscheidenden Stellen des Satzes wieder auf – tendenziell unverändert, jedoch mit zunehmend bedrohlichen Zügen. Bereits im Hauptsatz, dessen rhythmisch-melodische Substanz sein unmittelbarer Widerhall ist, erscheint es noch einmal, nunmehr wuchtiger instrumentiert und wie in neuer Perspektive:

1. Satz, T. 22-24

Zu Beginn der Durchführung vernimmt man es als eine durch das Intervall der verminderten Quinte harmonisch geschärfte Engführung zwischen Bläsern und Streichern:

1. Satz, T. 125-128

Wenn es die Reprise eröffnet, ist das volle Orchester in seinen Sog geraten; die erste Flöte und Oboe sowie die Hörner und Trompeten geben dem Ausdruck eine harmonische Schärfung, indem sie, anstatt den melodischen Gang des Motivs mitzumachen, auf dem Ton g verharren:

1. Satz, T. 248-252

Dieselbe Version erklingt noch einmal kurz vor Schluß (T. 478–482), jedoch mit den Bässen in der tiefen, noch wuchtiger klingenden Oktave.

Vor dem gleichsam transmusikalischen Erlebnishorizont des Eingangsmottos entwickelt Beethoven – in dem kürzesten seiner symphonischen Kopfsätze – ein atemberaubendes Spiel mit dessen Tönen und Rhythmen. Der Gestus ist dynamisch, vorwärtsdrängend, suggeriert Unaufhaltsamkeit. Doch zugleich sorgen Stauungen, Phrasenverschränkungen, Dehnungen und Erweiterungen dafür, daß nirgendwo der Eindruck von Schematismus (1+1, 2+2, 4+4 Takte usw.) aufkommt. Die Störung schematischer Ordnungsvorstellungen durch irrationale Zeiteinteilung hat selbst zünftigen Musikern zu schaffen gemacht. So hat Max Bruch den seiner Meinung nach überzähligen Pausentakt 389 für einen Schreibirrtum gehalten, während Felix Weingartner, wohl zu Recht, von einer »genialen Unregelmäßigkeit« spricht.

Immer wieder hat es Vorschläge gegeben, Beethovens Taktangabe 2/4 zu verbessern, die gleichsam den kleinsten gemeinsamen Nenner des metrischen Geschehens darstellt und die Vorzeichnung von Taktwechseln umgehen hilft, Folgen von »großen« 2/2- oder auch 3/2-Takten zu notieren, Auftakte umzudefinieren etc. So produktiv solche Überlegungen namentlich für Dirigenten sein mögen, so merklich lenken sie doch zugleich von der Intention des Komponisten ab, den Satz in rhythmischen Wellen verlaufen zu lassen, die eher leib-seelisch mitvollzogen als von einem analytischen Ohr durchgerechnet werden sollen.

Der darin erkennbare suggestive Zug der V. wird verstärkt durch die formbildende Kraft des Orchesterklanges. Die traditionelle Vorstellung, der Komponist schaffe im Zuge motivisch-thematischer Arbeit einen Satz, den er dann in einem zweiten Arbeitsgang instrumentiere, ist seit der *Eroica*, spätestens aber seit der V. weitgehend zu relativieren: Beethoven arbeitet mit lapidaren Wiederholungen, Steigerungen, Klangflächen, die keinen Sinn machten oder keine Wirkung hätten, stünde hinter ihnen nicht die ganze Wucht das Materials. Der Orchesterapparat selbst treibt die musikalischen Prozesse aus sich heraus: Viele Klangballungen lassen sich nicht thematisch hören, sondern nur als gigantischer Energieaustausch. Spätestens auf dem Höhepunkt der Durchführung (T. 210ff.) wird der »thematisch« oder gar »strukturell« Hörende angesichts des taktweisen Wechsels von Streicher- und Bläserakkorden den Boden unter den Füßen verlieren, sich ganz der Rhetorik des Orchesters anheimgeben und blindlings in die Reprise führen lassen müssen, die – fast selbstverständlich – mit dem klanglich massierten und harmonisch geschärften Wahrzeichen des Eingangsmottos einsetzt.

Das *zweite* musikalische Wahrzeichen, das dem Satz vorgegeben ist und außerhalb des eigentlichen motivisch-thematischen Prozesses steht, erscheint zwar erst spät und im Gegensatz zum Eingangsmotto nur ein einziges Mal, ist aber dennoch alles andere als marginal. Von Fermaten umschlossen, wirkt es in den ersten Takten der Reprise wie aus einer anderen Welt:

1. Satz, T. 268

Nach einem solchen Seufzer kann der Satz nicht routinemäßig mit der Wiederholung der Exposition zuende gehen. In der Tat folgt auf die verkürzte Reprise eine lange Coda, die man – ähnlich wie in der *Eroica* – als eine zweite Durchführung betrachten kann. Als solche macht sie deutlich, daß das zu Satzanfang vorgestellte »Problem« nicht gelöst, vielmehr geradezu verschärft worden ist: Es hat ein Einspruch gegen die Zwangsläufigkeit des motivisch-thematischen Prozesses stattgefunden – mag er noch so singulär und schwach ausgefallen sein! Das Ringen wird weitergehen; ein Resultat kann es erst am Ende des ganzen Werkes geben.

*

Momente des Einhaltens, Ausruhens oder gar Sich-Umschauens, die der 1. Satz – von der allerdings höchst bedeutsamen Oboen-Kadenz abgesehen – strikt verweigert hatte, bietet das nachfolgende *Andante con moto*. Bereits von seiner Anlage als Variationensatz her bietet es viel Gelegenheit zu stabilen, redundanten Formbildungen: Was in diesem Sinne als eine Folge von Thema (T. 1–48), 1. Variation (T. 49–97), 2. Variation (T. 98–184) und 3. Variation (T. 185–247) angeboten wird, erinnert im Vergleich mit dem vorangegangenen Sturmlauf an eine Wanderung durch eine eher sacht sich wandelnde musikalische Landschaft. Deren motivisch-thematische Charakteristika sind Anverwandlungen der Genres Lied und Marsch.

Die Beschaulichkeit des von Streichern und Holzbläsern im Piano und »dolce« gespielten, liedhaften Eingangsmotivs in As-Dur

2. Satz, T. 1-8

ist freilich nicht von Dauer, wandelt sich vielmehr rasch in Energie. Erst intonieren nur die Klarinetten und Fagotte, dann auch die Blechbläser eine zeremoniell, fast militärisch klingende Fanfare, deren bald erreichtes C-Dur, vom Tutti in zweifachem Forte dargeboten, den sieghaften Gestus des Finales vorwegnimmt:

2. Satz, T. 23-35

Bei aller Gelöstheit des Musizierens fehlt es nicht an Verwicklungen, Irritationen und drohenden Untertönen, in denen das Motto des Kopfsatzes anklingt:

2. Satz, T. 76-77

Die motivisch-thematischen Kontraste, die nicht zuletzt in der Spannung von As-Dur und C-Dur manifest werden, gemahnen an einen Sonatensatz. Für einen solchen spricht ferner, daß man angesichts der 2. Variation von durchführungsartigen Zügen sprechen und in der 3. Variation Anzeichen von Reprise und Coda erkennen kann. Es ist, als hätte der Komponist jetzt endlich die »Zeit«, mit Strukturelementen der Sonatensatzform, die er im 1. Satz als bloße Hilfsmittel herangezogen hatte, detailliert – allerdings unverändert freizügig – zu arbeiten.

*

Daß wir nicht am Ziel, sondern noch immer auf dem Wege sind, zeigt das Scherzo (*Allegro*), das – ganz im Gegensatz zu dem stabilen Beginn des vorausgegangenen *Andante con moto* – mit dem Gestus des Suchens und Tastens einsetzt: Im Pianissimo und Unisono tragen die Celli und Bässe eine »Frage« vor, die alsbald vom vollen Chor der Instrumente aufgenommen, freilich nicht eigentlich beantwortet, vielmehr in eine neue, auf einer Fermate endende Frage überführt wird:

3. Satz, T. 1-8

Diese Frage wird, wenn überhaupt, selbstherrlich beantwortet – mittels eines Fanfarenmotivs, dessen Rhythmus mit dem des Klopfmotivs des 1. Satzes zwar keineswegs identisch ist, jedoch denselben drängenden Gestus aufweist:

3. Satz, T. 19-26

Das als Fugato geformte Trio hat schon Schumann als Ausdruck Beethovenschen Humors angesehen; speziell am Anfang des zweiten Teils scheint der Komponist die Hörer durch abgebrochene Einsätze zu necken:

3. Satz, T. 162-170

Dem ganzen Satz widerführe keine Gerechtigkeit, wenn man ihn mit Blick auf die konventionelle Satzfolge der klassischen Symphonie als bloßes Atemholen vor dem gewaltigen Finalhymnus ansähe, denn es ist auf diesen hin konzipiert und seinetwegen geradezu durchkomponiert: In der zweiten Hälfte des fugierten Trios hält sich der Komponist nicht länger an die formalen Vorgaben eines Tanzsatzes, wählt vielmehr eine motivisch-thematisch ausgreifendere Diktion, welche die Rückkehr zum Scherzo im Sinne eines gleitenden Übergangs erlaubt. Dieses wird nunmehr weniger wiederholt als lediglich zitiert: Das zurückhaltende Pizzicato der Streicher und das raunende Pianissimo der Holzbläser lassen vergessen, was gewesen ist, und münden unmittelbar in die berühmten, wie improvisiert wirkenden Überleitungstakte zum Finale ein, an deren Ende der »éclat triomphal« (Gülke 1978, S. 66) – wie das Licht am Ende des Tunnels – erscheint.

Die Konstruktion dieses Überganges, nach einem Bonmot Louis Spohrs das einzig Geniale an der Symphonie und heute aus ihr nicht mehr wegzudenken, ist Beethoven erst in einem späten Stadium der Komposition eingefallen – ein Beleg dafür, daß er die formale und gedankliche »Idee« seiner Symphonie nicht fertig vorliegen hatte, sie vielmehr in der Auseinandersetzung mit dem musikalischen Material Schritt für Schritt entwickelte.

*

Der Eintritt des Finales (*Allegro*) ruft das Bild der Metamorphose hervor: Einerseits entwickelt sich der Schlußsatz aus dem Vorangegangenen; andererseits ist er Ausdruck des ganz Neuen. Dieses erscheint als ein triumphaler Marsch, der nicht nur im allgemeinen Gestus, sondern auch in Details die offizielle Musik der Französischen Revolution beschwört:

4. Satz, T. 1-8

Siegeshymne von Lacombe / Adrien aîné

Nun hat es ein Ende mit der unruhig drängenden Auftaktigkeit des Klopfmotivs und der rastlosen Reihung kleiner metrischer Einheiten; volltaktig, in stabiler metrischer Ordnung und mit siegesgewiß aufwärts strebender Dreiklangsmelodik setzt sich dieses Finale im wahrsten Sinne des Wortes »in Szene«: Zumindest in deutsch-österreichischer Tradition ist das Genre des Marsches bis dahin im Sinne einer »couleur locale« der Oper vorbehalten gewesen. Damit keinerlei semantische Zweifel entstehen können, haben Piccolo-Flöte, drei Posaunen und Kontrafagott – dem Grafen von Oppersdorff als ursprünglich vorgesehenem Widmungsempfänger vom Komponisten ausdrücklich angekündigt – als »militärische« Instrumente ihren großen Auftritt.

Auch die weitere Thematik des Satzes ist von der Musik der Französischen Revolution inspiriert. So läßt das Motiv

4. Satz, T. 116-118

an die *Hymne dithyrambique* von Rouget de l'Isle denken; daß dort an der entsprechenden Stelle der Ruf »la liberté« erklingt, der sich auch dem Beethovenschen Motiv unterlegen läßt (Gülke, S. 53), spricht für sich.

Indessen ist das Finale nicht nur als hymnischer Marsch oder Dithyrambus erlebbar; zugleich zeichnen sich die Konturen eines Sonatensatzes ab, wenngleich der Eindruck vorherrscht, hier werde weniger gearbeitet als mit immer neuen Sieges-Gesten verkündet und gefeiert. Die mit T. 1 beginnende Exposition weist einen Haupt- und einen Seitensatz auf; letzterer wird schulmäßig auf der Dominante expliziert:

4. Satz, T. 45-48

Selbst eine Schlußgruppe ist mit charakteristischem motivischem Material vertreten:

Ein als Durchführung identifizierbarer Abschnitt (T. 86 ff.) lebt vor allem vom Material des Seitensatzes und dem schon vorgestellten »liberté«-Ruf, kommt am Ende jedoch noch einmal ausführlich auf das Scherzo zurück. Damit wird deutlich, daß 3. und 4. Satz letztendlich eine Einheit bilden: Wie der Hauptsatz des Finales zuvor aus den geheimnisvollen Übergangstakten hervorgegangen ist, ersteht er in der Reprise (T. 207 ff.) nunmehr aus dem raunenden Dreiermetrum noch einmal zu seiner ganzen strahlenden Größe.

Die Coda (T. 318 ff.) wartet noch einmal mit neuen Momenten der Steigerung auf. Zunächst erscheint das Motiv, welches in der Exposition die Überleitung zwischen erstem und zweitem Themenkomplex gebildet hatte, in einer besonders optimistischen Version, nämlich mit einem abschließenden Sprung in die Quinte:

Das anschließende *Presto* bringt das aus der Schlußgruppe der Exposition stammende Motiv in höchst beschleunigter Version:

Den endgültigen Schlußpunkt setzt die Apotheose des Kopfthemas, welche dessen militärisches Wesen zum Zeichen höchster und zugleich allgemeiner Begeisterung in der reinen C-Dur-Klangfläche aufgehen läßt. Mit aller damit verbundenen Metaphorik ist aus einer c-Moll-Symphonie eine C-Dur-Symphonie geworden.

Dokumente

»Endlich bin ich von den Ränken und Kabalen und Niederträchtigkeiten aller Art gezwungen, das noch einzige deutsche Vaterland zu verlassen. Auf einen Antrag Seiner Königlichen Majestät von Westfalen gehe ich als Kapellmeister mit einem jährlichen Gehalt von 600 Dukaten in Gold dahin ab. – (...) Es werden vielleicht wieder von hier Schimpfschriften über meine letzte musikalische Akademie [vom 22. Dezember 1808 mit der V. und VI. Symphonie] an die musikalische Zeitung geraten; ich wünschte eben nicht, daß man das unterdrücke, was gegen mich; jedoch soll man sich nur überzeugen, daß niemand mehr persönliche Feinde hier hat als ich.«
(Beethoven an Breitkopf & Härtel am 7. Januar 1809)

»Hier das Opus usw. von den drei Werken: – Sonate für Klavier und Violoncell dem Herrn Baron von Gleichenstein Op. 59. Bei den Symphonien den beiden Herren zugleich, nämlich: S. Exzellenz dem Grafen Rasoumowsky und Seiner Durchlaucht dem Fürsten Lobkowitz gewidmet – Symphonie in C=Moll Op. 60, Symphonie in F Op. 61. – Sie erhalten morgen eine Anzeige von kleinen Verbesserungen, welche ich während der Aufführung der Symphonien machte; – als ich sie Ihnen gab, hatte ich noch keine davon gehört – und man muß nicht so göttlich sein wollen, etwas hier oder da in seinen Schöpfungen zu verbessern.«
(Beethoven an Breitkopf & Härtel am 4. März 1809)

»Ich gehe langsam zum Schwarzspanierhause Nr. 200, die Treppen hinauf; atemlos ist alles um mich; ich trete in sein Zimmer: er richtet sich auf, ein Löwe, die Krone auf dem Haupt, einen Splitter in der Tatze. Er spricht von seinen Leiden. In derselben Mi-

nute wandeln tausend Entzückte unter den Tempelsäulen seiner C=moll=Sinfonie. – Aber die Wände möchten auseinanderfallen; es verlangt ihn hinaus: er klagt, wie man ihn so allein ließe, sich wenig um ihn bekümmere. – In diesem Moment ruhen die Bässe auf jenem tiefsten Ton im Scherzo der Sinfonie; kein Odemzug: an einem Haarseil über einer unergründlichen Tiefe hängen die tausend Herzen, und nun reißt es, und die Herrlichkeit der höchsten Dinge baut sich Regenbogen über Regenbogen aneinander auf. – Wir aber rennen durch die Straßen: niemand, der ihn kennte, der ihn grüßte. – Die letzten Akkorde der Sinfonie dröhnen: das Publikum reibt sich die Hände, der Philister ruft begeistert: ›Das ist wahre Musik.‹ Also feiert ihr ihn im Leben; kein Begleiter, keine Begleiterin bot sich ihm an: in einem schmerzlichen Sinne starb er, wie Napoleon, ohne ein Kind am Herzen zu haben, in der Einöde einer großen Stadt.«
(Robert Schumann, in: Gesammelte Schriften)

»Unter den musikalischen Akademieen, die auf den Theatern während der Christwoche gegeben wurden, ist unstreitig die, welche Beethoven den 22sten Dec. im Theater an der Wien gab, die merkwürdigste. Sie enthielt nur Stücke von seiner Komposition, und zwar ganz neue, die noch nicht öffentlich gehört und grösstentheils auch noch nicht herausgegeben sind. Die Ordnung, in welcher sie auf einander folgten, war folgende. (Ich gebe sie absichtlich mit den eigenen Worten des Zettels an.)
Erste Abtheilung.
I. Pastoral-Symphonie, (No. 5.) mehr Ausdruck der Empfindung, als Malerey.
1stes Stück. Angenehme Empfindungen, welche bey der Ankunft auf dem Lande im Menschen erwachen.
2tes Stück. Scene am Bach.
3tes Stück. Lustiges Beysammenseyn der Landleute. fällt ein
4tes Stück. Donner und Sturm; in welches einfällt
5tes Stück. Wohlthätige, mit Dank an die Gottheit verbundene Gefühle nach dem Sturm.
II. Arie gesungen von Dem. Killitzky.
III. Hymne mit latein. Texte, im Kirchenstyle geschrieben, mit Chor und Solos.
IV. Klavier-Konzert von ihm selbst geschrieben [soll wahrscheinlich heißen ›gespielt‹]

Zweyte Abtheilung.
I. Grosse Symphonie in C moll (No. 6.).
II. Heilig, mit latein. Texte, im Kirchenstyle geschrieben, mit Chor und Solos.
III. Fantaisie auf dem Klavier allein.
IV. Fantaisie auf dem Klavier, welche sich nach und nach mit Eintreten des Orchesters, und zuletzt mit Einfallen von Chören als Finale endet.
Alle diese angeführten Stücke zu beurtheilen, ist, nach erstem und einmaligem Anhören, besonders da die Rede von Beethovenschen Werken ist, derer hier so viele nach einander gegeben wurden, und die meisten so gross und lang sind, geradezu unmöglich.«
(Allgemeine musikalische Zeitung vom 25. Januar 1809, S. 267)

»Dieser Ausbruch genialer Phantasie, kraftvoller Größe, dieses lebendige Bild hoher Leidenschaft in allen Abstufungen bis zu ihren heftigsten Momenten, und ihrer Auflösung in triumphirenden Jubel, ist allgemein als ein Meisterwerk [die c-Moll-Symphonie] des Verfassers erkannt, das im Fache großer Instrumental-Musik einen klassischen Werth behauptet. Welche Fülle und Gediegenheit der Ideen! Welche reichhaltige, effektvolle Instrumentirung! Welcher wahre innere Genius! Verliert sich auch der Verfasser zuweilen in die Unendlichkeit seiner Phantasie, schreitet er auch manchmahl über das regelmäßige Verhältniß in den Bau der Perioden hinaus, so gibt ihm selbst diese Abschüttelung der von älteren Klassikern geehrten Formen wieder Gelegenheit, neue Schönheiten zu enthalten.«
(Wiener allgemeine musikalische Zeitung, Jahrgang 1, 1813, Spalten 293/294)

Beethoven auf dem »Neuen Weg«
Zur Philosophie seiner V. Symphonie

»Um das Jahr 1803« war Beethoven mit seinen bisherigen Arbeiten so »wenig zufrieden«, daß er einen »neuen Weg« einzuschlagen beschloß. Carl Czerny (Erinnerungen aus meinem Leben, S. 43) versieht seinen Bericht über diesen Vorgang mit dem Hinweis, daß man in den Klaviersonaten op. 31 »die teilweise Erfüllung seines Entschlusses erkennen« könne. Die neuere Beethoven-Forschung hat daraufhin Spuren des »neuen Weges« vor allem in diesen Klaviersonaten gesucht und sie namentlich in op. 31/2 gefunden.

Da das Opus 31 bereits 1801/02 komponiert worden ist, muß Czerny allerdings entweder ungenau datiert oder aber auch später entstandene Werke als Erfüllung des Beethovenschen Entschlusses angesehen haben – etwa die hauptsächlich im Jahre 1803 komponierte *Sinfonia eroica* und die kaum später projektierte V. Symphonie.

Bei einem so konsequent denkenden und handelnden Komponisten hat es in der Tat wenig für sich, den »neuen Weg« nur für einige, in rascher zeitlicher Abfolge entstandene Werke in Anspruch zu nehmen. Vielmehr muß man von Denkfiguren ausgehen, die zumindest eine ganze Schaffensphase bestimmt haben. Carl Dahlhaus (1974, S. 54) sieht deren Niederschlag vor allem in der Tendenz, »die musikalische Form in einem emphatischen Sinne als Prozeß, als drängende, unaufhaltsame Bewegung« erscheinen zu lassen. Eine solche Tendenz läßt sich in der Tat in vielen Werken des Beethoven der »zweiten Periode« feststellen; und es ist lohnend zu fragen, welche geistige Haltung Beethovens »neuen Weg« bestimmt haben könnte.

Nicht von ungefähr stammt das *Heiligenstädter Testament* aus der Zeit des »neuen Weges« – jenes bekenntnishafte Dokument, in dem der unter seiner Ertaubung Leidende feststellt, er sei »schon in [seinen] 28 Jahren gezwungen Philosoph zu werden«. Das ist nicht nur eine Floskel, soll vielmehr verdeutlichen, daß ein ob seines »harten Schicksals« von der Welt und ihren Freuden abgeschnittener Künstler sein Heil nur in einer Kunst suchen und finden kann, in der sich die Erhebung über dieses Schicksal mit dem Appell an das Höhere und Bessere im Menschen verbindet. Der Komponist des »neuen Weges« führt im Medium der Musik philosophische Diskurse.

Kompositorisch gesehen, kann Musik den Charakter eines solchen Diskurses nur annehmen, wenn Gattungskonventionen überwunden werden, die den Einzelsatz oder die ganze Sonate bzw. Symphonie auf bestimmte Formschemata festlegen. Deshalb ist die von Dahlhaus festgestellte Prozeßhaftigkeit in der Tat *conditio sine qua non* des »neuen Weges«. Freilich kann es nicht darum gehen, traditionelle Formvorstellungen einfach über Bord zu werfen: Nur in der Auseinandersetzung mit ihnen kann deutlich werden, daß ein jeweils einmaliger Diskurs geführt wird, dessen Bedeutung in der Überwindung – nicht der Negierung – förmlicher Umgangsweisen liegt.

Ein gutes Beispiel bietet das instrumentale Rezitativ aus dem 1. Satz von op. 31/2, der sogenannten *Sturmsonate*. Ein solches Rezitativ hatte man bis dahin vielleicht in einer freien Klavierfantasie antreffen können, nicht aber in einem Sonatenhauptsatz. Doch gerade dort ist es nun zu finden, und zwar zu Beginn der Reprise: Anstatt den Satz routinemäßig zu Ende gehen zu lassen, wirft Beethoven ein Problem auf, das alles bisher Gesagte in Frage stellt, zumindest in einem neuen Licht erscheinen läßt. Ganz neu ansetzend, artikuliert sich der Komponist als tief empfindendes Subjekt – schlicht, aber ausdrucksvoll. Freilich vernehmen wir nicht, *was* er spricht, sondern nur, *daß* er spricht:

Klaviersonate op. 31/2, 1. Satz

Diese Offenheit ist gewollt, doch möglicherweise ist sie in der Tat im Sinne Czernys nur die »teilweise Erfüllung« des Entschlusses zum neuen Weg. Schon in der *Eroica* ist Beethoven deutlicher geworden, indem er sie als »Prometheus«-Symphonie komponiert und als »Bonaparte«-Symphonie zur Veröffentlichung vorgesehen hat: Der vom ersten bis zum letzten Satz präsente Hauptgedanke der Symphonie ist in seiner letztendlichen Fassung als Kontretanz dem Finale des Balletts *Die Geschöpfe des Prometheus* entnommen; die Bezeichnung als Napoleon-Symphonie wurde zwar widerrufen, dadurch aber semantisch nicht gegenstandslos.

Direkte Fingerzeige dieser Art fehlen in der V., die gleichwohl Inbegriff eines philosophischen Diskurses ist. Prozeßhafte Züge trägt sie von vornherein auf Grund ihres Charakters als Finalsymphonie: Zum einen ist ihr letzter Satz mehr als nur beschwingter Kehraus, nämlich die gewichtige Überhöhung des Symphonieganzen. In dieser Hinsicht hat sie nicht nur im Finale der *Eroica*, sondern bereits im Schlußsatz von Mozarts *Jupiter-Symphonie* ein ideelles Vorbild. Zum anderen ist die V. auf ein Finale hin konzipiert, dessen triumphaler Gestus dem vorausgegangenen Ringen, Suchen und Tasten ein Ende macht. Der geradezu in letzter Minute verwirklichte Einfall, Scherzo und Finale miteinander zu verknüpfen, unterstreicht die Tendenz, die Sätze der Symphonie nicht im Sinne der älteren Gattungsvertreter als Einzelcharaktere für sich stehen, sondern im Sinne eines Prozesses auseinander hervorgehen zu lassen.

Ist die Dynamik dieses Prozesses diejenige des »Schicksals, das an die Pforte pocht«? Die unlängst neu aufgebrochene Diskussion über die Authentizität dieses Ausspruches ist musikhistorisch legitim, musikästhetisch jedoch unergiebig. Gäbe es dieses von Beethovens Vertrautem Anton Schindler überlieferte *dictum* nicht, so dürfte man es getrost erfinden: Zum einen ist der berühmte Klopfrhythmus unzweifelhaft ein musikalischer Topos des Erschreckens. Er findet sich in Bachs *Weihnachtsoratorium* (»Warum wollt ihr erschrecken«) ebenso wie in Schuberts *Der Tod und das Mädchen* (»Vorüber, ach vorüber geh' wilder Knochenmann«):

Zum anderen ist das Schicksal als Urheber solchen Erschreckens eine im Zeitalter Beethovens wesentliche philosophische und darüber hinaus dramentheoretisch bedeutsame Kategorie. Exemplarisch verbindet sie sich mit der Gestalt Wallensteins: An die Titelfigur des Schillerschen Trauerspiels tritt das Schicksal mit der Zwangsläufigkeit heran, die dem Gang der Gestirne eigen ist, welcher von dem der Astrologie verfallenen Feldherrn zunehmend fatalistisch verfolgt wird. »Es geschehen Schläge an der Tür« lautet eine Szenenbemerkung in *Wallensteins Tod*. »Schicksalsschläge« nennt sie der Literaturwissenschaftler Alfons Glück: Das Pochen des Unglücksboten leitet die Peripetie des Dramas ein; es »geschieht« etwas mit Wallenstein, das ihn in die Katastrophe zwingt. Daß Beethoven selbst in den Jahren um 1800 nicht nur im *Heiligenstädter Testament*, sondern auch in Briefen das Schicksal beschwört, dem er »trotzen« oder gar »in den Rachen greifen« wolle, bedarf kaum mehr der Erwähnung.

Beethoven wäre nicht Beethoven, wenn er das Motiv des Erschreckens – wie Bach und Schubert – lediglich als Material zur Veranschaulichung eines bestimmten psychischen und gestischen Moments heranzöge. Seine Genialität zeigt sich vielmehr in der Fähigkeit, aus der semantischen *Existenz* des Motivs musikalische *Essenz* zu machen, d.h. eine Tonfigur, der im Laufe der Zeit eine bestimmte Bedeutung zugewachsen ist, in reine Energie zu verwandeln – groß genug, um einen ganzen Satz, ja eine ganze Symphonie in kraftvoller Bewegung zu halten. Dabei zeigen die vielen Skizzen speziell zum Klopfmotiv, wie schwer der Komponist um bündige Formulierungen gerungen hat: »Muth.

Auch bei allen Schwächen des Körpers soll doch mein Geist herrschen ... Dieses Jahr muß den völligen Mann entscheiden. Nichts muß übrig bleiben.« Diese Notizbucheintragung aus dem Jahr 1800 hat nicht nur eine biographische Dimension, sie zeigt vielmehr, wie in einem Brennspiegel, Beethovens künftige Denk- und Arbeitsweise: Auch das Klopfmotiv muß »reiner Geist« werden!

Den Schlägen »von außen« antwortet die Stimme »von innen« – das mit dem Klopfmotiv korrespondierende, zweite Wahrzeichen des 1. Satzes. Es ist der Oboe anvertraut, seit jeher Ersatz, ja Synonym für die menschliche Stimme: Nicht von ungefähr heißt sie als Orgelregister *vox humana*. Bei Beethoven vertritt der Gesang der Oboe in unterschiedlichen Nuancierungen die Idee der Humanität – so am Schluß des 1. Klavierkonzertes: Bereits dort ist jener emphatisch an die Menschheit appellierende – erst beseligte, dann festliche – Ton hörbar, den Beethoven künftig immer wieder anschlagen wird:

I. Klavierkonzert, Schluß des Finales

In ähnlichem Sinne läßt sich das berühmte »dritte« Thema in e-Moll aus dem Kopfsatz der *Eroica* deuten, das gleichfalls den Oboen übertragen ist: Als das erste liedhafte, wahrhaft sangliche Thema des Satzes erscheint es – hierin dem Oboen-*Adagio* in der V. an die Seite zu stellen – wie eine zumindest vorläufige Antwort auf die Auseinandersetzungen und Kämpfe, die zuvor in der Durchführung stattgefunden haben. Peter Schleuning identifiziert den Gesang der Oboen als die »innerlich vernommene höhere Stimme«, von der in Beethovens Ballett *Die Geschöpfe des Prometheus* die Rede ist, wenn der Menschenschöpfer den zerstörerischen Zorn auf seine zunächst mißratenen Kinder vergißt und zu seiner »väterlichen Liebe« zurückkehrt (Schleuning, in: Geck, S. 118f.) Man muß Schleunings weitgehende Gleichsetzung des inneren Ganges der *Eroica* mit der *Prometheus*-Handlung nicht übernehmen, um gleichwohl seine Meinung zu teilen, daß der von der Ausgangstonart Es-Dur denkbar weit entfernte e-Moll-Gesang der Oboen hier nicht nur aus strukturellen Gründen erklinge, vielmehr etwas mit dem neuen Weg zu tun haben müsse, auf dem es philosophische Botschaften abzusetzen gälte:

III. Symphonie, 1. Satz, T. 284-288

Der Blick auf das erwähnte Rezitativ aus op. 31/2 darf hier nicht fehlen: Dort ist der wortlose Gesang zwar dem Klavier anvertraut, seine Stellung im Gefüge des Sonatensatzes – zu Anfang der Reprise – weist jedoch deutlich auf das *Adagio* aus der V. voraus: Beide Formungen gemahnen an einen Seufzer, in dem sich die bedrängte Seele Luft macht, nachdem die Wogen des dramatischen Geschehens bisher über sie hinweggegangen sind. Mit dem Seufzer der Hoffnung macht der Komponist deutlich, daß er – was die V. angeht – das unerbittlich drängende Schicksal nicht ungeschoren auf die Zielgerade der Reprise schicken, ihm vielmehr seinen Antipoden vorstellen will: die Humanität.

Nur für einen kurzen Augenblick darf diese Humanität ihr Antlitz enthüllen – und dieses trägt die Züge kreatürlichen Leidens, nicht solche tapferer Selbstbehauptung. Danach regiert wieder das Klopfmotiv: Seine Herrschaft auch über die Reprise versinnbildlicht, daß es als Ausdruck des unbesiegbaren, immer wiederkehrenden Schicksals erscheinen soll. Indessen macht der 2. Satz deutlich, daß dieses Schicksal, so dräuend es im Untergrund auch noch vernehmbar ist, seine Kraft zu verlieren beginnt: Statt seiner wird, um mit Harry Goldschmidt (1975, S. 41f.) zu sprechen, ein »Hoffnungsgesang« laut. Hoffnungsträger ist zum einen das »Lied« in As-Dur, welches den von Beethoven so oft erflehten Frieden in der Natur zu beschwören scheint, zum anderen die sieghafte, das Finale vorausahnende »Fanfare« in C-Dur, welche in immer neuen Wendungen aus der Tiefe in die Höhe steigt, nachdem sich das Klopfmotiv des 1. Satzes von oben herab lähmend auf das Individuum gesenkt hatte. Daß dieses nunmehr aufatmen darf, verdankt es nicht der eigenen, augenscheinlich erschöpften Kraft, sondern der Besinnung auf kollektive Werte, die außerhalb seiner liegen: Natur und politische Freiheit.

Das Scherzo hat vor allem Brückenfunktion: Nach tastendem Beginn erscheint deutlich – obschon im Metrum des Dreiertaktes – die rhythmische Substanz des Eingangs-Mottos. Der Gestus ist nicht minder machtvoll als im 1. Satz, jedoch weniger lastend: Die melodische Linie wird durch Aufwärtsdrang und Zielstrebigkeit gekennzeichnet. Energie der Finsternis soll sich allmählich in solche des Lichts verwandeln; die immer wieder erklingenden Fanfarenstöße erscheinen inmitten der allgemeinen Suchbewegung wie ein Appell zum Sammeln und die Aufforderung, nun endlich mit der »befreienden Tat« zu beginnen.

Das anschließende Trio stellt vordergründig ein retardierendes Moment dar, setzt indessen noch einmal wesentlich neue Akzente: Der überlegene und zugleich distanzierte Umgang mit dem historischen Material der Fuge – ablesbar unter anderem an den mehrfachen »Anläufen« des Themas nach dem Doppelstrich – relativiert vollends die Zwangsläufigkeit, welche das entscheidende Signum des 1. Satzes gewesen war. Hier waltet Humor nicht nur in einem vordergründigen Sinne, sondern in philosophischen Dimensionen: Das Erhabene berührt sich mit dem Spielerischen, das Vollkommene mit dem Fragmentarischen, das Überzeitliche mit der Augenblickskomik. Alle unsere Kämpfe und Hoffnungen, so könnte die Botschaft lauten, sind im Höheren und Umfassenderen des Weltganzen aufgehoben.

Als Folge der Anreicherungen, welche die Werk-Idee im 2. und 3. Satz erfahren hat, besitzt sie Kraft genug, um sich im triumphalen Finale zu transzendieren. Was man nach dem 1. Satz kaum für möglich gehalten hätte, kann nunmehr eintreten: die Wandlung von Dunkel in Licht. Allerdings ist das glänzende Resultat des Finales nicht so sehr Konsequenz der vorangegangenen motivisch-thematischen Arbeit als vielmehr deren Überwindung und Aufhebung in einem Anderen, Höheren. Beethoven wird zum Volksredner, bedient sich eines affirmativen Gestus, der die Beethoven-Forschung an »Gemeinplätze der Militärmusik« und »bedenkliche Volkstümlichkeit« (vgl. Gülke 1978, S. 67) erinnert hat.

Wer so urteilt, läßt unberücksichtigt, daß für Beethoven Fortschritt zu Höherem auch *politischer* Fortschritt ist – eingefordert in den Freiheits- und Brüderlichkeitsidealen der Französischen Revolution, utopisch vorweggenommen im hymnischen Klang ihrer Gesänge und Märsche. Nicht die Frage, in welchem Maße und zu welchen Zeiten der Bürger Beethoven der Französischen Revolution im allgemeinen und ihrem Erben Napoleon Bonaparte im besonderen angehangen hat, ist in diesem Zusammenhang wesentlich; bedeutsam ist vielmehr die Tatsache, daß er mit der V. ein Werk geschaffen hat, das zwei leitende Ideen seiner Zeit im Brennspiegel seiner Musik auf einzigartige Weise zusammenbringt.

Der erste Ideenkreis hat das neuzeitliche, aufgeklärte Individuum zum Gegenstand, das sich einerseits in seiner Einzigartigkeit sonnt, andererseits beständig mit seinem eigenen starren Charakter und den harten Bedingungen des Lebens konfrontiert wird. Namentlich die Weimarer Klassik, welcher Beethoven ja in hohem Maß verpflichtet war, hat sich mit diesem »Schicksal« des Menschen beschäftigt. »Im Trauerspiel kann und soll das Schicksal oder, welches einerlei ist, die entschiedene Natur des Menschen, die ihn blind da- und dorthin führt, walten und herrschen« – so äußert sich Goethe gegenüber Schiller und läßt Egmont ausrufen: »Wie von unsichtbaren Geistern gepeitscht, gehen die Sonnenpferde der Zeit mit unseres Schicksals leichtem Wagen durch; und uns bleibt nichts, als, mutig gefaßt, die Zügel festzuhalten ... Wohin es geht, wer weiß es? erinnert er sich doch kaum, woher er kam!«

Der Komponist der V. beläßt es nicht bei diesem Gedanken, der an den 1. Satz der Symphonie gemahnt. Wie auch wenige Jahre später in der Musik zu Goethes Trauerspiel *Egmont* bringt er in sein Werk einen zweiten, mit politischem Denken gefüllten Ideenkreis ein: Jene Freiheit, um welche das *Individuum* so verzweifelt und immer aufs neue ringen muß, wird der *Volksversammlung*, wie sie sich in den Gesängen und Märschen der Revolution artikuliert, in der sinnlichen Wahrnehmung ihrer selbst gleichsam als Geschenk zuteil – davon handelt das Finale der V. In vergleichbarer Weise läßt Goethe seinen Faust der individuellen Verzweiflung durch den Osterspaziergang entkommen: »Zufrieden jauchzet groß und klein, hier bin ich Mensch, hier darf ich's sein«. Auch das Finale der V. ist einem Bad in der Menge vergleichbar – einer Menge freilich, die zu einem zeremoniellen Ereignis zusammengekommen ist und entsprechend formiert auftritt.

So hörbar ein Satz der V. auf dem anderen aufbaut, so spürbar bleibt doch ein Defizit an motivisch-thematischer Herleitung des definitiven Freudenjubels aus der düsteren Unerbittlichkeit des Anfangs; der Komponist scheint auf Demagogie nicht ganz verzichten zu wollen. In der *Eroica* war er jedenfalls argumentativer vorgegangen: Deren Finalthema gibt sich eindeutig als die vielfach veredelte Fassung eines Gedankens zu erkennen, der zu Anfang der Symphonie als noch unbearbeitete Natur vorgestellt worden war. Das kann als Sinnbild jener Höherentwicklung der Menschheit gelten, zu der Beethoven – in prometheischem Geist – durch sein Werk beitragen will. Der V. haften demgegenüber weniger Momente der Aufklärung als solche einer wunderbaren Transformation an: Das mit sich und seinem Schicksal beschäftigte Individuum begeistert sich am Aufruf zur kollektiven Tat; aus der Sinnsuche des Einzelnen wird das Handeln aller. Demgemäß notiert Cosima Wagner unter dem 14. Juni 1880 in ihrem Tagebuch: »Richard spricht beim Frühstück von der c-Moll-Symphonie, sagt, er habe viel über sie nachgedacht, es sei ihm, als ob da Beethoven plötzlich alles vom Musiker hätte ablegen wollen und wie ein großer Volksredner auftreten; in großen Zügen hätte er da gesprochen, gleichsam al fresco gemalt, alles musikalische Detail ausgelassen, was noch z. B. im Finale der *Eroica* so reich vorhanden wäre.«

Man kann, wie berichtet, Zweifel daran haben, daß der metaphorische Schritt von der Arbeit zum Resultat, vom Zweifel zur Tat, vom Kampf zum Sieg, von der individuellen Bedrängnis zur kollektiven Befreiung mit letzter Plausibilität erfolge, und hinzufügen, daß ein solcher Schritt ja auch in philosophischer und politischer Dimension kaum glaubhaft sei: Beendet das Aufgehen im großen Ganzen notwendigerweise die Kämpfe und Zweifel des Einzelnen? Indessen hat der Musikdenker Beethoven – sich diesem Problem damit auf weit höherem Niveau stellend als eine Generation später etwa Franz Liszt – keine Symphonische Dichtung schaffen wollen, innerhalb derer ein Schritt konsequent aus dem vorangegangenen abzuleiten wäre. Gewiß gibt es diese Tendenz auch in der V.; doch trotz aller Prozeßhaftigkeit und Zielgerichtetheit des symphonischen Ablaufs bleibt den einzelnen Sätzen ihr spezifisches Gewicht. Demgemäß soll und kann der Freudenjubel des Finales den düsteren Eindruck des 1. Satzes nicht auslöschen, auch wenn dieser Jubel für die Zeit seines Erklingens volle Wirklichkeit ist.

In diesem Sinne bedeutet die V. nach der *Eroica* einen speziellen Schritt auf Beethovens neuem symphonischen Weg, nämlich den Verzicht auf allzu weitgehende gedankliche Verästelung oder gar programmatische Zuspitzung bei gleichzeitiger Aufrechterhaltung des Anspruchs, sprechend zu komponieren. So ist – in dialektischer Verschränkung – die V. nicht nur progressiv im Sinne von Bündigkeit und Stringenz, sondern zugleich konservativ im Blick auf die Selbständigkeit zumindest der beiden Ecksätze, deren deutlich gezeichnete Charaktere ihren Wert an sich behalten und damit für die Gleichzeitigkeit konträrer menschlicher Seins- und Erlebnisweisen stehen. Die grundsätzliche Frage, ob und wie in einer Symphonie eines aus dem anderen hervorgehen könne, hat Beethoven gleichwohl nicht mehr losgelassen. In der IX. hat er die am weitesten reichende Antwort gegeben: Keiner der drei ersten Sätze taugt zu mehr als zu einer Folie für das Chorfinale, das sich sein eigenes Gesetz schafft und endgültig der Vorstellung den Abschied gibt, eine Symphonie ließe sich als ein großer Organismus schaffen oder jedenfalls als schlüssiges Gedankengebäude errichten.

Die große Popularität der V. Symphonie beruht nicht nur auf ihrem Lapidarstil, sondern zugleich auf leitenden Ideen der Zeit, die auf genial unmittelbare Weise in musikalische Gestik umgewandelt sind. Dem Werk das Etikett »Schicksalssymphonie« anzuhaften, hätte dem Famulus Schindler, wenn er es denn erfunden hätte, niemals *allein* gelingen können; das Phänomen der Namengebung gründet vielmehr in einer langen Wirkungsgeschichte, die vom Werk selbst nicht abzulösen ist. Es vor diesem Denkhorizont zu hören, hat nicht mehr gegen sich als der puristische Standpunkt derer, die im Eingangsmotto nichts anderes vernehmen als eine genial erfundene und noch genialer ausgearbeitete Folge von vier Tönen.

Der formanalytische Zugang zur V. Symphonie ist freilich alles andere als überflüssig, legt vielmehr die Voraussetzungen dafür offen, daß wir gerade diese Symphonie im Sinne einer »Philosophie in Tönen« deuten können – übrigens in den Spuren Richard Wagners, der davon ausging, »daß Beethoven zunächst den Plan einer Symphonie nach einer gewissen philosophischen Idee aufgenommen und geordnet habe«: Schnörkellosigkeit der musikalischen Erfindung und Konzentration der kompositorischen Ausarbeitung gewährleisten die Allgemeinverständlichkeit einer Botschaft, die sich im Strom der Töne wie von selbst mitteilt und keiner Beischriften oder erklärenden Worte bedarf. Die V. kennt weder die differenzierte Argumentation der *Eroica*, *Pastorale* oder IX. Symphonie, noch reflektiert sie subtile individuelle Prozesse wie vielfach Beethovens Klavier- und Kammermusik. In ihren Tönen und Gedanken kristallisieren und transzendieren sich Grundvorstellungen vom Sinn menschlicher Existenz jenseits verästelter Gedankengänge und spezieller Befindlichkeiten. Das hat sie zur Symphonie der Symphonien gemacht – allerdings auch anfällig für ideologische Vereinnahmung.

Franz Hegi
Beethoven, am Bache die Pastorale komponierend
Undatiert, vermutlich 1833/1834, 16,5 × 14 cm, kolorierte Aquatinta
Beethoven-Haus, Bonn, Sammlung H. C. Bodmer

Unter dem Titel *Beethoven, am Bache die Pastorale komponierend* wurde die Aquatinta des in Zürich wirkenden Franz Hegi (1774–1850) berühmt und hat nicht unwesentlich zum Beethoven-Bild des 19. Jahrhunderts beigetragen. Dieser Stich bildet das Frontispiz zum »Zweyundzwanzigsten Neujahrsstück der allgemeinen Musik-Gesellschaft in Zürich 1834«, das eine Beethoven-Biographie von Georg Bürkli enthält; vermutlich wurde er eigens hierfür geschaffen. Man darf also nicht davon ausgehen, daß dieses Bild authentisch oder etwa schon zu Lebzeiten Beethovens entstanden ist.

In einer Fußnote wird die kolorierte Aquatinta so beschrieben: »Der diesem Hefte vorgesetzte Kupferstich zeigt uns Beethoven, wie er die Natur im einsamen Erlengebüsch belauscht. Im Hintergrunde sieht man den Kahlen= und Leopoldsberg bei Wien.« Die Ansicht entspricht jedoch nicht der tatsächlichen Topographie, daher läßt sich der Ort, an dem sich Beethoven befindet, nicht zweifelsfrei identifizieren. Der linke Hügel soll den Leopoldsberg, der rechte den Kahlenberg darstellen, an dessen Fuße der Ort Nußdorf zu vermuten ist. Da es keinen Beleg dafür gibt, daß Hegi jemals in Wien gewesen ist, wird er den Hintergrund des Bildes von mindestens zwei anderen Veduten übernommen und zusammengesetzt haben.

Beethoven, am Bach sitzend, hält ein Notenblatt in der Hand: Dies entspricht ganz der romantischen Klischeevorstellung, Beethovens ausgeprägtes Naturgefühl habe sich direkt in der *Pastorale* niedergeschlagen, diese sei also doch eher Malerei denn Empfindung. Auch wenn dies spätere Interpretation ist, so weiß man doch, daß Beethoven musikalische Einfälle auch in der freien Natur, sogar in Gasthäusern notiert hat. Spätestens seit Sommer 1811 führte er sogenannte Taschenskizzenhefte mit sich, deren Inhalt er dann zu Hause in seine großen Skizzenbücher übertrug oder weiterverarbeitete. In früheren Jahren hat er die kleinen, mit Bleistift beschriebenen Hefte nach Gebrauch wohl vernichtet.

Franz Hegi war ein hervorragender Kupferstecher und Radierer, von dem unter anderem der schöne Titel zum »Repertoire des Clavecinistes« stammt; diese Reihe, in der übrigens auch die Originalausgaben der drei Klaviersonaten (op. 31) von Beethoven erschienen, gab der Züricher Verleger Hans Georg Naegeli ab 1803 heraus. *(M. L.)*

VI. Symphonie in F-Dur, op. 68
»Sinfonia pastorale«
Analyse und Essay von Rüdiger Heinze

Eine Umarmung der Welt
Hinausgehoben über blosse Tonmalerei:
Die VI. Symphonie

Entstanden: Sommer 1807 bis Sommer 1808
Uraufführung: 22. Dezember 1808 in Wien
Originalausgabe (Mai 1809): Sinfonie Pastorale pour 2 Violons, 2 Violes, Violoncelle et Contre-Violon; 2 Flûtes, petite Flûte, 2 Hautbois, 2 Clarinettes, 2 Bassons, 2 Cors, 2 Trompettes, Timbales et 2 Trompes composée et dédiée à son Altesse Sérénissime Monseigneur le Prince régnant de Lobkowitz Duc de Raudnitz et à son Excellence Monsieur le Comte de Rasumoffsky par Louis van Beethoven

Sätze (mit Beethovens Metronomzahlen):
1. Erwachen heiterer Empfindungen bei der Ankunft auf dem Lande – Allegro ma non troppo (♩ = 66)
2. Szene am Bach – Andante molto mosso (♪. = 50)
3. Lustiges Zusammensein der Landleute – Allegro (♩. = 108) – A temp Allegro (♩ = 132)
4. Gewitter, Sturm – Allegro (♩ = 80)
5. Hirtengesang, Frohe und dankbare Gefühle nach dem Sturm – Allegretto (♪. = 60)

»Mehr Ausdruck der Empfindung(en) als Malerei« – die vielzitierte Erklärung zu seiner VI. Symphonie blieb für Beethoven unabdingbar, wußte er doch um die Problematik von Natur-Schilderung und Naturlaut-Wiedergabe in der Musik: Die Kritik an illustrierenden, deskriptiven Tonschöpfungen war fast so alt wie das Genre selbst, und sie reicht über Beethoven hinaus bis ins 20. Jahrhundert. Im Gespräch soll er sich selbst über Tonmalerei lustig gemacht haben, sogar Werke seines Lehrers Haydn nahm er davon nicht aus. Beethovens Schüler Ferdinand Ries berichtete: »Beethoven dachte sich bei seinen Compositionen oft einen bestimmten Gegenstand, obschon er über musikalische Malereien häufig lachte und schalt, besonders über kleinliche der Art. Hierbei mußten die Schöpfung und die Jahreszeiten von Haydn manchmal herhalten«.

Aus diesem Blickwinkel sind die skizzierten Gedanken Beethovens zur *Pastorale*, seiner »Sinfonia caracteristica«, zu lesen: »Man überläßt es dem Zuhörer, die Situationen auszufinden. – Wer auch nur je eine Idee vom Landleben erhalten, kann sich ohne viele Überschriften selbst denken, was der Autor will.« Wenn Beethoven also von vornherein seinen Beweggrund »Mehr Ausdruck der Empfindung(en) als Malerei« in den Stimmabschriften sowie gegenüber seinem Verleger klarstellte – er hatte an der Formulierung gewissenhaft gefeilt und bestand auf Drucklegung –, so brach er nicht nur der zu erwartenden Kritik frühzeitig die Spitze ab, sondern definierte in Übereinstimmung mit der deutschsprachigen Musikästhetik seiner Zeit auch, daß und auf welche Weise er sich von der üblichen Naturschilderung qualitativ abzusetzen gedachte. Dabei konnte Beethoven nicht wissen, daß die Auseinandersetzung um Tonmalerei und um die sich daraus entwickelnde Programmusik noch an Schärfe zunehmen sollte. Hymnen auf seine VI. Symphonie wurden von Äußerungen Schumanns und Debussys relativiert, die beide ihre Wertungen allerdings Kunstfiguren in den Mund legten. Schumann läßt Eusebius folgern: »Deinen Ausspruch, Florestan, daß du die Pastoral- und heroische Symphonie darum weniger liebst, weil sie Beethoven selbst so bezeichnete und daher der Phantasie Schranken gesetzt, scheint mir auf einem richtigen Gefühl zu beruhen.« Debussy polemisierte als Monsieur Croche: »Sehen Sie sich die Szene am Bach an: Es ist ein Bach, aus dem allem Anschein nach Kühe trinken (jedenfalls veranlassen mich die Fagottstimmen, das zu glauben) . . . All das ist sinnlose Nachahmerei oder rein willkürliche Auslegung.« Debussys Einschätzung wurde 1903 veröffentlicht – zwölf Jahre vor dem Kulminationspunkt konkreter musikalischer Naturschilderung in der *Alpensinfonie* von Richard Strauss, der sich zu ihr folgendermaßen äußerte: »Ich hab' einmal so komponieren wollen wie die Kuh, die Milch gibt.« So ist im 19. und 20. Jahrhundert Beethovens zwischen absoluter

Musik und Tonmalerei stehende *Pastorale* Verhandlungsbasis der Frage geblieben: Wie deutlich dürfen Noten erzählen?

*

Auch wer in der *Pastorale* den Vorrang der absoluten Musik sieht, wird einräumen müssen, daß sich Beethovens Einfühlungs- und Erfindungsgabe an der Wirklichkeit entzündete. In ersten Skizzen aus dem Jahr 1803 notierte er das Bachmurmeln des 2. Satzes mit der Bemerkung »Murmeln der Bäche, andante molt[o], je grösser der Bach je tiefer der Ton« sowie den Grundeinfall für den stampfenden 2/4-Takt-Tanzteil im 3. Satz (*Lustiges Zusammensein der Landleute*). Wie stark Beethoven in Bildern dachte, belegen zudem Äußerungen in seinem später auseinandergenommenen, heute an verschiedenen Orten aufbewahrten Skizzenbuch von 1808. Dort erklärte er die ersten drei Sätze zu »Szenen«: »Scena ankunft auf dem lande wirkung auf's gemüth«; »Scene am Bach«; »Scena Festliches Zusammensejn«. Und er war sich der Kraft dieser Bilder sicher: »Auch ohne beschreibungen wird man das ganze welches mehr Empfindung als Tongemählde erkennen.« Kurios mutet in diesem Zusammenhang dennoch an, daß die *Pastorale* Ende der 20er Jahre des 19. Jahrhunderts eine szenische Aufführung in London erfuhr.

Die umfassende Ausarbeitung der VI. Symphonie fiel – nahezu parallel zur Entstehung der V. – in die Zeit zwischen Sommer 1807 und Sommer 1808, die Beethoven in Baden, Heiligenstadt, Wien und für wenige Tage in Eisenstadt verbrachte. Im Juni 1808 bot er beide Werke, dazu seine C-Dur-Messe (op. 86) und die Cello-Sonate A-Dur (op. 69) dem Leipziger Verlag Breitkopf & Härtel für 900 Gulden »nach Wiener Währung in Konvenzionsgeld« an. Der Handel kam nicht zustande, weswegen Beethoven sowohl im Preis nachließ, als auch weitere Werke zusätzlich offerierte: Im Juli 1808 verlangte er für das Noten-Konvolut nurmehr 700 Gulden – aufgestockt um »zwei andere Sonaten für's Klavier oder statt diesen vieleicht noch eine Sinfonie ... das ist aber auch das äußerste«. Dieses Geschäft kam gleichfalls nicht zustande. Erst als Beethoven vom Verkauf seiner C-Dur-Messe abgesehen und den Gesamtpreis weiter auf 600 Gulden gesenkt hatte, konnte er am 14. September 1808 dem nach Wien gereisten Gottfried Christoph Härtel bescheinigen, für die V. und VI. Symphonie, für die Cello-Sonate sowie für die beiden

Klaviertrios (op. 70) »ein Hundert Stück Ducaten in Gold... baar empfangen zu haben«.

Wenige Wochen später erhielt Beethoven einen Ruf aus Kassel: Der westfälische König Jérôme Bonaparte, Bruder Napoleons I., trug ihm für 600 Dukaten jährlich das Amt des Hofkapellmeisters an. Beethoven zeigte sich willens und sah seiner Abreise aus Wien Anfang 1809 entgegen – nach jenem spektakulären Konzert am 22. Dezember 1808, bei dem im »Theater an der Wien« zwischen 18.30 und 22.30 Uhr einige seiner Kompositionen uraufgeführt wurden. Auf dem Programm dieser Akademie standen in damals umgekehrter Numerierung die heutige V. und VI. Symphonie, das IV. Klavierkonzert, die Chorfantasie (op. 80), dazu zwei Teile der C-Dur-Messe, eine freie Klavier-Fantasie sowie die Arie *Ah, perfido!*. Zeugenberichten zufolge waren Orchester und Sänger dem Konzertprogramm, das wohl nur in Teilen hatte geprobt werden können, nicht gewachsen. Beethoven, der die Akademie auf eigene Rechnung veranstaltete und auch dirigierte, mußte die beschließende Chorfantasie abbrechen und neu beginnen lassen.

Am 7. Januar 1809 klagte er in einem Brief an Breitkopf & Härtel in bezug auf das Akademie-Konzert, daß »der Zustand der Musik hier immer schlechter wird«. Gleichzeitig eröffnete er, am selben Tag für das Amt des Hofkapellmeisters in Kassel zugesagt zu haben. Den Ortswechsel kündigte Beethoven über Leipzig führend an, wo er die V. und VI. Symphonie aufzuführen gedachte – »mit dem Leipziger mir bekannten Bravheit und guten Willen«. Es kam weder zum einen noch zum anderen. Denn der sich seines Könnens bewußte Beethoven trat zuvor noch in Wiener Verhandlungen mit Erzherzog Rudolph und den beiden Fürsten Kinsky und Lobkowitz zum Zweck seines Bleibens ein. In einem Vertragsentwurf vom Februar 1809 forderte er dafür 4000 Gulden jährlich und lebenslang. Seinen Anspruch begründete er mit dem einleitenden Satz: »Es muß das Bestreben und das Ziel jedes wahren Künstlers sein, sich eine Lage zu erwerben, in welcher er sich ganz mit der Ausarbeitung größerer Werke beschäftigen kann und nicht durch andere Verrichtungen oder ökonomische Rücksichten davon abgehalten wird.« Am 1. März wurde ein entsprechender Vertrag unterzeichnet; am 4. März gab Beethoven seinem Verlag Kenntnis davon, daß er beide Symphonien dem Grafen Rasumowsky und dem Fürsten Lobkowitz widme. Im Mai 1809 waren dann die gedruckten Stimmen erhältlich. 1817 ließ Beethoven in Wien und Leipzig die exakten Metronom-Zahlen zu den Tempi seiner bis dahin geschriebenen acht Symphonien veröffentlichen; als Partitur erschien die VI. Symphonie allerdings erst 1826.

*

Das Autograph der VI. Symphonie wird heute im Bonner Beethovenhaus aufbewahrt. Die 140 Notenblätter, beschrieben von einer sich auf der jeweils gegenüberliegenden Seite abzeichnenden Tinte, sind in dunkelgrünes Leinen gebunden. Auf der ersten Seite notierte Beethoven als Kopisten-Anweisung: »Die deutschen Überschriften schreiben sie alle in die erste violin«. Diese heißen im Autograph vorläufig noch: »Angenehme, heitre Empfindungen, welche bej der Ankunft auf dem Lande im Menschen erwachen«; »Scene am Bach«; »Lustiges Zusammensein der Landleute«; »Donner – Sturm«; »Hirtengesang = (...) wohlthätige mit Danck an die Gottheit verbundene Gefühle nach dem Sturm«.

Nicht nur die Angabe von Satztiteln unterscheidet die VI. von allen anderen Symphonien Beethovens, sondern auch ihre für die Entstehungszeit aus der Ordnung fallende fünfsätzige Anlage – wobei die drei letzten, kürzeren Sätze ohne Pause ineinander übergehen und mit dem Gewitter als Höhepunkt einen dramatisch konzipierten Block darstellen. Dieser verlangte von Beethoven in den Satzüberleitungen eine besondere kompositorische Anstrengung, wie seinen Skizzen zu entnehmen ist. Die Schilderung des Unwetters indessen war für ihn auch praktisch nichts Neues: Bereits 1800/1801 hatte er als Einleitung für sein Ballett *Die Geschöpfe des Prometheus* eine ähnliche Sturmszene mit Blitzen komponiert (*La Tempesta*). Und als Nummer 10 desselben Werkes findet sich auch ein Hirtenstück, wie das Finale der VI. Symphonie im 6/8-Takt geschrieben, traditionelle Taktart für Pastoralmusiken. Zu diesen gehört als musikalischer Topos auch F-Dur, die Grundtonart der VI. Symphonie. Seit dem 17. Jahrhundert wurde F-Dur ein milder, einfacher, natürlicher Charakter zugeschrieben – im Gegensatz zum »komplizierten« f-Moll des *Pastorale*-Gewittersatzes.

Wie die V. Symphonie zielt auch die VI. auf ihr Finale. Dort herrscht die nach überwundener Störung wiederhergestellte Einheit von Mensch und Natur – jene beiden Pole, die zuvor getrennt beleuchtet wurden: Geben der 2. und der 4. Satz (*Szene am Bach*/*Gewitter, Sturm*) die Natur an sich wieder, so stellt Beethoven im 1., 3. und 5. Satz (*Erwachen heiterer Empfindungen bei der Ankunft auf dem Lande*/*Lustiges Zusammensein der Landleute*/*Hirtengesang*) den Menschen und dessen emotionale Reaktion auf seine Umgebung in den Mittelpunkt. Nach Beethoven werden im Menschen durch die Natur »Empfindung(en)« angeregt, »Erinnerung(en)« geweckt, »Gefühle« hervorgerufen, »Genuß« vermittelt und das »Gemüth« angesprochen. Auch diese reflektierte Natur ist es, die Beethovens *Pastorale* hinaushebt über die üblichen Tonmalereien ihrer Zeit.

*

Erwachen heiterer Empfindungen bei der Ankunft auf dem Lande (Allegro ma non troppo): In vier Takten gedenkt Beethoven zu Beginn seiner VI. Symphonie der Tradition – und wirft diese sogleich wieder ab. Die »langsame Einleitung« mit der Fermate als abschließendem Generalruhepunkt über der Dominante verkürzt er rigoros, mehr noch: Er füllt sie mit Tonmaterial, das nicht nur für das kommende *Allegro*, sondern für das gesamte Werk Leitlinien gibt. In diesen vier Takten,

nach denen atemholend neu begonnen wird, konzentrieren sich die bis zum Finalsatz wiederkehrende sogenannte Bordun-Quinte im Baß (Viola/Cello), die auf die statischen, bodenständigen Klänge des volkstümlichen Dudelsacks und der Drehleier verweist; des weiteren vier Motive in der ersten Violine, von denen jenes fallende aus dem zweiten Takt als eine Art Perpetuum mobile den 1. Satz über weite Strecken beherrschen wird; schließlich ein Ton- und Intervallraum in der ersten Violine, der – wie sich zeigen wird – verschiedenartig als Natursymbol deutbar ist.

Außergewöhnliches ereignet sich in der Durchführung des Satzes, üblicherweise Podium eines modulationsreichen Ausleuchtens und kunstvollen Verarbeitens der zuvor aufgestellten Themen. Beethoven jedoch komponiert hier gleichsam auf der Stelle: Nur kurzzeitig unterbrochen, läßt er das fallende Violinmotiv des zweiten Taktes von beinahe allen Orchesterstimmen für 72 Takte repetieren und wechselt in dieser Spanne sprunghaft nur dreimal die Harmonie. Die Musik ruht naturhaft kreisend in sich selbst, sie wird zum Ausdruck eines zeitaufhebenden Zustands. Im Individuum, welches das Naturschöne erlebt und empfindet, spiegelt sich stete Erneuerung durch stete Wiederholung als jubelndes Sicheins-Fühlen, als rauschhafte Gefühlssteigerung – auch anhand des zweimal vorgeschriebenen *crescendo poco a poco*.

*

Beethovens Hineinhorchen in die Natur (*Szene am Bach. Andante molto mosso*) ist einerseits bestimmt durch die Tonmalerei des murmelnden Wassers als geräuschhaft fließender Untergrund in Sechzehntel-Noten von Violinen, Bratschen und Celli, andererseits durch ein verzierungsreiches, figurativ gestaltetes Wechselspiel von erster Violine und Holzbläsern: Gehäufte Vorschläge und Triller kulminieren in den Schlußtakten zu einem Vogelstimmen-Terzett mit Wachtelschlag, Nachtigallen-Tirilieren und Kuckucksruf:

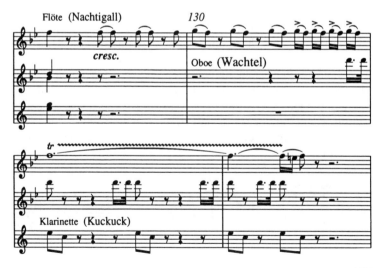

Im Rahmen der »Vogelkonzert«-Anlage des Satzes kommt diesem Terzett der Rang einer Kadenz zu: Das Orchester schweigt und schafft Raum für den virtuosen Gesang von Flöte, Oboe und Klarinette. Über die von Beethoven explizit in der Partitur genannten drei Vogelstimmen hinaus hat die Musikwissenschaft wiederholt versucht, weitere Vogelrufe im Notenbild auch anderer Sätze der VI. Symphonie nachzuweisen – bis hin zum Regenpfeifer vor dem aufziehenden Gewitter. Es bleibt fraglich, ob ornithologische Kenntnisse das Verständnis der *Pastorale*-Ästhetik vertiefen – was hülfe es, beispielsweise die federnde, siebenmalige Tonrepetition von Klarinette, Fagott und Horn in der Exposition des 1. Satzes als Klopfen des Spechts zu identifizieren (Takt 53 f.), wenn über diesem Detail das Erfassen der VI. Symphonie als Gesamtgefüge Schaden nähme? Daß sich Beethoven bei seiner Vogelstimmen-Nachahmung Freiheiten nahm, belegt sein Kuckucksruf, der nicht wie in der Musik üblich eine kleine Terz umfaßt, sondern eine große. Er wählt eine Entsprechung, nicht das geläufige Muster. Gustav Mahler reizte dies noch weiter aus, indem er in den ersten 62 Takten seiner I. Symphonie, die das Erwachen der Welt zum Inhalt haben, den Kuckuck sogar eine Quart rufen läßt.

*

Die Funktion eines Scherzos übernimmt der Bauerntanz (*Lustiges Zusammensein der Landleute. Allegro*); er stellt mit zirka drei Minuten Spielzeit den kürzesten Satz der Symphonie dar – gleichsam abgebrochen durch das sich entladende Gewitter. Beethoven greift hier den Charakter der *Deutschen Tänze* auf, von denen er zahlreiche in mehreren Folgen geschrieben hat und die nicht zuletzt auch seit Mozarts *Don Giovanni* als musikalische Vergnügungen einer sozial niedrigstehenden Gesellschaftsschicht gelten. Eingebunden darin sind zum einen ein stampfender Tanz im 2/4-Takt, zum zweiten ein bemerkenswertes Beispiel musikalischen Humors:

Während im Scherzo von Beethovens *Frühlings-Sonate* die Violine insistierend ein Viertel »zu spät« erklingt, setzt die Oboe hier ein Viertel zu früh ein, korrigiert sich unter dem Spiel alsbald, wiederholt aber bockig diesen Vorgang. Andere Instrumente greifen ihn als kuriosen Einfall musikantisch auf, auch die Klarinette, die einen um mehrere Takte verfrühten Einsatz abbricht, um diesen nach erfolgreicher Orientierung ungerührt fortzuführen. Beethoven wollte mit dieser Passage offenbar eine musikhistorische Traditionslinie fortsetzen: die Karikatur einer Dorfkapelle.

*

Nachdem bereits im 3. Satz die Trompete als ein die Dramatik verstärkendes Instrument hinzutrat, erreicht das Orchester nun für die Darstellung entfesselter Naturgewalt seinen größten Umfang innerhalb der VI. Symphonie (*Gewitter. Sturm. Allegro*). Neben den zusätzlich vorgeschriebenen Pauken und Posaunen schafft der Einsatz der Piccolo-Flöte nicht nur eine dynamische Steigerung, sondern – zusammen mit den Kontrabässen in ausgesprochen tiefer Lage – auch eine Ausweitung des orchestralen Tonumfangs. Die extremen, geräuschhaften Tonbezirke geben in Beethovens Schilderung akustische Ereignisse eines Unwetters wieder: das Pfeifen des Windes (Piccolo-Flöte) und das Grollen des Donners in den Kontrabässen und Celli, die Sechzehntel-Noten an Quintolen reiben:

Gegenüber Baß und Flöte führen die ersten und zweiten Violinen visuelle Ereignisse des Gewitters aus: den Regen als gleichmäßige Staccato-Achtel ab Takt 3 und den Blitz als aufzuckende Vierton-Figur:

Daß solche Klang-Erklärungen nicht als eine schwärmerisch-poetisierende Interpretation einzuordnen sind, wie sie Hans Pfitzner für die gesamte *Pastorale* entwarf, ergibt sich aus Beethovens Skizzenbuch von 1808, in dem er zu entsprechenden Entwürfen notierte: »Bliz«, »Don«, »regen«. Aber als Prämisse stellt er der *Pastorale* gleichwohl voran: »Mehr Ausdruck der Empfindung(en) als Malerei« – und nicht »statt Malerei«. Auf diese präzis zu lesende Formulierung ist bereits ebenso hingewiesen worden wie darauf, daß die choralartigen Schlußtakte des Gewitter-Satzes als Schlüsselstelle der gesamten Symphonie betrachtet werden können (Bockholdt, 1981, S. 57/58). In diesen Takten spielen Oboe und erste Violine in absteigender, ununterbrochener Folge die Töne a-g-f-e-d–c, also einen Hexachord, der teils transponiert, teils verarbeitet, als Symbol für die Natur zu Beginn jedes Satzes in exponierter Position auftaucht, so auch in den oben besprochenen vier ersten Takten der Symphonie.

*

Auch der den Finalsatz (*Hirtengesang. Frohe und dankbare Gefühle nach dem Sturm. Allegretto*) einleitende gebrochene Quart-Sext-Akkord, ein Hirtenruf oder Kuhreigen in Naturtonfolge, kann als konstitutives Motiv der gesamten Symphonie von den ersten vier Takten an begriffen werden (Hauschild, 1987, S. 107). Zumindest aber ist diese gänzlich unsymphonische Weise – zunächst über einer Bordún-Quinte von Klarinette und Horn geblasen – das rondoartig wiederkehrende Ausgangsmaterial für den die *Pastorale* beschließenden frommen Rund- und Abgesang. (Ihn griff Beethoven mit vergleichbarer Satzform in seinem späten Streichquartett op. 132 wieder auf: *Heiliger Dankgesang eines Genesenen an die Gottheit in der lydischen Tonart.*) Schon in Takt 9 entwickelt die erste Violine aus dem Hirtenruf das ebenfalls den gesamten Satz durchziehende, von allen Instrumenten zumindest im Ansatz ausgeführte liedhafte Hauptthema:

Takt 9-16
1. Violine

In einem durch Wiederholung gesteigerten Dank, in kollektiver Hymne schlägt Beethoven den Bogen zum 1. Satz: Anbetung der nun wieder befriedeten Natur in weltumarmendem Überschwang.

Dokumente

»Wie glücklich sind Sie, daß Sie schon so früh aufs Land konnten! Erst am achten kann ich diese Glückseligkeit genießen. Kindlich freue ich mich darauf; wie froh bin ich, einmal in Gebüschen, Wäldern, unter Bäumen, Kräutern, Felsen wandeln zu können, kein Mensch kann das Land so lieben wie ich. Geben doch Wälder, Bäume, Felsen den Widerhall, den der Mensch wünscht!... Haben Sie Goethes Wilhelm Meister gelesen, den von Schlegel übersetzten Shakespeare? Auf dem Lande hat man so viele Muße, es wird Ihnen vielleicht angenehm sein, wenn ich Ihnen diese Werke schicke.«
(Brief an Therese Malfatti, Mai 1810)

»Allmächtiger im Walde! Ich bin selig, glücklich im Walde: jeder Baum spricht durch dich. O Gott! welche Herrlichkeit! In einer solchen Waldgegend, in den Höhen ist Ruhe, Ruhe, ihm zu dienen.«
(Skizzenblatt 1815)

»Mein Dekret: nur im Lande bleiben. Wie leicht ist in jedem Flekken dieses erfüllt! Mein unglückseliges Gehör plagt mich hier nicht. Ist es doch, als ob jeder Baum zu mir spräche auf dem Lande: heilig, heilig! Im Walde Entzücken! Wer kann alles ausdrücken? Schlägt alles fehl, so bleibt das Land selbst im Winter wie Gaden, untere Brühl usw. Leicht bei einem Bauern eine Wohnung gemietet, um die Zeit gewiß wohlfeil. Süße Stille des Waldes! Der Wind, der beim zweiten schönen Tag schon eintritt, kann mich nicht in Wien halten, da er mein Feind ist.«
(Skizzenblatt 1815)

»Ein Bauerngut, dann entfliehst du deinem Elend.«
(Tagebuch 1815)

»*Die verflossene Woche, in welcher die Theater verschlossen, und die Abende mit öffentlichen Musikaufführungen und Konzerten besetzt waren, kam ich mit meinem Eifer und Vorsatz, Alles hier zu hören, in nicht geringe Verlegenheit. Besonders war dies der Fall am 22 sten [Dezember 1808], da die hiesigen Musiker für ihre große treffliche Witwenanstalt im Burgtheater die erste diesjährige große Musikaufführung gaben; am selbigen Tage aber auch Beethoven im großen vorstädtischen Theater ein Konzert zu seinem Benefiz gab, in welchem lauter Kompositionen von seiner eigenen Arbeit aufgeführt wurden. Ich konnte dieses unmöglich versäumen, und nahm also den Mittag des Fürsten von Lobkowitz gütiges Anerbieten, mich mit hinaus in seine Loge zu nehmen, mit herzlichem Dank an. Da haben wir denn auch in der bittersten Kälte von halb sieben bis halb elf ausgehalten, und die Erfahrung bewährt gefunden, daß man auch des Guten – und mehr noch, des Starken – leicht zu viel haben kann. Ich mochte aber dennoch so wenig, als der überaus gutmütige, delikate Fürst, dessen Loge im ersten Range ganz nahe am Theater war, auf welchem das Orchester und Beethoven dirigierend mitten drunter, ganz nahe bei uns stand, die Loge vor dem gänzlichen Ende des Konzerts verlassen, obgleich manche verfehlte Ausführung unsere Ungeduld in hohem Grade reizte. Der arme Beethoven, der an diesem seinen Konzert, den ersten und einzigen baren Gewinn hatte, den er im ganzen Jahre finden und erhalten konnte, hatte bei der Veranstaltung und Ausführung manchen großen Widerstand und nur schwache Unterstützung gefunden. Sänger und Orchester waren aus sehr heterogenen Teilen zusammengesetzt, und es war nicht einmal von allen aufzuführenden Stücken, die alle voll der größten Schwierigkeiten waren, eine ganz vollständige Probe zu veranstalten, möglich geworden. Du wirst erstaunen, was dennoch Alles von diesem fruchtbaren Genie und unermüdeten Arbeiter während der vier Stunden ausgeführt wurde. Zuerst eine Pastoralsymphonie, oder Erinnerungen an das Landleben ... Jede Nummer war ein sehr langer, vollkommen ausgeführter Satz voll lebhafter Malereien und glänzender Gedanken und Figuren; und diese eine Pastoralsymphonie dauerte daher schon länger, als ein ganzes Hofkonzert bei uns dauern darf.*«

(Johann Friedrich Reichardt, in: *Vertraute Briefe* (...) von 1808/1809)

»*In dem zweyten Concerte, am 31sten Dec., zeichnete sich vor andern aus, die für uns noch neue Pastoral-Symphonie von Beethoven. Nicht mit Unrecht darf man die Erfindung, so wie die nur allmählig erfolgte Ausbildung jener Instrumentalstücke, denen man den Namen der Symphonie beygelegt hat, zu den merkwürdigen Schöpfungen des menschlichen Geistes zählen, die unser Zeitalter, und insbesondere Deutschland ehren, und die Gränzen musikal. Kunst erweitert haben. Ist es der blossen Instrumentalmusik, so kunstvoll sie auch der Meister nach ästhetischen Regeln geordnet haben mag, schwer, eine bestimmte Empfindung in dem Gemüthe des Zuhörers zu erregen, so sind doch die Versuche, mehr Licht in diese noch dunkle Region zu bringen, unseres Dankes werth. (...) Doch wurde es dem nichteingeweihten Zuhörer schwer, in all diese, ihm verschlossenen Geheimnisse einzugehen.*«
(Allgemeine musikalische Zeitung, 1812, Spalten 125/126)

Zum Lobe Gottes und der Natur
Tradition und zeitgenössische Einflüsse in der Pastorale

Auch Beethoven war, was er las. Anders als bei Mozart existiert eine recht genaue Vorstellung von seiner Lektüre aufgrund seines Nachlasses und seiner Bemerkungen in Briefen, Tagebüchern, Konversationsheften sowie Skizzenbüchern. Mehr noch: Anstreichungen, angefertigte Exzerpte, Argumentationsübernahmen weisen nach, welche Buch-Passagen Beethoven als besonders wesentlich erachtete und in sein Geistesgut aufzunehmen gedachte – oder vehement ablehnte. Sein Lebensweg stellt sich dar als der einer intensiv vorangetriebenen geistigen Vervollkommnung. Noch 1817, im Uraufführungsjahr der VIII. Symphonie, bedauerte er, sich nicht ausreichend dem Studium der Komposition gewidmet zu haben. Am nachhaltigen Feilen, Verbessern, Revidieren seiner Werke läßt sich Beethovens Ehrgeiz ebenso ablesen wie an den zwei folgenden Briefausschnitten: »Der wahre Künstler... fühlt dunkel, wie weit er vom Ziele entfernt ist und indes er vielleicht von anderen bewundert wird, trauert er, noch nicht dahin gekommen zu sein, wohin ihn der bessere Genius nur wie eine Sonne vorleuchtet« (1812) und »habe ich mich doch bestrebt von Kindheit an, den Sinn der Besseren und Weisen jedes Zeitalters zu fassen. Schande für einen Künstler, der es nicht für seine Schuldigkeit hält, es hierin wenigstens so weit zu bringen.« Letzter Brief-Auszug an den Leipziger Verlag Breitkopf & Härtel stammt vom 2. November 1809 und steht in einer Reihe von Äußerungen zu literarischen Vorlieben. Im selben Jahr hatte sich Beethoven dorthin schon mit der (kurz darauf noch einmal wiederholten) Bitte gewandt: »Vielleicht könnten Sie daher mir eine Ausgabe von Goethes und Schillers vollständigen Werken zukommen lassen«.

Selbstverständlich trachtete Beethoven auch danach, seine Bibliothek auf musikalischem Sektor zu erweitern: Wiederum 1809 mit dem Adressat Breitkopf & Härtel ersuchte er um die Übersendung der »meisten Partituren, die Sie haben, wie zum Beispiel Mozarts Requiem usw., Haydns Messen, überhaupt alles von Partituren, wie von Haydn, Mozart, Bach, Johann Sebastian Bach, Emanuel usw. nach und nach«. Die ihm erreichbare Notenliteratur »las« Beethoven nicht nur, sondern kopierte und exzerpierte sie über Jahrzehnte hinweg studienhalber. Derart hatte er sich schon vor der Komposition der *Pastorale* einen musikhistorischen Fundus geschaffen, der insbesondere durch den Lehrer Johann Georg Albrechtsberger bis vor die Zeit der Renaissance zurückreichte. Diese legte mit der Wiederentdeckung der Antike und damit auch des Bukolischen, Idyllischen, eben Pastoralen einen Grundstein für jene musikalische Tradition, in der die Naturverherrlichung Beethovens und seiner VI. Symphonie steht: das Hirtenstück, auch als »Hörbild« mit Flöte oder Schalmei auf dem Theater aufgeführt.

Die andere, geschichtlich weiter zurückführende Basis musikalischer Naturbetrachtungen ist seit dem 14. Jahrhundert in der Wiedergabe von Vogellauten zu sehen. Später, vor allem im 18. Jahrhundert, wurden weitere akustische Ereignisse imitiert – Froschquaken und Löwengebrüll, Unwetter und Jagdgeschehen, Wasserrauschen, Erdbeben und stürzende Mauern – einmal ganz abgesehen vom Sujet der Schlachtenmusiken. Insbesondere in Oper und Oratorium, aber auch auf der Orgel mit eigens entwickelten Registern bediente man sich solcher Tonmalerei, wozu die Evangelisten mit ihren Schilderungen der Geburt Christi im Stall sowie seines Todes unter eintretenden Katastrophen Anlaß gaben. Die über Jahrhunderte stetig weiterentwickelten musikalischen (Natur-)Schilderungen im Vorfeld der *Pastorale* sind von den frühen französischen Motetten über Händel, Bach (*Weihnachtsoratorium* und *Passionen*), Vivaldi (*Vier Jahreszeiten*) bis Haydn bereits zusammengefaßt worden (Sandberger, 1924, S. 154–200).

Besondere Aufmerksamkeit – neben den in Wien tätigen Komponisten wie Gluck und Haydn – verdienen jedoch drei Tonsetzer der zweiten Hälfte des 18. Jahrhunderts mit wenig beachteten Werken: Leopold Mozart, Justin Heinrich Knecht und Georg Joseph Vogler. Beethoven besaß sicher oder höchst wahrscheinlich Kenntnis ihrer Person beziehungsweise ihrer Kompositionen; alle drei waren auch oder ausschließlich im Süden des deutschsprachigen Raums tätig, dem Zentrum der Naturlob mit Gotteslob verknüpfenden Pastoralsymphonie.

Wenn Leopold Mozart nicht schon als erster Pädagoge seines Sohnes die Neugierde Beethovens geweckt hatte, so muß diesem Leopolds *Violinschule* – ein mehrfach aufgelegtes und vielübersetztes Standardwerk der Zeit – bekannt gewesen sein. Schon auf dem Titelkupfer stellt sich ihr Verfasser auch als Komponist einer Pastoral-Komposition dar. Ein Jahr vor dem ersten Erscheinen dieser *Violinschule* (1756) schrieb Leopold in Salzburg drei Symphonien, die deutliche Tonmalereien enthalten: *Musikalische Schlittenfahrt*, *Die Bauernhochzeit* und *Sinfonia da caccia*. Eingearbeitet darin sind Peitschenknall, Schlittengeläut, ein vor Kälte zitterndes »Frauenzimmer«, Deutsche Tänze, Bauern-Märsche, Jagdsignale mit Treiber-Geschrei, Büchsenschüsse, Hundegebell – samt und sonders bemerkenswerterweise keine Laute der Natur, sondern Geräusche der Zivilisation.

Diese Vorläufer der »Programmusik« – ein Ausdruck, der um 1800 aus dem Französischen ins Deutsche übertragen wurde – waren noch steigerungsfähig in der effektvollen Wiedergabe außermusikalischer Ereignisse: 1784 erschien in Speyer beim Verlag Boßler *Das musikalische Porträt der Natur*, eine große Symphonie des 1752 in Biberach geborenen und dort als Musikdirektor tätigen Justin Heinrich Knecht. Beethoven mußte über sie zumindest informiert gewesen sein, denn seine 1783 ebenfalls bei Boßler gedruckten drei *Kurfürstensonaten* waren um diese Zeit auf derselben Seite des Verlagsjournals angezeigt worden.

Knecht, der unter anderem nach Leopold Mozarts *Violinschule* gelernt hatte, komponierte seine fünfsätzige (!) Symphonie in einer Epoche, da die in der Musik nachhallende Naturverbundenheit der Renaissance einen neuen Schub durch Rousseau erhielt. Das Werk schildert nach den Erläuterungen im französischen Original folgende Begebenheit: »Eine schöne Gegend, in der die Sonne scheint, sanfte Winde wehen, Bäche das Tal durchziehen; in der die Vögel zwitschern, ein Gebirgsbach rauscht, der Schäfer pfeift, die Schafe springen und die Schäferin ihre sanfte Stimme hören läßt (1. Satz). Plötzlich beginnt sich der Himmel zu verfinstern, alles hat Mühe zu atmen und ist erschrocken, schwarze Wolken ziehen auf, der Wind beginnt zu brausen, der Donner rollt von weitem und das Gewitter nähert sich mit langsamen Schritten (2. Satz). Das von tosendem Wind und prasselndem Regen begleitete Gewitter donnert mit aller Kraft; die Baumwipfel rauschen und der Gebirgsbach stürzt sein Wasser unter entsetzlichem Lärm hinunter (3. Satz). Allmählich läßt das Gewitter nach, die Wolken lösen sich auf und der Himmel wird klar (4. Satz). Die Natur erhebt in einem Freudenausbruch ihre Stimme zum Himmel und bringt dem Schöpfer mit süßen und angenehmen Gesängen lebhafteste Dankgebete dar (5. Satz).«

Die Parallelen zu Beethovens *Pastorale* sind sowohl in der inhaltlichen und dramatischen Konzeption evident (Entfesselung und Befriedung der Natur) als auch in Schlüsselstellen musikalischer Schilderung (der gebrochene Quart-Sext-Akkord als Ruf-Motiv des Hirtenspiels, Vogelstimmen-Nachahmung, Gewitterregen und Donner-Darstellung in den Geigen beziehungsweise Kontrabässen und Pauken). 1791 griff Knecht dieses »Programm« noch einmal auf: *Die durch ein Donnerwetter unterbrochene Hirtenwonne*, eine musikalische Schilderung auf der Orgel.

Nicht zuletzt durch dieses Stück steht Knecht musikgeschichtlich in einer Linie mit Georg Joseph (Abbé) Vogler, dem er 1784 sein symphonisches Natur-Porträt dediziert hatte. Vogler, 1749 bei Würzburg geboren, späterer Kapellmeister in Mannheim und Stockholm, verdankte seine Popularität insbesondere programmatischen Improvisationen auf einer selbstentworfenen, transportablen Orgel. Dazu gehörten eine *Spazierfahrt auf dem Rhein, vom Donnerwetter unterbrochen; Ein Sturm mit Blitz und Donner, Himmel und Hölle; Der Fall der Mauern von Jericho* sowie ähnliche Schreckensstücke, in denen Vogler, wie Augenzeugen überliefern, Cluster auf den Manualen produzierte. Beethoven kam spätestens 1803 bei einem der üblichen musikalischen Wettstreite in Wien mit Vogler persönlich in Kontakt. Johann Gänsbacher, ein Schüler Voglers, berichtete: »Beethovens ausgezeichnetes Klavierspiel verbunden mit einer Fülle der schönsten Gedanken überraschte mich zwar auch ungemein; konnte aber mein Gefühl nicht bis zu jenem Enthusiasmus steigern, womit mich Voglers gelehrtes, in harmonischer und contrapunktischer Beziehung unerreichtes Spiel begeisterte.« Der elfjährige Wolfgang Amadeus Mozart war nach wenigstens zweimaligem Hören Voglers in Mannheim zu dem Befund gekommen: »er ist so zu sagen nichts als ein hexenmeister. sobald er etwas maestätisch spielen will, so verfällt er ins trockene, und man ist ordentlich froh daß ihm die zeit gleich lang wird, und mithin nicht lange dauert, allein was folgt hernach? – ein unverständliches gewäsch.«

Beethoven kannte von den Wiener Komponisten Haydn als seinen Lehrer persönlich und in ihren Werken Gluck sowie Mozart, der sich aber der musikalischen (Natur-)Schilderung im engeren Sinn selbst beim *Idomeneo*-Meeressturm merklich enthielt. Stehen Glucks Unwetter-Ouvertüre der *Iphigénie en Tauride* als Topos und seine Elysiums-Szene aus *Orfeo ed Euridice* durch Instrumentenbehandlung und rhythmische Darstellung in Verbindung mit dem Gewitter-Satz und der Bach-Szene der *Pastorale*, so scheinen Haydns *Schöpfung* (1798) und *Jahreszeiten* (1801) in ihren Massierungen beschreibender und nachahmender Techniken Beethoven geradezu herausgefordert zu haben, nun seinerseits das erfolgreiche und populäre Natur-Sujet aufzugreifen, um es gleichzeitig zu überhöhen und zu reformieren unter dem kritischen Gesichtspunkt: »Jede Mahlerei nachdem sie in der Instrumentalmusik zu weit getrieben verliehrt« (Aufzeichnung Beethovens in seinem Skizzenbuch).

Erst in der zweiten Hälfte des 20. Jahrhunderts wurde entdeckt, daß sich Beethoven – ebenso wie Haydn – auch durch den als »Gaulimauli« bekannten Mozart-Schüler Franz Jacob Freystädtler und seine Klavier-Fantasie *Der Frühlings Morgen, Mittag und Abend* hat anregen lassen können. Diese 1791 von Hoffmeister in Wien verlegte Komposition enthält in ihrem ersten Teil neben einer Sonnenaufgangsvertonung einen »Wachtel Schlag« kombiniert mit einem »Guguk Ruf« sowie die Darstellung eines Hirten beim Austreiben der Herde – wieder als signalhaft gebrochene Quart-Sext-Akkorde umgesetzt, in vier Takten sogar identisch mit Beethovens Klarinetten- und Hornruf (Hamann, 1961, S. 55). Nicht Kopie, wohl aber Konvention ist als Grund für diese Ebenbilder anzusehen.

Der Kreis musikalischer Naturschilderungen der zweiten Hälfte des 18. Jahrhunderts im Süden des deutschen Sprachraums schließt sich, da Freystädtler 1761 in Salzburg geboren wurde, wo er als Singknabe der Hofkapelle sowohl mit Vizekapellmeister Leopold Mozart selbst als auch mit der (Leopold zumindest in Teilen zugeschriebenen) *Berchtesgadener Symphonie* praktizierend in Berührung gekommen sein dürfte. Ihre Sätze enthalten einzeln oder im Duett die Stimmen von Nachtigall, Kuckuck und Wachtel.

Kritik hatten die Komponisten musikalischer Malerei vielfach einzustecken: Leopold wurde in einem anonymen Brief nahegelegt, derartige »Possenstücke« wie die *Schlittenfahrt* und *Die Bauernhochzeit* nicht mehr zu »machen«, da sie mehr Schande und Verachtung als Ehre einbrächten; Knecht und Vogler räumten wiederholt in schriftlichen Äußerungen ein, daß sie wegen ihrer »Naturereignisse« und »dergleichen Stükke« einen »Stein des Anstoßes« gaben und »Einwendungen mancher Kritikaster« erhielten. Selbst Haydn und Beethoven mußten – nicht unerwartet – mißbilligende Urteile entgegennehmen. Haydn hatte sich zwar beim Schreiben der *Jahreszeiten* über das Drängen seines Librettisten van Swieten mokiert, der Tonmalerei breitestmöglichen Raum zu geben; er folgte aber letztlich diesem Ansinnen.

Während die französische Musikästhetik die schildernde Musik tendenziell förderte – zu nennen sind Berlioz' Lehrer Jean-François Le Sueur und zuvor vor allem die Enzyklopädisten mit Jean-Jacques Rousseau und Jean Baptist le Rond d'Alembert (die aber durchaus schon Darstellung und Nachahmung wertend unterschieden) –, sammelte sich im deutschsprachigen Raum dezidierte Ablehnung. Sprachrohr dafür war der 1720 in Winterthur geborene Ästhetiker Johann Georg Sulzer, der in Leipzig von 1771 an die zweibändige *Allgemeine Theorie der Schönen Künste* veröffentlichte. Darin heißt es: »Der Wind, der Donner, das Brausen des Meeres oder das Lispeln eines Baches, das Schießen des Blitzes und dergleichen Dinge, können einigermaßen durch Ton und Bewegung nachgeahmt werden, und man findet, daß auch verständige und geschickte Tonsetzer es tun. Aber diese

Malereien sind dem wahren Geist der Musik entgegen, die nicht Begriffe von leblosen Dingen geben, sondern Empfindungen des Gemüts ausdrücken soll.« Der Komponist habe sich »Kindereien« zu enthalten, »es sei denn, da wo er wirklich possierlich sein muß«. Liegen hier schon – wie auch in Christian Friedrich Daniel Schubarts *Ideen zu einer Ästhetik der Tonkunst* (1784) – Gedankengänge vor, denen Beethoven als Kenner musiktheoretischer Abhandlungen folgte, so ist ein seinerzeit mehrfach veröffentlichter Brief des deutschen Schriftstellers Johann Jakob Engel an den Komponisten Johann Friedrich Reichardt geradezu als Formulierungsbasis für Beethovens *Pastorale*-Erläuterungen zu lesen. Engel forderte 1780, »daß der Musiker immer lieber Empfindungen, als Gegenstände von Empfindungen malen soll«, weil die musikalische Nachahmung ihren weitesten Umfang erhalte, wenn der Komponist »weder einen Teil, noch eine Eigenschaft des Gegenstandes selbst male, den er sich vorgesetzt hat, sondern den Eindruck nachahmt, den dieser Gegenstand auf die Seele zu machen pflegt« (Sandberger, 1924, S. 202/3). Die Publikation Engels dürfte Beethoven schon aus seiner Bonner Zeit gekannt haben, da Reichardt, der die Uraufführung der *Pastorale* erlebte, mit Beethovens dortigem Lehrer Christian Gottlob Neefe bekannt war.

Endlich ist eine philosophisch-theologische Wurzel der *Pastorale* festzuhalten. Neben Homer und Goethe beschäftigten den römisch-katholischen Beethoven auch die 1785 erstmals erschienenen *Betrachtungen über die Werke Gottes im Reiche der Natur und Vorsehung auf alle Tage des Jahres* des evangelischen Geistlichen Christoph Christian Sturm, zahlreiche angestrichene Passagen geben darüber Auskunft. Eine dieser Passagen ist vergleichbar mit einem der kategorischen Imperative Immanuel Kants, dessen *Allgemeine Naturgeschichte* Beethoven auf jeden Fall kannte und den er in einem Konversationsheft von 1820 mit dem Ausruf erwähnte: »das Moralische Gesez in unß u. der gestirnte Himmel über unß«. Während Kant in seiner *Grundlegung zur Metaphysik der Sitten* (ebenfalls 1785) postulierte: »Handle so, daß du die Menschheit sowohl in deiner Person, als in der Person eines jeden andern jederzeit zugleich als Zweck, niemals bloß als Mittel brauchst«, mahnte Christoph Christian Sturm ähnlich: »Man kann die Natur mit Recht eine Schule für das Herz nennen, weil sie uns auf sehr einleuchtende Art die Pflichten lehrt, welche wir sowohl in Absicht auf Gott, als auf uns selbst und unsere Nebenmenschen auszuüben schuldig sind«. Beethovens Naturliebe, die beim verordneten Aufenthalt auf dem Land gewiß gesteigert wurde durch die eingebildete oder tatsächliche Linderung des Gehörleidens, ging für ihn also auch mit der Verpflichtung zu moralischer Selbsterziehung einher.

Franz Klein
Lebendmaske Ludwig van Beethovens
1812, Gips, 21,5 × 17 cm
Beethoven-Haus, Bonn, Sammlung H. C. Bodmer

Von hohem dokumentarischem Wert ist die Lebendmaske Beethovens aus dem Jahr 1812, die als Maßstab für die Porträtähnlichkeit aller bildnerischen Darstellungen Beethovens dient. Sie wurde von dem Bildhauer Franz Klein (1779 bis nach 1836) angefertigt, zu einer Zeit, als Beethoven seine VII. und VIII. Symphonie vollendete. Johann Andreas und Nannette Streicher, die bedeutendsten unter den Wiener Klavierbauern, gaben sie in Auftrag. Die Beziehung zwischen Beethoven und den Streichers war freundschaftlich; so versorgten sie den Komponisten des öfteren mit Leihinstrumenten, und Nannette Streicher beriet Beethoven später sogar in Haushaltsfragen. Als deren Klaviersalon in der Ungargasse mit Büsten herausragender Künstler geschmückt werden sollte, durfte Beethovens Kopf nicht fehlen.

Franz Klein mußte für eine streng naturalistisch auszuführende Bronzebüste von Beethoven eine Gesichtsmaske abnehmen. Der erste Versuch hierfür soll mißglückt sein, da Beethoven zu ersticken fürchtete; erst der zweite Versuch gelang. Die Maske gibt uns ein objektives Abbild von Beethovens Gesicht: Hier sind all die kleineren und größeren Pockennarben zu erkennen, die sein Gesicht überzogen, ebenso eine tiefe Narbe zwischen Mund und Kinn in der rechten Gesichtshälfte. Auf den Porträts wurden solche Details üblicherweise kaschiert. Für die Büste hatte Klein dann nur die Augen nachzubilden, die bei der Abnahme der Maske abgedeckt werden mußten, dann den Haaransatz und die Augenbrauen zu überarbeiten und schließlich die Haare sowie den Oberkörper samt Halsbinde und Rock zu ergänzen.

Von der Lebendmaske, die viel von der geistigen Energie und Konzentration Beethovens einzufangen scheint, sind nur vier frühe Abgüsse bekannt. Dem Bonner Exemplar ist ein Zertifikat des Porträtmalers Eduard Cramolini und des Schriftstellers Ignaz Franz Castelli beigegeben, mit dem Hinweis, daß »diese Larve des berühmten Compositeurs Ludwig van Beethoven über das Leben geformt« sei.

(M. L.)

VII. Symphonie in A-Dur, op. 92

Analyse und Essay von Renate Ulm

FREUDENTANZ UND TRAUERMARSCH
RHYTHMUS ALS BEHERRSCHENDES ELEMENT DER
VII. SYMPHONIE

Entstehungszeit: Erste Skizzen ab September 1811; autographe Partitur datiert am 13. April 1812

Uraufführung: 8. Dezember 1813 im Universitätssaal zu Wien zusammen mit *Wellingtons Sieg oder die Schlacht bei Vittoria* unter der Leitung Ludwig van Beethovens

Originalausgabe (November 1816): Siebente Grosse Sinfonie in A dur für 2 Violinen, 2 Violen, 2 Flauten, 2 Oboen, 2 Clarinetten, 2 Fagott, 2 Horn, 2 Trompeten, Pauken, Violoncello und Basso von Ludwig van Beethoven – 92tes Werk (dem Grafen Moritz von Fries gewidmet)

Sätze (mit Beethovens Metronomangaben):
1. Poco sostenuto (♩ = 69) – Vivace (♩. = 104)
2. Allegretto (♩ = 76)
3. Presto (♩. = 132) – Assai meno presto (♩ = 84)
4. Allegro con brio (♩ = 72)

Auf über hundert Seiten notierte sich Beethoven ab September 1811 musikalische Einfälle zu seiner VII. Symphonie, darunter Varianten und daraus hervorgehende Motive, Themen sowie deren Entwicklung nach dem »Fortspinnungsprinzip«, das heißt deren Metamorphosen innerhalb des kompositorischen Prozesses. In einem Brief an Erzherzog Rudolph vom 23. Juli 1815 erachtete er seine Arbeitsweise, die »ersten Einfälle gleich niederschreiben zu müssen, ohne daß sie wohl nicht öfters mißrieten«, als »üble Gewohnheit von Kindheit an«. Dank dieser »üblen Gewohnheit« ist auch heute noch anhand des Skizzenbuchs (das nach einem früheren Besitzer, dem niederösterreichischen Kassenbeamten Gustav Adolf Petter in Wien, *Pettersches Skizzen-*

buch benannt ist) die Entstehung der VII. Symphonie detailliert zu verfolgen. Außerdem belegen diese Skizzen Beethovens Äußerung: »wie ich gewohnt bin zu schreiben, auch in meiner Instrumentalmusik, habe ich immer das Ganze vor Augen«. Denn bereits auf den ersten Seiten des Skizzenbuchs findet sich motivisches Material zu allen vier Sätzen der Symphonie. Dazwischen sind Ideen und Begleitfiguren zur Orchestrierung der Bühnenmusik *Die Ruinen von Athen* (op. 114) eingeschoben. Beethoven begann also seine VII. Symphonie, während er noch mit den letzten Arbeiten zu den *Ruinen von Athen* beschäftigt war, insbesondere mit deren Ouvertüre. 1984 hat der amerikanische Musikwissenschaftler John K. Knowles die zahlreichen Skizzenblätter chronologisch geordnet, entziffert und den einzelnen Sätzen der VII. Symphonie zugeordnet. Er wies zugleich nach, daß sich das fast fertige Werk *Die Ruinen von Athen* auf die neu entstehende Komposition der VII. Symphonie auswirkte: Zum einen übernimmt Beethoven den symphonischen Einstieg einer »langsamen Einleitung«, die für seine Ouvertüren – so auch für die der *Ruinen von Athen* – charakteristisch ist, zum anderen findet sich eine motivische Parallele zwischen beiden Werken. Aber von Bedeutung sind weniger die direkten Bezüge als die dadurch gewonnenen Erkenntnisse über Beethovens Arbeitsweise.

*

Die ersten 62 Takte der VII. Symphonie mit der Tempobezeichnung *poco sostenuto* gehen weit über die traditionelle Aufgabe einer »langsamen Einleitung«, einen Raum der Konzentration zu schaffen und somit aus der Stille zum Eigentlichen (*Vivace*) hinzuführen, hinaus. Beethoven läßt den Hörer zugleich am Entstehungsprozeß teilhaben: an der Herausbildung des den Kopfsatz beherrschenden, pulsierenden Rhythmus, der im Verlauf der langsamen Einleitung allmählich Gestalt annimmt und sich in den ersten vier Takten des *Vivace* endgültig konstituiert. Basis hierfür sind die Keimzellen der Musik, der Dreiklang als Akkord und – gebrochen – als melodisches Motiv sowie, diesem gegenübergestellt, die Tonskala.

Als Verquickung beider musikalischer Keimzellen und deren Weiterentwicklung ist die Melodie der Oboen (Takt 23) anzusehen, die erstmals den satzbeherrschenden Rhythmus ins Spiel bringt. Gleichsam unterstrichen wird dies durch die Tonrepetitionen von zweiter Oboe, Klarinetten, Fagotten und Bratschen: Hier macht Beethoven deutlich, daß nicht die melodische, sondern die rhythmische Struktur für den weiteren Verlauf des Satzes entscheidend sein wird:

Das e, gemeinsamer Ton von Tonika und Dominante und von Anfang an auffallend präsent, gewinnt in den letzten zehn Takten der langsamen Einleitung dadurch zentrale Bedeutung, daß es vom gesamten Orchester – von der Flöte bis zum Kontrabaß – im Unisono und Fortissimo aufgegriffen und dann im Dialog zwischen Violinen und hohen Holzbläsern beharrlich wiederholt wird: Da das Geschehen wie unter einem Brennglas gebündelt wird, muß sich die Konzentration des Hörers geradezu zwangsläufig auf den entstehenden Rhythmus richten, der nun in permanenter Wiederholung und durch Takt- und Tempowechsel (vom 4/4 der langsamen Einleitung zum 6/8 des *Vivace*) in Schwung kommt:

Die insistierenden Tonwiederholungen lösen einen unwiderstehlichen Sog aus, von dem schließlich das gesamte Orchester ergriffen wird. Erst nachdem sich der Rhythmus manifestiert hat (in den ersten vier Takten des *Vivace*), erklingt das Hauptthema (T. 67 ff.), in dem sich die pulsierende Bewegung melodisch spiegelt:

Das erste Auftreten des Themas in den Flöten wirkt tänzerisch leicht zu den rhythmischen Akzenten der Streicher. Eine Fermate auf der Dominante läßt noch einmal innehalten, bevor die Streicher mit einem rasanten Auftakt ein Orchestertutti einleiten: Nun erscheint das Thema in anderem Licht, nämlich machtvoll, fast stampfend. Für den Dirigenten und Musikwissenschaftler Peter Gülke wirkt dieser »raketenhaft auffahrende Auftakt« wie die »Verkörperung des auf die Massen überspringenden Funkens, und zugleich als herrische Gebärde« (Gülke 1971, S. 354). Beethoven läßt das Orchester nach erreichten Kulminationspunkten mehrmals verharren: auf Generalpausen und auf Fermaten oder durch eine Art musikalischen »Auf-der-Stelle-Tretens«, indem er zur kleinsten melodischen oder rhythmischen Einheit zurückkehrt, um dann – nach einem Atemholen – das symphonische Feuer wieder neu zu schüren. Zugleich dämpft Beethoven an diesen Stellen die Dynamik zum Pianissimo ab, damit in weiten Crescendobögen das Fortissimo wieder erreicht werden kann. Zum dynamischen Crescendo kommt ein orchestrales Crescendo hinzu, ein sukzessives Anwachsen des Orchesterapparates, wodurch sich der dynamische Effekt potenziert.

Auch wenn in der Durchführung das Thema »traditionell« weit entlegene Tonarten durchläuft und ihm imitierende wie kontrastierende Stimmen gegenübergestellt werden, bleibt die Vorherrschaft des Rhythmus erhalten. Zu Beginn der Reprise läßt Beethoven – die Hörerwartung nicht sofort erfüllend – den »raketenhaft« auffahrenden Auftakt zunächst ins Leere laufen (T. 275 f.), um dann mit Fortissimo-Wucht und vor allem mit Unterstützung der Trompeten und Pauken eine noch vehementere Wirkung zu erzielen. Daß keine Einförmigkeit eintritt, gelingt Beethoven durch immer neues spannungsvolles Hinführen zum Grundrhythmus. Eine letzte Steigerung dieser Idee findet sich erwartungsgemäß in der Coda: Die tiefen Streicher – Bratschen, Celli und Kontrabässe – wiederholen zehnmal ein zweitaktiges Motiv (T. 401ff.); darüber legt Beethoven noch einmal sein Prinzip des langsam anwachsenden Orchestersatzes in Verbindung mit einem großen dynamischen Crescendo dar – noch ohne den Grundrhythmus einzubeziehen. Weiterhin verschaffen die Violinen in Korrespondenz zur langsamen Einleitung dem Ton e neuerlich Bedeutung. Diese zwanzig Takte Crescendo über einem Basso ostinato – also Spannungszunahme über einem harmonischen und melodischen »Auf-der-Stelle-Treten« – münden schließlich in den Grundrhythmus, der vom gesamten Orchester gleichzeitig aufgegriffen wird, um nun den Satz ungebremst im Fortissimo-Wirbel unter machtvoller Verwendung der Pauken zu beenden.

*

Bei den ersten Aufführungen der VII. Symphonie wurde der 2. Satz (*Allegretto*) vom Publikum »da capo« verlangt. Die außerordentliche Wirkung dieses oft als Trauermarsch bezeichneten Satzes in a-Moll geht zunächst von seinem sonderbaren Anfang und Schluß aus, die nach der strengen Tonsatz-Theorie als regelwidrig empfunden werden mußten: Beethoven läßt das *Allegretto* mit einem Quart-Sext-Akkord, der »normalerweise« nur als Durchgangsakkord verwendet werden durfte, beginnen und enden. Eine bedeutende Funktion des Quart-Sext-Akkords ist, die Kadenz im Instrumentalkonzert zu eröffnen: Er fungiert als eine Art musikalischer »Doppelpunkt«, worauf der Solist Raum zur Improvisation über das Thema erhält. Im 2. Satz der VII. Symphonie indessen erscheinen die rahmenden Quart-Sext-Akkorde, wenn man auch hier einen Begriff der Interpunktion heranziehen will, wie »Anführungszeichen«, zwischen die Beethoven Hervorgehobenes gesetzt hat.

In der Tat bildet dieser Satz der VII. Symphonie, die von Richard Wagner als »Apotheose des Tanzes« bezeichnet wurde, wegen seiner verhaltenen, melancholischen Stimmung einen starken Kontrast zum Scherzo und den beiden Ecksätzen. Wolfgang Osthoff ging in seinem Aufsatz »Zum Vorstellungsgehalt des Allegrettos in Beethovens 7. Symphonie« der poetischen Idee dieses Satzes nach. Er stellte den gemessen schreitenden Rhythmus, der neben den Quart-Sext-Akkorden eine unerhörte Suggestivkraft ausübt, in Zusammenhang mit der Litaneiformel »Sancta Maria, ora pro nobis«, genau genommen mit deren rhythmischem Modell. Zudem verglich er das Crescendo und Decrescendo des Satzes mit dem Näherkommen und Sich-Entfernen einer Prozession. Gleichzeitig aber gab er mit Recht zu bedenken, daß »die poetische Idee (...) als auslösend gedacht (wird), d.h. die Komposition anregend, welche dann mehr oder weniger ihren eigenen musikalischen Gesetzen folgt«.

Anders als im Kopfsatz, in dem Beethoven den Rhythmus erst »entstehen« läßt, wird im 2. Satz der Rhythmus als feste Größe vorgegeben. In klarer Gliederung verläuft dieser Satz – zumindest am Anfang: Die kleinste rhythmische Einheit umfaßt zwei Takte, die sich viermal mit einbezogener Schlußwendung aneinanderreihen (und – wenn man will – die auf den Rhythmus zurückgeführte Sprache »Sancta Maria, ora pro nobis« darstellen). 24 Takte bilden eine Gruppe, die das Thema und jeweils die folgenden drei Variationen umfaßt. In nahezu hundert Takten vor dem Mittelteil bleibt der Rhythmus unverändert; aber die Variationen lassen über trancehaftem Schreiten – sei es nun Prozession oder Trauermarsch – keine Langatmigkeit aufkommen:

Nach dem Studium der Skizzen zum 2. Satz schrieb Sieghard Brandenburg, daß sich in den Aufzeichnungen Beethovens »recht bald (...) die Idee (kristallisiert), eine Reihe von ›cantus-firmus‹-Variationen an den Anfang vor Eintritt einer freien Episode zu stellen. Beethoven gestaltet sie nach verschiedenen, zunächst voneinander unabhängigen Prinzipien, die durchaus konventionell zu nennen sind: Klang- und Lagenwechsel, Veränderung der Stimmenzahl und damit verbunden der Lautstärke, Beschleunigung der Begleitstimmen«. Im Grunde greift Beethoven das Mittel des dynamischen und orchestralen Crescendo, das schon die Entwicklung des 1. Satzes prägt, nochmals auf. Die Variationen stellen sich daher »als entwickelnde Aufschichtung, als substanzvermehrender Prozeß dar, nicht als Wiederkehr von Gleichem in jeweils veränderter Einkleidung, sondern als steigernde Entfaltung« (Gülke 1971, S. 349).

Der lyrische trioartige Mittelteil (A-Dur) des Satzes mit seiner fließenden Triolenbewegung in den ersten Violinen ist ebenso gekennzeichnet vom rhythmischen Grundschema: Hiervon erscheint allerdings nur der erste Takt, dieser jedoch in durchgehender Folge eines Ostinato.

Karl Nef hat in seiner Analyse dieses Satzes auf die Verwandtschaft der Melodie von Klarinette und Fagott mit dem Beginn des Terzetts Nr. 13 aus dem 2. Akt des *Fidelio* hingewiesen: auf Florestans Worte »Euch werde Lohn in bessern Welten, der Himmel hat Euch mir geschickt«, zu denen auch die Tonart A-Dur erklingt. Der Umkehrschluß, daß hier eine ähnliche musikalische Phrase eine ähnliche poetische Idee birgt, der Mittelteil des *Allegretto* also den »Lohn in bessern Welten« oder – wie Anton Schindler es später beschreibt – »Trost« verspricht, mag zunächst spekulativ erscheinen, kann aber durch die bereits angesprochene Studie Wolfgang Osthoffs verschiedentlich gestützt werden: Er stellt solche »Demuts- und Dankhaltung« in den Kontext des »Litaneisingens« beziehungsweise der »Prozession« und verweist auf vergleichbare Stellen in Beethovens Schaffen sowie auf Äußerungen Beethovens selbst, die eine solche poetische Idee erkennen lassen.

Aus der verklärten Dur-Stimmung, deren Dissonanzen aber die »Realität« des »Trauermarsches« nicht vergessen machen, reißt ein herber Übergang, vom Pianissimo zum Fortissimo, der zum A-Teil zurückführt. Auf eine weitere Variation folgt ein durchführungsartiges Fugato, eine »freiere Episode«, die an die alte Form der Alleluja-Fuge erinnert (Osthoff, S. 172).

Ein zweites Mal erklingt, leicht abgewandelt, der trioartige Dur-Teil, der ähnlich abrupt wie zuvor wieder zum Moll-Abschnitt leitet: Während die Streicher fast nur noch Pizzicato-Akzente setzen, wird das Thema, reduziert auf den Rhythmus, zwischen den Bläsern aufgeteilt. Das *Allegretto*, das Beethoven später lieber als *Andante quasi Allegretto* gespielt haben wollte, weil er es meist als zu schnell interpretiert empfand, verhallt im Pianissimo.

*

Nach dem fahlen Schluß des *Allegretto*, verstärkt durch den unaufgelösten Quart-Sext-Akkord, vermittelt der polternde Beginn des Scherzos (*Presto*) die aufgesetzte Freude eines hinter dem Leben Herhetzenden. Die ersten vier Takte des *Presto* stellen sich als Abwandlung des Oboenthemas der langsamen Einleitung dar, wie John K. Knowles in seinen Skizzenstudien darlegte (S. 63 ff.). Dabei steht jedoch nicht eindeutig fest, ob Beethoven dieses Motiv anfangs im Kopfsatz verarbeiten wollte oder bereits parallel zur langsamen Einleitung motivisches Material für das Scherzo notierte. Letzteres erscheint aber durchaus plausibel. Daß Beethoven erste Ideen in A-Dur – der Tonart des 1. Satzes – skizzierte, widerlegt diese Annahme nicht, da er üblicherweise auch das Scherzo einer Symphonie in deren Grundtonart schrieb. Weil jedoch der 2. Satz in a-Moll steht, bevorzugte Beethoven wohl der Abwechslung wegen die Tonart F-Dur. Doch bleibt er seiner ursprünglichen Intention insofern treu, als er schon bald nach A-Dur moduliert und der Ton a auch im Trio (D-Dur) vorherrschend ist.

Bevor das eigentliche (heitere) Thema des Scherzos einsetzt, bedarf es jedoch eines zweitaktigen Forte-Aufschwungs, der im starken Kontrast zum vorangegangenen »Trauermarsch« steht:

Die freudige Grundstimmung hält nicht lange an, scheint daher nur aufgesetzt zu sein. Bald schon verebbt die thematische Fortschreitung (T. 32 ff.), erschöpft sich in zahlreichen Wiederholungen (Pianissimo), die in keiner Stimme fortgesetzt werden und denen Unschlüssigkeit, in welcher Richtung es weitergehen soll, anhaftet. Allein das Anfangsmotiv vermag dem Satz neuen Impuls zu geben. Darin zeigt sich Beethovens subtiler Humor: Das bloße Motiv als machtvoll dreinschlagendes Orchestertutti zwischen den Pianissimo-Wiederholungen erhält noch keinerlei Überzeugungskraft, dagegen setzt es sich im Piano und versehen mit der Vorschrift »dolce« (zart) durch. Hieraus gestaltet sich das weitere musikalische Geschehen; es gipfelt in der orchestralen Auffächerung des Themas. Doch auch diese Passage führt nicht weiter, und selbst mehrfaches Ansetzen des ursprünglich starke Impulse auslösenden Motivs erlahmt auf dem Halteton a, der – in den Violinen oktaviert, während die anderen Streicher pausieren – zum Bordun des Trios wird. Darüber erklingt eine Melodie der Holzbläser und Hörner, laut Abbé Stadler (Thayer, S. 302) einen niederösterreichischen Wallfahrergesang zitierend.

Das Scherzo ist fünfteilig gebaut (A-B-A-B-A), doch beinahe leitet das *Presto* (A) nochmals zum *Assai meno presto* (B) über (T. 641–653): Nach dem charakteristischen Halteton auf a setzt das Orchester »gewohnheitsmäßig« mit dem ersten Motiv des Trios an. Doch der »Irrtum« wird schnell erkannt: Das Motiv wandelt sich nach Moll, und im Fortissimo läßt Beethoven mit fünf Orchesterschlägen den Satz schnellstmöglich enden. Robert Schumann fand dazu das treffende Bild: »Man sieht den Komponisten ordentlich die Feder wegwerfen.«

*

Daß komponierende Zeitgenossen über die VII. Symphonie entrüstet waren, beruht in der Hauptsache auf ihrem ungezügelten Finale (*Allegro con brio*). Carl Maria von Weber soll angeblich nach einer Aufführung des Werks Beethoven »reif fürs Irrenhaus« erklärt haben; und Clara Schumanns Vater Friedrich Wieck war »der Meinung, daß diese Sinfonie nur im unglücklichen – im trunkenen Zustande komponiert sein könne, namentlich der erste und letzte Satz«.

Nach dem Scherzo treibt Beethoven im Finale den Tanzcharakter seiner Symphonie mit Ingrimm auf die Spitze, zu einer – man könnte sagen »selbstverordneten« – Ausgelassenheit, die sich nicht am gehobenen Tanz orientiert, sondern an derbem Volksbrauchtum. Vielfach wurde der Beginn des Finales als folgerichtige Fortführung des *Allegretto* mit seinem Quart-Sext-Akkord auf e empfunden, da der Schlußsatz zunächst diesen Ton aufgreift, um vom Grundton der Dominante zur Tonika A-Dur zu leiten. Desweiteren läßt sich der in den ersten vier Takten vorgegebene Grundrhythmus als eine ins Groteske verzerrte Übernahme des »Trauermarsch«-Rhythmus interpretieren, der sich nicht nur wegen der kleineren Notenwerte, sondern auch wegen des schnelleren Grundtempos zum orchestralen Trommelwirbel verkürzt – ein rhythmisches Modell, das in den vier Einleitungstakten als Grundrhythmus des Finales vorgestellt wird:

Martin Geck weist in seinem Buch *Von Beethoven bis Mahler* darauf hin, daß »die Verkündung des Ethos«, wie dies für die Finali der *Eroica* und *Pastorale* sowie der V. und IX. Symphonie charakteristisch ist, dem Finale der VII. Symphonie fehlt: »mit seinem Hauptthema (...) wendet es sich eher an die Sinne als an den Geist, fordert eher zum Sich-Gehenlassen als zur Sammlung auf, ist eher auf körperlichen Ausdruck denn auf innere Sublimierung gerichtet.«

Das Thema – eine dreimal ansetzende, den Quartraum umfassende Spielfigur mit abschließendem Sextsprung aufwärts – erhält auf den schwachen Taktteilen starke Sforzato-Akzente, die dem natürlichen musikalischen Empfinden seltsam entgegengesetzt erscheinen. Von allen Stimmen ausgeführt, geben sie dem Thema einen aggressiven Tonfall. Viel ist bereits über die musikalischen Quellen des Finales geschrieben worden: Ob nun das irische Volkslied *Nora Creina* – Beethoven hat es als Klavierlied bearbeitet –, »Csárdás«-Rhythmen oder der Revolutionsmarsch *Le Triomphe de la République* von François Joseph Gossec (Geck, S. 61f.) als Vorlage dienten, läßt sich nicht zweifelsfrei belegen. Doch bietet der Revolutionsmarsch vor dem Hintergrund der politischen Situation um 1811/1812 mit dem Niedergang der Napoleonischen Herrschaft am ehesten einen Interpretationsansatz.

Nicht weniger laut und heftig tritt im Fortissimo-Staccato der Bläser ein kontrastierendes Thema auf, das nach vier Takten wieder in den Grundrhythmus mündet. Manches im kompositorischen Verlauf erinnert an die vorangegangenen Sätze, jetzt auf den 2/4-Takt übertragen: so das permanente Wiederholen eines rhythmischen Modells oder eine verzerrte Variante des »Wallfahrergesangs« aus dem 3. Satz:

Klar.

Vl.

Karikiert Beethoven hier nicht seine ursprünglichen Intentionen, indem er sie im Finale gegen den Strich bürstet? Das derwischartige Kreisen um das Thema, der rasante Aufbau immer neuer vom Rhythmus durchdrungener Klangmassen, heftig skandiert und angestachelt von der Pauke, das Ausreizen der Dynamik bis zum dreifachen Forte war dergestalt in Beethovens Symphonien noch nicht zu finden. Die bis zum Exzeß geführte Ausgelassenheit in der Verarbeitung des Tonmaterials veranlaßte den Musikwissenschaftler Hans Mersmann dazu, das Finale als »Chaos, tönend gemachte, formlose Urkraft« zu bezeichnen.

*

Am 8. Dezember 1813 wurde die VII. Symphonie zum ersten Mal im großen Redoutensaal der Wiener Universität unter Beethovens Leitung aufgeführt – mit einem erstaunlich großen Klangkörper, wie dies Beethoven in seinem Tagebuch festhielt: »Bey meiner letzten Musik im großen Redou=tensaal hatten sie 18 Violin prim, 18 [Violin] secund, 14 Violen, 12 Violoncelle, 7 Contrabässe, 2 Contrafagotte«. Damit dieses Konzert veranstaltet werden konnte, hatte Beethoven, der sich in wirtschaftlichen Schwierigkeiten sah, Erzherzog Rudolph um Unterstützung gebeten: »Ich hoffte, daß wenigstens bis jetzt meine trüben Umstände sich würden erheitert haben, allein – es ist noch alles im alten Zustande, daher mußte ich den Entschluß fassen, zwei Akademien zu geben. Meine früheren Entschlüsse dergleichen bloß zu einem wohltätigen Zweck zu geben, mußte ich aufgeben, denn die Selbsterhaltung heischt es nun anders. – Der Universitätssaal wäre am vorteilhaftesten und ehrenvollsten für mein jetziges Vorhaben, und meine gehorsamste Bitte besteht darin, daß I. K. H. die Gnade hätten, nur ein Wort an den dermaligen rector magnificus der Universität durch den Baron Schweiger gelangen zu lassen, wo ich dann gewiß diesen Saal erhalten würde.« Beethovens Beziehungen nützten ihm: Die beiden geplanten Konzerte konnten stattfinden, und er erlebte damit einen seiner bedeutendsten Triumphe. Doch in der Zeit des größten Erfolgs hatte der Komponist der VII. Symphonie, dieser »Apotheose des Tanzes«, zugleich niederschmetternde Schicksalsschläge zu ertragen: Neben pekuniären Sorgen machten ihm Krankheit und zunehmende Taubheit zu schaffen. Den rapiden Verfall seines Gehörs versuchte er mit den »Ohrenmaschinen« des erfindungsreichen Johann Nepomuk Mälzel, der auch das Metronom entwickelt hatte, hinauszuziehen. In sein Tagebuch notierte Beethoven: »Die Ohrenmaschine könnte so seyn, daß (...) sich der Schall rund um das Ohr fortpflanzte, um auf diese Weise gegen alle Oeffnungen hören könnte.« Viel gewann er allerdings mit diesen Hörhilfen nicht; wenige Jahre später waren seine Freunde und Gäste gezwungen, Konversationshefte zu führen, wenn sie mit ihm »sprechen« wollten.

Um 1812 erlebte Beethoven mit der »Unsterblichen Geliebten« zudem eine letzte leidenschaftliche Liebesbeziehung. Der berühmte, nicht adressierte Brief vom 6./7. Juli 1812, zwischen Melancholie und Freude schwankend, endet mit den Worten »ewig dein – ewig mein – ewig unß«. Bald danach muß diese Freundschaft auseinandergebrochen sein; Beethoven begrub damit auch seinen Wunsch nach familiärer Geborgenheit. Möglicherweise spiegeln die Lieder *An die Hoffnung* (op. 94), *Die laute Klage* (WoO 135), *An die Geliebte* (WoO 140), *Sehnsucht* (WoO 146) und der Liederkreis *An die ferne Geliebte* (op. 98) seine damalige Lebenssituation. Dem Tagebuch vertraute Beethoven 1812 seinen Gemütszustand an: »Ergebenheit, innigste Ergebenheit in dein Schicksal, (...) Du darfst nicht *Mensch* seyn, *für dich nicht, nur für andre*; für dich gibts kein Glück mehr als in dir selbst in deiner Kunst – o Gott! gib mir Kraft, mich zu besiegen, mich darf ja nichts an das Leben fesseln.« Im Mai 1813 notierte er: »o Gott, Gott[,] sieh' auf den unglücklichen B. herab[,] laß es nicht länger so dauern –«.

Dokumente

»*Ich schreibe drei neue Symphonien, wovon eine bereits vollendet. Habe auch für das Ungarische Theater etwas geschrieben. Aber in der Kloake, wo ich mich hier befinde, ist das alles so gut wie verloren. Wenn ich mich nur nicht selbst ganz verliere.*«
(Brief an Breitkopf & Härtel, Mai 1812)

»*Ich halte es für meine Pflicht, allen den verehrten mitwirkenden Gliedern der am 8. und 12. Dezember gegebenen Akademie [in der erstmals die VII. Symphonie und ›Wellingtons Sieg‹ aufgeführt wurden] zum Besten der in der Schlacht bei Hanau invalid gewordenen Kaiserl. österr. und Kgl. Bayer. Krieger, für ihren bei einem so erhabenen Zweck dargelegten Eifer zu danken. (...) Wenn Herr Schuppanzigh an der Spitze der ersten Violine stand und durch seinen feurigen ausdrucksvollen Vortrag das Orchester mit sich fortriß, so scheute sich ein Herr Oberkapellmeister Salieri nicht, den Takt den Trommeln und Kanonaden zu geben; Herr Spohr und Herr Mayseder, jeder durch seine Kunst der obersten Leitung würdig, wirkten an der zweiten und dritten Stelle mit, und Herr Siboni und Giuliani standen gleichfalls an untergeordneten Plätzen. Mir fiel nur darum die Leitung des Ganzen zu, weil die Musik von meiner Komposition war; wäre sie von einem anderen gewesen, so würde ich mich ebenso gern wie Herr Hummel an die große Trommel gestellt haben, da uns alle nichts als das reine Gefühl der Vaterlandsliebe und des freudigen Opfers unserer Kräfte für diejenigen, die uns so viel geopfert haben, erfüllte.*«
(Danksagung Beethovens für das Intelligenzblatt der Wiener Zeitung, 1813)

»*... die große Symphonie in A als eins der glücklichsten Produkte meiner schwachen Kräfte ...*«
(Beethoven an Nikolaus von Zmeskall, Januar 1815)

»*Die neuen Compositionen Beethoven's gefielen außerordentlich, besonders die Symphonie in A-dur (die siebente); der wundervolle zweite Satz wurde da capo verlangt; er machte auch auf mich einen tiefen, nachhaltigen Eindruck. Die Ausführung war eine ganz meisterhafte, trotz der unsicheren und dabei oft lächerlichen Direktion Beethoven's.*

Daß der arme, taube Meister die piano seiner Musik nicht mehr hören konnte, sah man ganz deutlich. Besonders auffallend war es aber bei einer Stelle im zweiten Theile des ersten Allegro der Symphonie. Es folgen sich da zwei Halte gleich nach einander, von denen der zweite pianissimo ist. Diesen hatte Beethoven wahrscheinlich übersehen, denn er fing schon wieder an zu taktiren, als das Orchester noch nicht einmal diesen zweiten Halt eingesetzt hatte. Er war daher, ohne es zu wissen, dem Orchester bereits zehn bis zwölf Takte vorausgeeilt, als dieses nun auch, und zwar pianissimo begann. Beethoven, um dieses nach seiner Weise anzudeuten, hatte sich ganz unter dem Pulte verkrochen. Bei dem nun folgenden crescendo wurde er wieder sichtbar, hob sich immer mehr und sprang hoch in die Höhe, als der Moment eintrat, wo, seiner Rechnung nach, das forte beginnen mußte. Da dieses ausblieb, sah er sich erschrocken um, starrt das Orchester verwundert an, daß es noch immer pianissimo spielte, und fand sich erst wieder zurecht, als das längst erwartete forte endlich eintrat und ihm hörbar wurde.«
(Louis Spohr in seiner Autobiographie von 1860)

»Einen der interessantesten und höchsten Genüsse erhielten die Freunde der Tonkunst am 8ten und 12ten [Dezember] durch Veranstaltung eines Concerts im grossen Saale des neuen Universitäts-Gebäudes. (...) Die dabey vorgekommenen Musikstücke waren: 1) Eine ganz neue Symphonie (A dur) von Hrn. L. van Beethoven. 2) Zwey Märsche für die Trompete von Dussek und Pleyel, mit Begleitung des ganzen Orchesters (...) 3) Eine grosse Instrumental-Composition von Hrn. van Beethoven, benannt: ›Wellingtons Sieg in der Schlacht bey Vittoria‹, wovon der erste Theil die Schlacht, der zweyte die Sieges-Symphonie ausmacht. Längst im In- und Auslande als einer der grössten Instrumental-Componisten geehrt, feyerte bey diesen Aufführungen Hr. v. B. seinen Triumph. (...) Vor allem verdiente die neue, zuerst genannte Symphonie jenen grossen Beyfall und die ausserordentlich gute Aufnahme, die sie erhielt. Man muss dies neueste Werk des Genie's B.s selbst, und wol auch so gut ausgeführt hören, wie es hier ausgeführt wurde, um ganz seine Schönheiten würdigen und recht vollständig geniessen zu können. Ref. hält diese Symphonie, nach zweymaligem Anhören, (...) für die melodiereichste, gefälligste und fasslichste unter allen B.schen Symphonien. (...) Das Andante (A moll)

musste jedesmal wiederholt werden und entzückte Kenner und Nichtkenner.«
(Allgemeine musikalische Zeitung, 26. Januar 1814, Spalte 70)

»Mir ist das geistige Reich das liebste«
Beethoven und der Wiener Kongress

»Der Busen pocht! die Zunge stammelt! Europa bin ich, nicht mehr eine Stadt!« läßt Aloys Weißenbach die allegorische Figur Vienna ausrufen. Der ehemalige Professor der Chirurgie und Oberwundarzt Weißenbach entwarf 1814 das umfangreiche Gedicht *Der Glorreiche Augenblick* zu Ehren der Stadt Wien, die für mehrere Monate, nämlich von September 1814 bis Juni 1815, zum politischen Mittelpunkt Europas aufgestiegen war. In bildreichen und behäbigen Versen verherrlicht er Wien als »lichtumflossene, hehre Gestalt« und preist den Wiener Kongreß als »Glorreichen Augenblick« der Geschichte. Eine pathetische Beschreibung der hohen Aristokratie mündet in einer artigen Verbeugung Viennas: »Alle Herrscher darf ich grüssen, alle die Völker freundlich küssen.«
Diese eigenartige Poetisierung der politischen Vorgänge mit umfangreicher Adelshuldigung zog Ludwig van Beethoven noch im selben Jahr 1814 als Textvorlage zu einer Kantate für Solisten, Chor und Orchester (op. 136) heran. Daß gerade er zu solch einem Werk griff, um es in Musik zu setzen, erstaunt zunächst. Immerhin hatte ihn Goethe zwei Jahre zuvor noch als »ganz ungebändigte Persönlichkeit« charakterisiert – gerade was seine Haltung dem Adel gegenüber anbelangte; Beethoven andererseits, der Goethes Dichtungen verehrte, kritisierte dessen Unterwürfigkeit: »Göthe behagt die Hofluft zu sehr, mehr als es einem Dichter ziemt.«
Und nun komponierte Beethoven die Musik zum *Glorreichen Augenblick*, zudem nicht das einzige Werk dieser Art während des Wiener Kongresses. Vor dieser Kantate hatte er bereits zu Georg Friedrich Treitschkes Singspiel-Pasticcio *Die gute Nachricht* den Schlußgesang für Baßstimme, Chor und Orchester

»Germania, wie stehst du jetzt im Glanze da« (WoO 94) vertont, der den Einzug Blüchers in Paris vom 31. März 1814 heroisiert; und Ende September 1814 vollendete er den *Chor auf die verbündeten Fürsten* (Text von Carl Joseph Bernard): »Ihr weisen Gründer glücklicher Staaten, neigt euer Ohr dem Jubelsang« (WoO 95). Eine weitere »Gelegenheits-Komposition« war allerdings über die Skizzierung nicht hinausgekommen: *Europens Befreyungsstunde. Vierstimmiger Gesang*. Wieder war vermutlich Bernard für den Text verantwortlich gewesen, dessen Anfang hier zitiert sei: »Nach Frankreichs unheilvollem Sturz, des Gottverlassenen / Erhob sich auf den blutigen Trümmern ein düster Schreckensbild / Gigantisch hoch empor, die Geieraugen weithin nach Raube drehend / Mit starker Hand schwingend die eherne Sklavengeißel!«

Da die Zensurbehörde einer Aufführung nicht zugestimmt hatte, erübrigte sich für Beethoven die weitere Arbeit daran, und er wandte sich dem *Glorreichen Augenblick* zu. Zwei Gründe sind denkbar, warum Beethoven, der für Goethes *Egmont* eine Schauspielmusik geschrieben hatte, nun solch schlichte Poesie in Musik setzte: Zum einen dürfte die politisch brisante Situation, Napoleons kometenhafter Aufstieg und die durch ihn hervorgerufenen europäischen Umwälzungen, neuerlich starke patriotische Gefühle in ihm erzeugt haben, die sich dergestalt äußern mußten; zum zweiten versuchte Beethoven während des Wiener Kongresses, die Aufmerksamkeit der fürstlichen Gäste auf sich zu lenken – in der Hoffnung, neue Gönner zu finden. Denn die ihm lebenslang gewährte finanzielle Absicherung von jährlich 4000 Gulden, die von Erzherzog Rudolph und den Fürsten Lobkowitz und Kinsky im Jahre 1809 vertraglich festgesetzt worden war, erwies sich seit Einführung des Finanzpatents von 1811 als nicht mehr in der ursprünglichen Höhe gesichert; weiterhin fielen durch den Tod Kinskys und den in Zahlungsschwierigkeiten steckenden Lobkowitz zwei der Geldgeber zunächst aus. Um der existentiellen Unsicherheit zu begegnen, sah sich Beethoven veranlaßt, auf juristischem Wege den Verfall des Vertrages anzufechten (wie sein Briefwechsel mit dem Advokaten Johann Kanka belegt), dann auch, sich nach neuen Geldgebern umzusehen. Unter den von Kaiser Franz I. und seinem geschickten Diplomaten Klemens Wenzel von Metternich eingeladenen Monarchen und bedeutenden Staatsmännern konnte sich durchaus ein neuer

»Mäzenas« für Beethoven befinden: Vertreter von annähernd 200 Staaten, Städten, Herrschaften und Körperschaften waren nach Wien gekommen; zu den bedeutendsten zählten Kaiser Alexander I. (Zar aller Reußen), König Friedrich Wilhelm III. von Preußen, außerdem die Könige von Bayern, Württemberg, Sachsen und Dänemark sowie Karl August Fürst von Hardenberg und Wilhelm Freiherr von Humboldt als Vertreter Preußens, Viscount Castlereagh, der englische Gesandte, und Charles-Maurice de Talleyrand-Périgord, der Außenminister Frankreichs.

Schon im September 1814 trug sich Beethoven daher mit dem Gedanken, im Rahmen des Kongresses ein Konzert zu veranstalten, und rechnete mit Unterstützung vom Hofe, wie aus dem Brief vom 21. September an den Grafen Moritz Lichnowsky hervorgeht: »Ich komme bald in die Stadt, wo wir alles überlegen wollen wegen einer großen Akademie. Mit dem Hof ist nichts anzufangen, ich habe mich angetragen, – allein

Wien stand bereits unter dem Eindruck des Kongresses, der sich nun viele Monate hinziehen sollte: In langwierigen Unterredungen, behindert durch zahllose Intrigen, ausgeforscht durch einen umfangreichen Geheimdienstapparat, entwarfen die Staatsmänner und Monarchen die »Grundlage für die neue politische Gestaltung Europas«, wie das Conversations-Lexikon von 1830 zusammenfaßt. Darin heißt es weiter: »Es wurde eine Aristokratie der Hauptmächte gebildet. (...) Sie bildet gewissermaßen einen europäischen Senat, der als vermittelnde Behörde den allgemeinen Frieden durch das Prinzip der Stabilität der auf dem Wiener Congresse geordneten Staatenverhältnisse zu erhalten bemüht ist.«

Zunächst wurde Frankreichs Eroberungspolitik eingedämmt, dann über die Zukunft von Polen und Sachsen bestimmt, und schließlich wurden die inneren Verhältnisse des deutschen Bundes geklärt. Ganz prophetisch klingt diesbezüglich die Äußerung Talleyrands in einem Brief an König Ludwig XVIII.: »Die Germanomanen – deutsche Einheit, das ist ihr Schrei, ihre Doktrin, ihre Religion, die sie mit wahrem Fanatismo bekennen. Wer kann die Folgen berechnen, wenn eine Masse wie die deutsche, zu einem einzigen Ganzen gemischt, aggressiv würde? Wer kann sagen, wo eine solche Bewegung haltmachen würde?« (Spiel, S. 66). Neben den zu entscheidenden Territorialfragen wurde auf dem Wiener Kongreß übrigens auch die Abschaffung des Sklavenhandels erörtert. Gleichermaßen Hauptsache waren die inszenierten Vergnügungen, wie Schlittenfahrten, Jagden, Volksfeste, Feuerwerke und Karussellfahrten, zu denen das Volk anfangs bereitwillig die Statisterie bildete. Später allerdings, nachdem die Lebenshaltungskosten enorm gestiegen waren und die monatelangen Verhandlungen nicht von Erfolg gekrönt schienen, beurteilte es das luxuriöse Kongreßgebaren distanzierter. Spiegel der Volksmeinung waren die Flugblätter *Eipeldauer*, in denen alle Themen auf wienerisch durch den Kakao gezogen wurden, etwa die Eßlust der Fürsten: »Weil hietzt d'Massacker, God Lob und Dank, mit'n Menschen a mal aufg'hört hat, so fangt hietzt der Krieg mit'n Ganseln, Anteln, Kapaunern, Fasanen, Ochsen, Kalbern, Lampeln, Wildschweinen, Hirschen, Rehen, Hasen, Schnepfen und Krankenwartern an, und da wird hietzt a schreckliche Konskriebierung in Tierreich ausg'schriebn, und da muß alles, was fliagt, kriecht und schwimmt, für'n allgemeinen Fried'n über d'Klingen springen.«

Die diplomatischen Geschäfte wurden also bevorzugt mit gesellschaftlicher Unterhaltung verknüpft, vor allem boten die Bälle das passende Ambiente zu den politischen Unterredungen und den schlau eingefädelten Intrigen. Die zahlreichen Feste sollen dem Wiener Hofe an die 30 Millionen Gulden Aufwand verursacht haben und wurden zum Markenzeichen des Wiener Kongresses – wie das Bonmot des Fürsten und Feldmarschalls de Ligne treffend ausdrückt: »Le Congrès danse et ne marche pas« (Der Kongreß tanzt und kommt nicht voran). Leichte Unterhaltung war gewünscht, dazu gehörten die Kokotten und der Tanz, vor allem der Walzer als verbindendes Element. »Alles (schwebte) im Taumel des Walzers bunt durcheinander«, notierte sich Graf Nostitz in seinen Lebenserinnerungen. Und weiter: »Man erholte sich nur an Quadrillen und Ekossaisen; jetzt fast nichts als Polonaisen, die von alten Damen mit den großen Herren durch die Reihe der Zimmer abgetanzt werden« (Spiel, S. 124).

Am 29. November 1814 fand mit Unterstützung des Erzherzogs Rudolph Beethovens erstes Konzert während des Kongresses statt. Da er, wie das Conversations-Lexikon seiner Zeit vermerkt, als »der größte neuere Instrumentalkomponist« angesehen wurde, galt die »Akademie« als Ereignis: Viele der Kongreßteilnehmer erschienen im großen Redoutensaal der Universität, um den dirigierenden Beethoven zu sehen und seine »neuesten« Werke zu hören. Der Buchhändler Carl Bertuch aus Weimar berichtete nach Hause: »Des Mittags 12 Uhr wurde Beethovens zweimal verschobenes Konzert gegeben [Beethoven hatte ›auf Wunsch Ihrer kaiserlichen Hoheit, der Großfürstin von Rußland‹ das Konzert verlegt]. 1. Eine neue Symphonie, die sich ebensowohl durch ihren Reichtum als Klarheit empfiehlt und eine neue herrliche Bereicherung dieses Musikfachs ist. [Obwohl die VII. Symphonie bereits ein Jahr zuvor erstmals aufgeführt wurde, warb Beethoven noch mit dem Zusatz ›neu‹] 2. Kantate, wovon der Text höchst mittelmäßig (*Der glorreiche Augenblick*). Die Komposition trefflich. (...) 3. *Die Schlacht von Vittoria*, ein kühnes musikalisches Charaktergemälde (...) Zweiter Teil: Siegessymphonie wurde hier unter Beethovens Direktion gegeben. Beethovens Direktion einzig. Die Außenwelt ist ihm zu schmal, er erstrebt Neues für sein Werk. Klein und Groß hebt und beugt er sich physisch. Die höchsten Herrschaften da: Kaiser Alexander, Kaiserin von Rußland, beide Großfürstinnen, König von Preußen (der aber nur den I. Teil abwartete), Prinz von Sizilien. Der Saal sehr voll« (Spiel, S. 173).

Nicht alle Zuhörer beurteilten Beethovens Konzert ebenso freundlich wie Bertuch, darf man dem Bericht eines Spitzels der Wiener Geheimpolizei Glauben schenken, der sich unter den Gästen umgehört hatte: »Die gestrige Akademie hat den Enthusiasmus für das Kompositionstalent des Herrn Beethoven auf keine Weise vermehrt. Es bilden sich wirklich Fraktionen pro und contra Beethoven. Gegenüber von Rasumowsky, (...) Kraft, welche Beethoven vergöttern, steht eine weit überzählende Majorität von Kennern, die von des Herrn Beethoven Kompositionen gar keine Musik hören wollen« (Spiel, S. 307f.).

Tags darauf beschrieb Beethoven seinen Zustand in einem Brief an Erzherzog Rudolph als »noch erschöpft von Strapazen, Verdruß, Vergnügen und Freude, alles auf einmal durcheinander«. Sein zweites Konzert vom 2. Dezember erzielte dann nicht den erwarteten Erfolg; es war auch bei weitem schlechter besucht als das vorausgegangene. Daher brachten beide Aufführungen zusammen keinen Gewinn für Beethoven – in einer Zeit der existentiellen Ängste bedeutete dies einen argen Rückschlag für ihn. Mehr denn je war er vom positiven Ausgang seiner Verhandlungen mit den Kinsky-Erben abhängig. So schrieb er entmutigt an seinen Advokaten Johann Kanka am 14. Januar 1815: »Ich muß, wenn die Sache so schlecht ausfällt, Wien verlassen, weil ich von diesem Einkommen nicht leben würde können; – denn hier ist es soweit gekommen, daß alles aufs höchste gestiegen und bezahlt werden muß; meine zwei letztgegebenen Akademien kosten mich 5108 fl. Wäre das großmütige Geschenk der Kaiserin [von Rußland] nicht – ich hätte beinahe nichts übrig behalten.«

Vermutlich hatte Beethoven im Grafen Rasumowsky, Widmungsträger der V. Symphonie, der *Pastorale* und der Streichquartette op. 59, einen Mentor bei der Zarenfamilie, der um die Nöte des Komponisten gewußt und vielleicht die finanzielle Unterstützung lanciert hatte. Lange währte dessen Förderung allerdings nicht, denn am 31. Dezember 1814 brannte das Palais Rasumowsky vollständig aus und wenige Wochen darauf verließ der mit dem Fürstentitel »ideell« entschädigte Rasumowsky Wien.

Beethoven bedankte sich für das Geschenk der russischen Kaiserin zunächst mit einer Polonaise (op. 89), die – wie andere Huldigungswerke – ganz dem Zeitgeschmack entsprach. (Die Tatsache, daß auf dem Kongreß die Teilung Polens zwischen Preußen und Rußland ein langwieriger Streitpunkt war, machte das Geschenk einer Polonaise an die Zarin recht delikat.) Seinem Freund Nikolaus von Zmeskall berichtete Beethoven im Januar 1815, »daß die Kaiserin mein kleines Opfer mit Wohlgefallen« aufgenommen hat. »Insofern ist mein höchster Wunsch erfüllt – aber wie sehr würde ich mich geehrt finden, wenn ich der Welt es bekannt machen könnte, Teil daran nehmen zu lassen (drücken Sie das alles besser aus) durch Vorsetzung ihres Namens usw. Da man die große Symphonie in A als eins der glücklichsten Produkte meiner schwachen Kräfte (sehr bescheiden ausdrücken) betrachten kann, so würde ich mir die Freiheit nehmen nebst der Polonaise auch diese im Klavierauszuge Ihrer Majestät vorzulegen. (...) Sollten Ihre Majestät mich wünschen spielen zu hören, wäre es mir die höchste Ehre; doch muß ich voraus um Nachsicht bitten, da ich mich seit mehrerer Zeit mehr bloß der Autorschaft im Schaffen widmete. Kein Geschenk usw.«

Vermutlich hat Zmeskall für Beethoven einen Brief an die Kaiserin mit dem Angebot der Widmung so formuliert, daß er seine Wirkung nicht verfehlte. Jedenfalls durfte Beethoven der Zarin den Klavierauszug seiner VII. Symphonie – nachdem auf der Partitur bereits der Graf Moritz von Fries als Widmungsträger vorgesehen war – zueignen, »eingerichtet für zwey Piano =Forte Ihrer Majestät der Kaiserinn Elisabeth Alexiewa, Selbstherscherinn aller Reussen &.&.&. in tiefster Ehrfurcht gewidmet«. Desweiteren – und dies wird dem bereits stark schwerhörigen Beethoven nicht leicht gefallen sein – spielte er am 25. Januar 1815, dem Geburtstag der russischen Kaiserin, vor einem illustren Publikum ein letztes Mal öffentlich Klavier: Er begleitete den Tenor Franz Wild zu seinem Lied *Adelaide* (op. 46). Mit welcher Haltung Beethoven solches »Anbiedern« ertrug, offenbart sein Tagebuch aus diesem Jahr: »Gegen alle Menschen äußerlich nie die Verachtung merken lassen, die sie verdienen, denn man kann nicht wissen, wo man sie braucht.«

Nicht nur vom russischen Adel erwartete sich Beethoven Aufmerksamkeiten finanzieller Art für Widmungen, sondern auch vom englischen Königshaus. Den Anlaß lieferte sein Werk *Wellingtons Sieg*, von dem – wie Beethoven an einen englischen Gesandten schrieb – »mehrere meiner verehrten Gönner und namentlich der verstorbene Fürst [Carl] von Lichnowsky, wie auch dessen noch lebende Frau Gemahlin [glaubten], daß es besonders in England eine gute Aufnahme finden müßte, weil es nicht nur einen ihrer größten Feldherrn den Herzog von Wellington feiere, sondern auch ein Ereignis verherrliche, das in der Geschichte Englands so glänzend aufgezeichnet und für die Befreiung von Europa so ruhmvoll ist.« Beethoven hatte die Partitur an den Prinzregenten [den späteren George IV.] geschickt. Im Juni 1815 (Napoleons »Herrschaft der Hundert Tage« nach seiner Rückkehr von Elba war gerade beendet) sah sich Beethoven gezwungen, bei den Engländern – vermutlich beim Viscount Castlereagh, dem Vertreter Englands auf dem Kongreß – nachzufragen, was denn aus dem Werk *Wellingtons Sieg* und der angebotenen Widmung geworden sei: »Es wurde dem Prinz-Regenten mit einer schriftlichen Zueignung und mit der Anfrage überreicht: ob S. K. Hohcit zu erlauben geruhen möchten, daß diese

Zueignung bei der Herausgabe des Werkes öffentlich im Druck erscheinen dürfe?« Während Beethoven lange auf eine königliche Antwort warten mußte und den Druck der Partitur zurückhielt, wurde die Schlachtensymphonie mehrfach mit großem Erfolg in England aufgeführt und dort ohne Beethovens Zustimmung als Klavierauszug herausgegeben. »Hätte ich mein Werk einem der verbündeten Monarchen auf dem Kongreß gewidmet, gewiß! ich wäre schnell und ehrenvoll belohnt worden«, gab Beethoven vorwurfsvoll zu bedenken.

Inzwischen bahnte sich eine Wende in der Auseinandersetzung mit den Erben des Fürsten Kinsky an: Die Vertragsstreitigkeiten waren zu einem guten Abschluß für Beethoven gekommen und seine finanzielle Sicherheit sowie seine künstlerische Unabhängigkeit somit wieder hergestellt.

Wie Beethoven den Wiener Kongreß beurteilt haben mag, deutet ein Brief an Johann Kanka an: »Von unseren Monarchen usw., der Monarchien usw. schreibe ich Ihnen nichts, die Zeitungen berichten Ihnen alles, – mir ist das geistige Reich das liebste und die oberste aller geistlichen und weltlichen Monarchien.«

Blasius Höfel
Porträt Ludwig van Beethovens
1814, Kupferstich in Punktiermanier nach einer Zeichnung von Louis
Letronne, Wien, Artaria und comp., 24,5 × 19 cm
Beethoven-Haus, Bonn

Der Punktierstich von Blasius Höfel (1792–1863) basiert auf einer Bleistiftzeichnung des französischen Künstlers Louis Letronne (1790–1842), einem Schüler Jacques Louis Davids (David malte das berühmte Krönungsgemälde »Le Sacre de Napoléon Ier«). Letronne hielt sich 1805 bis 1817 in Wien auf und porträtierte zahlreiche Zeitgenossen, so auch Monarchen und Staatsmänner während des Wiener Kongresses. Letronne hat Beethoven außerdem in einem kleinen Temperagemälde festgehalten, das dieser 1815 Charles Neate geschenkt haben soll. Neate war einer der Mitbegründer der Londoner Philharmonic Society und hat sich um die Verbreitung der Werke Beethovens in England verdient gemacht. Da Letronnes Zeichnung nach Höfels Einschätzung nicht besonders gut getroffen war, bat er Beethoven um zwei Sitzungen, die ihm gewährt wurden.

Der Entschluß des Musikverlegers Domenico III. Artaria, diesen Stich im Jahr des Wiener Kongresses drucken zu lassen, läßt sich mit der wachsenden Popularität Beethovens in Verbindung bringen. Diese wurde jedoch nicht durch seine Hauptwerke hervorgerufen, sondern durch Gelegenheitskompositionen, von denen die Schlachtensymphonie *Wellingtons Sieg oder die Schlacht bei Vittoria* (op. 91) und die Kongreßkantate *Der glorreiche Augenblick* (op. 136) als die wichtigsten zu nennen sind. Mit ihnen traf Beethoven nach zwei Jahrzehnten napoleonischer Bedrohung die patriotischen Gefühle der Wiener Bevölkerung genau.

Beethoven hat Höfels Stich offenbar geschätzt, denn es sind mehrere Exemplare erhalten, die Beethoven mit Widmungen versehen seinen Freunden schickte, so auch seinem ehemaligen Bonner Kapellkollegen, dem Musikverleger Nikolaus Simrock, der die deutschen Partiturerstausgaben der I., II. und III. Symphonie (1822) sowie die Partiturerstausgabe der IV. Symphonie (1823) veröffentlicht hat. Der Stich trägt die Aufschrift: »meinem Freunde Simrock um mich zuweilen anzusehen von l. v. Beethoven«. Die Verbundenheit beider dokumentiert sich außerdem durch zwei später angeheftete Zettelchen: eines mit einem Haarbüschel Beethovens, den Simrocks Sohn Peter Joseph Beethoven einmal abgeschnitten hatte, das andere mit einer getrockneten Blume und dem Vermerk: »Diese Blume ist von Freund Leiden von dem Grabe Beethovens auf dem Kirchhofe zu Währing gepflückt und mir heute zugeschickt worden. Cöln 25. July 1829 P. J. Simrock«. *(M. L.)*

VIII. Symphonie in F-Dur, op. 93

Analyse und Essay von Klaus Döge

»Viel verkannt, weil viel zu vordergründig verstanden«
Das Wesen der Tradition in der VIII. Symphonie

Entstehungszeit: 1812

Uraufführung: 27. Februar 1814 im großen Redoutensaal in Wien, zusammen mit den bereits bekannten Werken *Wellingtons Sieg* und der VII. Symphonie

Originalausgabe (1817): Achte Grosse Sinfonie in F dur (für 2 Violinen, 2 Violen, 2 Flauten, 2 Oboen, 2 Clarinetten, 2 Fagott, 2 Horn, 2 Trompeten, Pauken, Violoncello und Basso) von Ludwig van Beethoven

Sätze (mit Beethovens Metronomangaben):
1. Allegro vivace e con brio (𝅗𝅥. = 69)
2. Allegretto scherzando (♪ = 88)
3. Tempo di Menuetto (𝅘𝅥 = 126)
4. Allegro vivace (𝅝 = 84)

Unmittelbar nach Abschluß der Skizzenarbeit zur VII. Symphonie, deren Partitur der Komponist vom 13. April 1812 an auszuschreiben begann, notierte Beethoven im *Petterschen Skizzenbuch*, welches seinen Namen dem einstigen Besitzer Gustav Adolf Petter verdankt, Entwürfe zum 1. Satz eines Klavierkonzertes in F-Dur (vgl. Brandenburg 1979). Neben kleineren Themenskizzen (Blatt 35 und 36) und einer längeren Passage (Blatt 40), die vermutlich dem Durchführungsabschnitt galt, gehörten dazu auch zwei umfangreiche Niederschriften des melodischen Verlaufes der Orchesterexposition: eine erste (Rückseite Blatt 37), die mit einer Fermate über dem Akkord der Dominante endet, an den sich kadenzartig der Einsatz des Soloinstrumentes anschließt; und eine zweite (Rückseite Blatt 40), die ein drittes Thema einführt und die den Einsatz des Soloinstrumentes, der für Beethoven anscheinend noch nicht befriedigend gelöst war, jetzt durch das Ausklingen des Orchesters vorbereitet – im dreifachen Piano auf dem Akkord der Tonika.

Die Themen dieser Entwürfe mit der charakteristischen tonalen Disposition des Seitenthemas in D-Dur sowie große Abschnitte des melodischen Verlaufs der Klavierkonzertskizzen finden sich im 1. Satz der VIII. Symphonie wieder. Beethoven muß zu irgendeinem Zeitpunkt das Konzertprojekt aufgegeben und sich von da an mit dem vorhandenen Skizzenmaterial der Komposition seiner VIII. Symphonie zugewandt haben. Für die Frage, wann diese Umorientierung erfolgte, die ja den eigentlichen Beginn der Entstehungsgeschichte der VIII. markiert, ist ein Brief Beethovens an den Verlag Breitkopf & Härtel aufschlußreich, der das Empfangsdatum »1. Juni 1812« trägt. Von der Arbeit an drei neuen Symphonien, »wovon eine bereits vollendet« sei, ist darin die Rede. Die »bereits vollendete« Symphonie kann nur die VII. gewesen sein. Und daß mit dem zweiten Werk der von Beethoven geplanten drei Symphonien zu diesem Zeitpunkt bereits die VIII. in F-Dur gemeint war, bestätigt eine Eintragung im *Petterschen Skizzenbuch*: Auf der Vorderseite von Blatt 45 steht dort ein – auf den Nachfolgeblättern allerdings nicht weiter ausgeführter – Entwurf in d-Moll, überschrieben mit »dritter Symphonie«. Von der Rückseite dieses Blattes 45 bis hin zu Blatt 71 hat Beethoven dann an seinem neuen Symphonieprojekt in F-Dur verstärkt gearbeitet: zunächst am 1. Satz (die in der Klavierskizze noch pianistisch gedachten, virtuosen und spielerischen Achteltriolen wurden in die synkopische Achtelgruppierung des Seitenthemas aufgelöst), dann an den Sätzen 2, 3 und 4. Das muß – angesichts des von Beethoven auf der Vorderseite von Blatt 44 notierten Trompetensignals des »Postillions von Carlsbad« – im Sommer 1812 gewesen sein, während Beethovens Kuraufenthalt in den böhmischen Bädern. Am 1. Juli war der Komponist von Wien aus zunächst nach Prag gereist, um dort Fürst Kinsky aufzusuchen und mit ihm wegen der jährlichen Geldzuwendungen zu verhandeln (durch den österreichischen Staatsbankrott von 1811 waren Beethovens Apanagen in ihrer Kaufkraft um mehr als die Hälfte gesunken). Drei Tage später verließ er Prag und fuhr der angegriffenen Gesundheit wegen nach Teplitz zur Kur. Dort schrieb er am 6. und 7. Juli den berühmt gewordenen Brief an die »Unsterbliche Geliebte«. Am

19. Juli traf Beethoven mit Goethe zusammen, mit dem er die folgenden Tage verbrachte und über den er später an Breitkopf & Härtel schrieb: »Göthe behagt die Hofluft zu sehr, mehr als es einem Dichter ziemt.« Ende Juli gab Beethoven in Karlsbad zusammen mit dem Geiger Giovanni Battista Polledro ein Konzert, dessen Erlös für die von einem Brand heimgesuchte Bevölkerung in Baden bei Wien bestimmt war. Von Karlsbad aus reiste er in Begleitung der Familie Antonie Brentanos Anfang August nach Franzensbad. Da die dortige Kur aber nicht die erwartete Wirkung zeigte, fuhr Beethoven Anfang September zurück nach Teplitz, das er nach mehrtägiger Bettlägerigkeit erst wieder gegen Ende September in Richtung Wien verlassen konnte. Doch scheint er dort nur kurz Zwischenstation gemacht zu haben und sofort nach Linz zu seinem Bruder Johann weitergereist zu sein, denn am 5. Oktober 1812 meldete die Linzer Musikzeitung: »Nun haben wir auch das längst schon gewünschte Vergnügen, den Orpheus und größten musikalischen Dichter unserer Zeit, Hrn. L. v. Beethoven, hier seit einigen Tagen in unserer Hauptstadt zu besitzen (...)« (Orel 1950, S. 50). Anlaß für diese Fahrt waren familiäre Angelegenheiten (vgl. Thayer 1911, S. 341f.). Beethovens damals 35 Jahre alter Bruder Johann, der Apotheker war und in Linz ein Haus besaß, lebte in wilder Ehe mit seiner Haushälterin Therese Obermeyer. Beethoven, der sich als der Älteste seinen Geschwistern gegenüber stets in der Rolle des Vaters wähnte, billigte dies nicht. In Linz angekommen, stellte er den Bruder zur Rede, machte ihm heftige Vorwürfe und redete ihm wegen seines anrüchigen Lebenswandels ins Gewissen. Da all seine Worte ohne Folgen blieben, wandte er sich an den Linzer Bischof und an die bürgerliche Obrigkeit und erwirkte schließlich den polizeilichen Befehl, Therese Obermeyer aus Linz auszuweisen und nach Wien in Gewahrsam zu bringen, wenn sie bis zu einem festgelegten Stichtag nicht von selbst gegangen sei. Johann Beethoven kam dem Eklat zuvor, indem er Therese am 9. November 1812 heiratete. Schon am darauffolgenden Tag verließ Ludwig van Beethoven Linz, wo er im Hause seines Bruders und unter all den Querelen die Partitur seiner VIII. Symphonie, datiert mit »Linz im Monath October 1812«, auszuschreiben begonnen hatte. Möglicherweise schon Ende 1812, spätestens aber im März 1813, als er Josef Varena »zwei ganz neue Symphonien« zur Aufführung anbot, lag die Partitur

fertig vor, und noch im Laufe des Jahres 1813 erlebte dieses neue Werk Beethovens eine Privataufführung in den Räumen des Erzherzogs Rudolph. Möglicherweise erhielt damals der Schluß des 1. Satzes – als Folge der Erfahrungen und Eindrücke bei den Proben – seine endgültige Gestalt. Ursprünglich endete dieser Satz in der Partitur ziemlich abrupt (vgl. Hess 1972): Anstelle des späteren Fermaten-Taktes wurde der vorangehende Takt wiederholt. Ihm folgten, gespielt vom ganzen Orchester, vier akkordisch gehaltene Abschlußtakte:

Daß Beethoven in der Partitur bei diesen Takten die Notensysteme der Bläser leer ließ, könnte als Zeichen dafür gewertet werden, daß ihn schon beim Ausschreiben dieser Stelle der nur fünftaktige Schluß nicht befriedigte. Eine Alternative dazu notierte er auf einem Blatt, das später (vermutlich als der endgültige Schluß niedergeschrieben war) aus der Partitur herausgenommen worden zu sein scheint (vgl. Orel 1950, S. 52 und das Notenbeispiel auf nebenstehender Seite).

Auch in ihm wird anstelle des späteren Fermatentaktes zunächst der vorausgehende Takt wiederholt, an den sich jetzt aber neun neue Takte anschließen, in denen die späteren Generalpausen bereits enthalten sind. Von diesen beiden Schlüssen (mit ihren fünf bzw. zehn Takten) hebt sich das definitive Satzende, an dessen Anfang eine thematische Variante der Schlußgruppe erklingt, mit seinen 42 Takten schon allein vom Umfang her deutlich ab. Zusammen mit den 31 vorausgehenden Takten der Coda ergibt sich dadurch eine ausgewogenere formale Balance zu den anderen Formteilen des Satzes (Exposition und Reprise 103 Takte, Durchführung 94 Takte, Coda mit neuem Schluß 73

Takte). Gegenüber den im Fortissimo endenden, in ihrem Gestus musikalisch gleichsam auftrumpfenden Schlüssen 1 und 2 läßt Beethoven den Satz nun verhalten ausklingen: im Leiserwerden, im Zusammenziehen des Tonraumes und im abschließenden Zitieren des Hauptthemenkopfes im Pianissimo.

Dem Beethoven-Biographen Anton Schindler zufolge (Schindler 1860, S. 196) saßen in der Frühlingszeit 1812 Beethoven, Stephan von Breuning, Graf Franz von Brunsvik, Schindler und andere zusammen, um Abschied von Johann Nepomuk Mälzel zu nehmen – von jenem Herrn, der das Orchestrion, den Trompeterautomaten und das Metronom erfunden hatte und für diese

Erfindungen auf seiner bevorstehenden Reise durch England werben wollte. Beethoven, der an dem Abend sehr gut gelaunt war, improvisierte Mälzel zu Ehren einen Kanon (WoO 162), der spontan von den Anwesenden gesungen wurde:

Aus diesem Kanon, den Schindler erstmals 1844 veröffentlichte, sei dann das *Allegretto* zur VIII. Symphonie hervorgegangen. Schindlers Darstellung hat die Deutungen des 2. Satzes nicht unwesentlich beeinflußt und sich auf die Analyse der Symphonie insofern ausgewirkt, als man den 2. Satz als Keimzelle für die übrigen drei Symphoniesätze zu betrachten begann. Daß aber Mälzel erst 1813 nach England ging, Graf Brunsvik im Frühjahr 1812 gar nicht in Wien weilte und daß es das »Metronom«, wie es im Kanontext heißt, vor 1815 gar nicht gab (sondern nur einen Vorläufer davon, der »Chronometer« genannt wurde), hat starke Zweifel an den Zeitangaben (und damit an der Entstehung des Kanons vor dem Symphoniesatz) in Schindlers Bericht aufkommen lassen – Zweifel, die durch neue Untersuchungen zu den Skizzen des 2. Satzes (vgl. John 1984, Goldschmidt 1984) inzwischen zur Gewißheit geworden sind. Nachdem die Eintragungen in Beethovens Konversationsbüchern, die sich auf den Mälzel-Kanon bezogen, als Schindlersche Fälschungen entlarvt werden konnten, wird heute auch der Mälzel-Kanon selbst als eine Fälschung angesehen (Howell 1984), von Schindler vermutlich Anfang der 1840er Jahre vorgenommen, um seine Zuständigkeit und beinahe krankhafte Autoritätssucht in Sachen Beethoven erneut unter Beweis zu stellen (das jüngst in Münster aufgefundene Schindlersche Manuskript zur dritten Auflage der Beethoven-Biographie wird dazu möglicherweise weitere Indizien beisteuern). Ungeschickt verfahren ist er dabei eigentlich nicht, wählte er doch als Grundlage für seine Kanonfälschung die Musik eines Symphoniesatzes, deren mechanische Sechzehntel-Repetitionen in den Bläsern jenes Bild des gleichmäßigen Metronomtickens geradezu zu verkörpern scheinen.

*

Innerhalb der Beethovenschen Symphonien nimmt die VIII. eine gewisse Außenseiterstellung ein. Nicht daß ihr Rezeption und Erfolg versagt geblieben wären, doch zu den ganz großen Symphonien Beethovens scheint sie nicht zu gehören. Sicherlich, die VIII. hat nicht den heroischen Impetus der III. (*Eroica*), auch nicht die Dramatik der V. oder die Monumentalität der VII. Symphonie. In ihrer Ausdruckshaltung erscheint sie eher beschaulich, unbeschwert, heiter, anmutig und – schaut man auf den 3. Satz (*Tempo di Menuetto*) – mitunter sogar bieder und antiquiert. Außerdem ist sie mit ihrer nicht ganz dreißigminütigen Spieldauer mehr der Haydnschen Tradition als den gewohnten Beethovenschen Symphoniedimensionen verpflichtet. Doch falsch wäre es, in ihr ein retrospektives und mit der Vergangenheit liebäugelndes Werk zu sehen. Das Traditionelle und scheinbar Rückwärtsgewandte ist nicht gehaltliche Substanz, sondern Oberfläche und Rahmen für die Originalität und Neuheit dieses Beethovenschen Werkes, das »vielverkannt, weil viel zu vordergründig verstanden« (Goldschmidt 1975, S. 57) wurde.

Eigenartig ist Beethovens Formgestaltung in den beiden Ecksätzen der Symphonie, die als einzige seiner neun Symphonien keine langsame Einleitung und auch kein Surrogat dafür hat (was möglicherweise mit dem ursprünglichen Klavierkonzertplan zusammenhängen könnte). Die einzelnen Abschnitte des 1. Satzes

(*Allegro vivace e con brio*) entsprechen äußerlich der Norm der Sonatensatzform. Die Gewichtung und Funktionalität der Teile aber ist verschoben. Das Hauptthema, das die Takte 1–12 umfaßt, erscheint wie eine Episode, der gegenüber sich der unmittelbar folgende Fortsetzungsgedanke mit seinen mehr als 20 Takten wesentlich gewichtiger gibt. Das 14 Takte umfassende Seitenthema, das zuerst in D-Dur und bei seiner Wiederholung in C-Dur steht, hat thematisch und harmonisch ein offenes Ende (das jeweilige Ritardando unterstützt diesen Gestus des Offenen). Zusammen mit den sich anschließenden, den Rhythmus des Seitenthemas durchführungsartig weiterspinnenden 18 Takten wirkt der Seitensatz wie eine Überleitung zur Schlußgruppe und deren Tonart C-Dur. Durch deren 34 taktigen Umfang und das Auftreten von drei neuen thematischen Gedanken sowie durch die rhythmisierten Oktavsprünge der letzten vier Takte (die formbildend für Durchführung und Coda werden) erhält die Schlußgruppe, die sonst eher als abrundendes Anhängsel diente, hier eine Gewichtung, die die gewohnten kompositorischen Verhältnisse der Exposition auf den Kopf zu stellen scheint: Nicht mit den üblichen zwei, sondern mit drei Themenkomplexen arbeitet Beethoven hier, und nicht das gewohnte Gegenüber von Hauptsatz und Seitensatz, sondern das von Hauptsatz und Schlußgruppe hält die formale Spannung des Satzes aufrecht. Gedanken dieser beiden Teile – der Themenkopf des Hauptthemas sowie die rhythmisierten Oktavsprünge – sind es denn auch, die Beethoven als thematisches Material für den Durchführungsteil verwendet und in den ersten 36 Takten der Durchführung, denen sich ein Fugato mit dem synkopierten Themenkopf des Hauptthemas anschließt, auf ostentative Weise vorstellt. Jeweils dreimal zwölf Takte sind hier immer nach demselben Muster gestaltet: vier Takte rhythmisierter Oktavsprung im Piano in der Bratsche bzw. in den Bässen, dann (über dem ostinaten Oktavsprung) vier Takte Hauptthemenkopf in den Holzbläsern (piano dolce) und schließlich noch eine viertaktige Klangfläche des ganzen Orchesters (zunächst in C-Dur, dann in B-Dur und schließlich in A-Dur) im Fortissimo. Auf dem Höhepunkt (dreifaches Forte) der Fugatopassage spielen die Bässe das um vier Takte verkürzte Hauptthema wieder in der Grundtonart, bevor es ungekürzt, aber gegenüber dem Satzanfang in stark veränderter Instrumentation erklingt. Dadurch wird die formale Grenze zwischen Durchführungs- und Reprisenteil kompositorisch verwischt und auch die Großform in Beethovens formales Umwerten mit einbezogen: Das Ende der Durchführung gibt sich wie der Beginn der Reprise, und der Beginn der Reprise wie das Ende der Durchführung.

*

Ähnliches läßt sich auch im Finalsatz (*Allegro vivace*) beobachten, in dem Beethoven Elemente der Rondoform mit denen des Sonatenhauptsatzes verknüpft. Manches in seiner Gestaltung erinnert dabei unmittelbar an den 1. Satz. So tritt auch hier das Seitenthema zuerst in einer entfernteren Tonart (As-Dur) und erst bei seiner Wiederholung in der Dominanttonart auf; in der Durchführung begegnen motivische Oktavsprünge, und am Ende der Durchführung steht eine Scheinreprise in A-Dur, bevor die eigentliche Reprise auf der Tonika einsetzt. Eine neue Qualität im Finalsatz aber ist der Kontrast. So folgt der ersten Reprise ein Abschnitt, der mit dem Vorausgegangenen nur noch wenig zu tun hat und der ein neues Thema (Quintgang abwärts in Halben) enthält, das fugatoartig verarbeitet wird und sich dabei zu fast martialischem Ausdruck steigert. Der starke Kontrast in Thematik, Rhythmik und Ausdruck läßt diesen Abschnitt als eigenständig erscheinen, als einen Ausbruch aus dem Satzverlauf, in den er (ohne es zu sein) wie eine zweite Durchführung eingebettet ist. Darauf folgen eine nochmalige Reprise (mit der Wiederholung des Hauptthemas in fis-Moll) und eine abschließende Coda.

*

Hinter der nach außen hin so heiter, unbeschwert, naiv und simpel sich gebenden Fassade des 2. Satzes (*Allegretto scherzando*) verbirgt sich ein höchst artifizielles kompositorisches Spiel mit Takt, Metrum und Rhythmus. Grundlage für dieses Spiel bilden die das 2/4-Metrum mit seinem jeweiligen Schwerpunkt auf dem Taktbeginn repräsentierenden Sechzehntel-Repetitionen der Bläser. Dazu im Widerspruch steht das in den ersten vier Takten von den Geigen vorgetragene und von den Bässen imitatorisch beantwortete Thema. Seine metrischen Schwerpunkte (das punktierte Achtel und der Schlußton der Bässe) fallen auf die zweite, von den Bläsern unbetonte Takthälfte. Dabei handelt es sich nicht um eine metrische Verschiebung, die für den Satz zum

System erhoben würde. Das Gegenüber von Metrum und Rhythmus bleibt im Verlaufe des Satzes ein Spiel immer neu auskomponierter Widersprüchlichkeiten. Sie umfassen Irritationen in der Syntax (den Geigeneinsatz in Takt 5 zum Beispiel hätte man eigentlich schon einen Takt früher erwartet); sie führen zu stolpernden Überlappungen (wie zum Beispiel bei der Wiederkehr des Anfangsabschnittes in Takt 40); sie tangieren die Harmonik (wie in der opernhaft anmutenden Schlußstretta in Takt 79, wo die Rückwendung zur Tonika auf leichten Taktteilen vollzogen wird); und sie gehen soweit, den Takt aufzulösen und in Frage zu stellen (wie in den Rückleitungssechzehnteln der Bläser in Takt 36 und 66). Daß all diese Irritationen sich beim Hören des Satzes erst allmählich bemerkbar machen, zeigt, wie kunstvoll hier die Abweichungen von der Norm in die Norm selbst eingebettet sind.

*

Daß Beethoven in seiner VIII. Symphonie dem 3. Satz (anstelle des seit der II. obligaten Scherzos) das damals bereits veraltete Menuett zugrunde legte, hat nicht wenig zu jenem Eindruck des Gemütlichen und Behaglichen beigetragen, der in der Rezeption oft dem ganzen Werk als Kennzeichen zugeschrieben wurde. Doch geht es im 3. Satz gar nicht um Gemütlichkeit an sich, sondern um deren oft parodistische Zurschaustellung durch die kompositorische Übertreibung der Tradition: Allzu großes Gewicht geben die Akzente dem Satzanfang; überspitzt markieren die Streicher im zweiten Menuettabschnitt ihre Themeneinsätze; streng, beinahe stur ist die Quadratur eingehalten, nur an einer Stelle wankt das sonst so pointiert herausgestellte Dreiermetrum; nichts als »schön und gefällig« will das Trio mit seinem fast banal wirkenden Ländlerton sein. Die musikalisch heile Welt der Tradition wird scheinbar beschworen, in der es nicht stört, wenn der 38. Takt des Menuetts etwas schief klingt, weil die Holzbläser ein Viertel zu früh einsetzen wie übereifrige Musikanten. Aber gerade diese Übertreibung ist es, die der Tradition auf überaus humorvolle Art den Garaus macht.

Verbunden zu einem zyklischen Ganzen sind die vier so unterschiedlichen Sätze der Symphonie durch das äußere Gleichgewicht der beiden Ecksätze, das dadurch verstärkt wird, daß im Finalsatz motivische Reminiszenzen an den 1. Satz erklingen.

Beziehungen im Sinne einer Substanzverwandtschaft bestehen weiterhin zwischen dem Hauptthema des 2. und dem des 4. Satzes, dessen Seitenthema ebenfalls im 2. Satz versteckt angedeutet wurde. Und neben all den strukturellen Bezügen ist es vor allem ein Moment, das alle Sätze gleichermaßen durchströmt, das Ganze inhaltlich zusammenhält und die Symphonie kennzeichnet: Beethovens musikalischer Humor.

Dokumente

»Meine Gesundheit ist nicht die beste, und unverschuldet ist meine sonstige Lage wohl die unglücklichste meines Lebens. – Übrigens wird mich das (und nichts auf der Welt) nicht abhalten, Ihren ebenso unschuldig leidenden Konventfrauen soviel als möglich durch mein geringes Talent zu helfen. Daher stehen Ihnen zwei ganz neue Symphonien [für ein Wohltätigkeitskonzert] zu Diensten (...).«
(Brief Beethovens an Josef Varena, 1813)

»Statt eine Symphonie erhalten Sie zwei Symphonien, erstens die verlangte ausgeschriebene und Duplikat, zweitens eine andere, welche mir scheint, daß Sie sie auch noch nicht in Graz aufgeführt haben, auch ausgeschrieben. (...) Herr von Rettich wird schon eine außerordentliche Gelegenheit finden, Ihnen alles geschwinde zu übermachen, indem zu solchem wohltätigem Zweck jeder gern mitwirkt. Warum kann ich nicht mehr für die guten Fr. – tun!

Gern hätte ich Ihnen zwei ganz neue Symphonien von mir geschickt, allein meine jetzige Lage heißt mich leider auf mich selbst denken, und nicht wissen kann ich, ob ich nicht bald als Landesflüchtiger von hier fort muß; danken Sie es den vortrefflichen Fürsten, die mich in dieses Unvermögen versetzt, nicht wie gewöhnlich für alles Gute und Nützliche wirken zu können. Vielen Dank für Ihren Wein, ebenfalls danken Sie den würdigen Frauen, für ihr mir geschicktes Zuckerwerk.«
(Brief Beethovens an Josef Varena, 1813)

»Immer hoffte ich den Wunsch erfüllt zu sehen, Sie einmal selbst in London zu sprechen, zu hören, allein immer standen mir, diesen

Wunsch auszuführen, mancherlei Hindernisse entgegen, – und eben deswegen, da ich nun nicht in dem Falle bin, hoffe ich, daß Sie mir meine Bitte nicht abschlagen werden, die darin besteht, daß Sie die Gefälligkeit hätten, mit einem dortigen Verleger zu sprechen und ihm folgende Werke von mir anzutragen: Großes Terzett für Klavier, Violin und Violoncell (80#). Sonate für Klavier mit einer Violine (60#); große Symphonie in A (eine meiner vorzüglichsten); kleinere Symphonie in F; Quartett für zwei Violinen, Viola und Violoncell in F=Moll; große Oper in Partitur 30#; Kantate mit Chören und Solostimmen 30#; Partitur der Schlacht von Vittoria auf Wellingtons Sieg 80#, wie auch den Klavierauszug (wenn er, wie man mich hier versichert, nicht schon heraus ist). Ich habe nur beiläufig bei einigen Werken das Honorar beigefügt, welches, wie ich glaube, für England recht sein wird, überlasse aber bei diesen wie bei den anderen Ihnen selbst, was Sie am besten finden, daß man dafür gibt.«
(Beethoven an Johann Peter Salomon, 1. Juni 1815)

»Am 27sten [Februar] gab Hr. Louis van Beethoven zum zweyten Male Concert zu seinem Vortheile in dem grossen Redoutensaale. Alle Musikstücke waren von seiner Composition. 1) Die neue, mit so vielem Beyfalle aufgenommene Symphonie (A dur) abermals. Die Aufnahme derselben war eben so lebhaft, als die ersteren Male; das Andante, (A moll) die Krone neuerer Instrumentalmusik, musste, wie jederzeit, wiederholt werden. 2) Ein ganz neues italienisches Terzett, (B dur) schön vorgetragen von Mad. Milder-Hauptmann, Hrn. Siboni und Hrn. Weinmüller, ist Anfangs ganz im italienischen Styl gedacht, endet aber mit einem feurigen Allegro in Beethovens eigener Manier. Es erhielt Beyfall. 3) Eine ganz neue, noch nie gehörte Symphonie (F dur, 3/4 Takt). Die grösste Aufmerksamkeit der Zuhörer schien auf dies neueste Product der B.schen Muse gerichtet zu seyn, und alles war in gespanntester Erwartung: doch wurde diese, nach einmaligem Anhören, nicht hinlänglich befriedigt, und der Beyfall, den es erhielt, nicht von jenem Enthusiasmus begleitet, wodurch ein Werk ausgezeichnet wird, welches allgemein gefällt: kurz, sie machte – wie die Italiener sagen – kein Furore. Ref. ist der Meynung, die Ursache liege keineswegs in einer schwächeren oder weniger kunstvollen Bearbeitung: (denn auch hier, wie in allen B.schen Werken dieser Gattung, athmet jener eigenthümliche Geist, wodurch sich seine Origi-

nalität stets behauptet:) sondern, theils in der nicht genug überlegten Berechnung, diese Symphonie der in A dur nachfolgen zu lassen, theils in der Uebersättigung von schon so vielem genossenen Schönen und Trefflichen, wodurch natürlich eine Abspannung die Folge seyn muss. Wird diese Symphonie in Zukunft allein gegeben, so zweifeln wir keineswegs an dem günstigen Erfolge. 4) zum Schluss wurde nochmals Wellingtons Sieg in der Schlacht bey Vittoria gegeben, wovon der erste Theil: die Schlacht, wiederholt werden musste. Die Ausführung liess nichts zu wünschen übrig: auch war die Versammlung wieder sehr zahlreich.«
(Allgemeine musikalische Zeitung, 23. März 1814, Spalte 201 f.)

»Solche classische Werke zu beurtheilen, sind die schönsten Momente in dem übrigens nicht sonderlich erfreulichen Leben eines kritischen Recensenten; mit Herzenslust schreitet er zu Werke; jeden Augenblick entdeckt er neue Schönheiten, jede Seite beynahe liefert ihm neue Beweise von den hohen Talenten dieses Amphion unserer Zeit, und erfüllt ihn mit tiefer, unbegränzter Verehrung; er schwelgt beym Eindringen ins Heiligthum, und ein erhöhter Wiedergenuss wird ihm zu Theil, indem er den Schleyer lüftet, und es ihm vergönnt ist, die Blicke der Welt auf eine Riesenarbeit zu leiten, die – der Stolz der Gegenwart – das Erstaunen und den Neid unserer Nachkommen erwecken muss, die, nicht geboren – erschaffen ward, und – gleich Minerven – nur dem Gehirne eines Gottes entspringen konnte.«
(Allgemeine musikalische Zeitung Wien, 2. Jg. 1818)

»Lachende Philosophie«
Der musikalische Humor in der VIII. Symphonie

Daß Humor der wesentliche Grundzug der VIII. Symphonie Beethovens ist, wurde nach der Uraufführung 1814, in der die Zuhörer durch die Heiterkeit der Musik zunächst verwirrt waren und nicht wußten, ob sie das Werk ernst nehmen oder darüber lachen sollten, schnell zu einem festen Rezeptionstopos. Von einem »humoristischen Scherzspiel« sprach der Rezensent der

Allgemeinen musikalischen Zeitung in Zusammenhang mit dem zweiten Satz (AmZ, März 1818, S. 163); mit den Worten, »die Hauptempfindung, welche dieser Sinfonie zugrunde liegt, ist Fröhlichkeit und Humor, scherzhafter Ernst und ernsthafter Scherz« (Zimmermann, S. 125), stellte Schindler die VIII. Symphonie 1835 im Programmheft zum ersten Gesellschaftskonzert des Aachener Musikvereins dem Publikum vor. »Ein ganzes ästhetisches Lehrbuch über den Humor in der Musik« sah August Wilhelm Ambros in dem Werk (Ambros, S. 193); für George Grove war die Komposition von Humor und jeder einzelne Satz »von einer manchmal recht ausgelassenen Fröhlichkeit« durchzogen (Grove, S. 256), und Paul Bekker charakterisierte in seinem Beethoven-Buch die VIII. Symphonie schlechthin als »lachende Philosophie« (Bekker, S. 265).

Man ist sich also einig über musikalischen Humor als Grundzug der VIII. Würde man aber fragen, worin sich dieser Humor konkret musikalisch äußert, so bekäme man Tausende von Antworten. Denn so verbreitet die Rede vom musikalischen Humor im Zusammenhang mit Beethovens VIII. ist, so unterschiedlich sind die damit verbundenen Vorstellungen und Inhalte. Das liegt zunächst an der Sache selbst, denn fließend sind ihre Grenzen zu den begrifflichen Nachbargebieten Witz, Spaß, Scherz, Heiterkeit, Komik, Parodie, Satire und Ironie. Sind sie Bestandteile des musikalischen Humors, oder haben sie mit diesem nichts zu tun? Sind spaßige oder scherzhafte Kompositionen zugleich humoristisch? Ist Komik gleich Humor? Doch wohl kaum, und schon die Zeit Beethovens, mehr noch das spätere 19. Jahrhundert, hat versucht, hier zumindest etwas Klarheit zu schaffen (vgl. Appel): Parodie und Satire sind auf unmittelbare Wirkung bedacht, Komik will spontane Heiterkeit hervorrufen, und zur Ironie gehört das Moment des Analytischen. Humor aber, so Jean Paul 1804 in seiner *Vorschule der Ästhetik*, sei ein Moment des Subjektiven und durch das reflektorische Verhältnis des Menschen zur Realität bestimmt. Doch ist die Realität des Komponisten nicht die dem Dichter vor Augen stehende Welt. Realität ist für ihn etwas anderes: in textgebundenen Kompositionen etwa die Gedichtvorlage (deren Erhabenes er musikalisch lächerlich und deren Lächerliches er musikalisch erhaben gestalten kann), in programmusikalisch ausgerichteten Werken ist es die programmatische Vorlage (etwa *Lustiges Zusammensein der*

Landleute im 3. Satz der VI. Symphonie, deren »Lustigkeit« zur kompositorischen Überzeichnung geradezu herausfordert). In rein instrumentalen Kompositionen aber stellen Realität für den Tonsetzer einzig die kompositorischen Traditionen und Normen seiner Zeit dar, an denen er sein Schaffen orientiert und von denen aus das Publikum diese Werke hört – Traditionen und Normen, zu denen solche der Form ebenso gehören wie solche der musikalischen Syntax, der Metrik, der Harmonik, der Instrumentation und auch solche der musikalischen Charakteristik (wie etwa die der Natur, des Trauermarsches, der Pastorale, der Choralidiomatik und des nationalen und volksliedhaften Tones). Wird die kompositorische Orientierung an diesen Normen nun durch reflektorische Distanz bestimmt, diese auskomponiert und mit musikalischen Mitteln zur Sprache gebracht, so ist das nichts anderes als musikalischer Humor; ein musikalischer Humor, der sich – das sei hinzugefügt – gewissermaßen auf höherer Ebene bewegt und einen bezüglich Tradition und Normen etwas erfahrenen Rezipienten erfordert. Daß es daneben aber auch einen weniger feinen Humor gibt, nämlich den des Burschikosen und Witzigen, der sozusagen jedem auffällt, zeigt schon die Sprache mit ihrem Begriff des »derben« Humors.

Beethovens VIII. beinhaltet beide Spielarten dieses musikalischen Humors, und zu den musikalischen Mitteln, mit denen er zum Ausdruck gebracht wird, gehört einmal das Verbergen von Kompliziertheit und kompositorischem Raffinement hinter der Fassade scheinbarer musikalischer Einfachheit und Einfältigkeit. Der 2. Satz als Ganzes sowie Teile des 4. Satzes können dafür als besondere Beispiele dienen, wobei allerdings zu ergänzen bliebe, daß dieses Spannungsverhältnis von Kompliziertheit und Einfachheit mehr oder weniger auch die übrigen Sätze prägt. Ein zweites Mittel ist das Zerstören der kompositorisch erzeugten Erwartungshaltungen. Zunehmend wichtiger und spannender gibt sich im 1. Satz die Musik des Fortsetzungsthemas der Takte 12–32; neun Takte lang läßt sie den Dominantseptakkord über b im Forte erklingen und erhöht dessen Spannung noch durch einen zusätzlichen Pausentakt. Dessen erwartete (und vielleicht schon vorausgehörte) Auflösung nach Es-Dur aber bleibt aus, und statt dessen erklingt im Piano gehaltenes A-Dur. Ein drittes Mittel, um dem Humor musikalisch Ausdruck zu verleihen, ist das des kompositorischen Leerlaufs: Das Orchester spielt über mehrere Takte hinweg nichts anderes als leere Phrasen, bloße Akkordumstellungen, wie etwa in der Coda des 4. Satzes; schematisch anmutende Wiederholungen des immer Gleichen, wie etwa zu Beginn der Durchführung des 1. Satzes, gehören ebenso dazu. Ein weiteres Mittel ist die kompositorische Übertreibung, wofür als Paradebeispiel der 3. Satz (s. Werkbetrachtung), aber auch die Schlußgestaltungen des 1. und 4. Satzes gelten können, in denen der Satzschluß immer wieder um einen Akkordschlag – und noch einen – hinausgeschoben wird. Eine gewichtige Rolle spielt in diesem Zusammenhang weiterhin die Dynamik mit ihren plötzlichen und unvermittelten Kontrasten: etwa im ersten Abschnitt des 2. Satzes. Schließlich kommt der Instrumentation als Darstellungsmittel noch Bedeutung zu, sei es durch prononcierte Verwendung des Humorinstrumentes Fagott, wie etwa zu Beginn des Seitenthemas in Satz 1, sei es durch die instrumentale Beinah-Überforderung des Kontrabasses, wie bei den Vierundsechzigsteln im 2. Satz, oder sei es durch den ungewohnten Einsatz der Pauken in Oktavstimmung im 4. Satz.

Was die Seite des eher »derben« Humors angeht, so wäre an den eigens auskomponierten falschen Einsatz der Holzbläser und den dadurch entstehenden Mißklang gegen Ende des Menuettsatzes zu erinnern; ebenso gehört jener Ton cis dazu, der im 4. Satz mehrmals lautstark und tonal überhaupt nicht passend in das Hauptthema hineinpoltert und der von Kretzschmar als »humoristisches Ungeheuer« (Kretzschmar, S. 239) bezeichnet wurde.

Humor findet sich auch in anderen Werken Beethovens, etwa im Finale der IV. oder der VII. Symphonie – denn sein musikalischer Humor war nicht nur auf ein Werk beschränkt. In dem gehäuften Maße und in der Ausgeprägtheit aber wie hier in der VIII. gibt es diesen Humor sonst in keiner seiner Kompositionen. Dafür nach biographischen Begründungen zu suchen (das angeblich Unbeschwerte des Aufenthaltes in den böhmischen Bädern, das Gelöstsein, ja Übermütigsein durch das Zusammentreffen mit der »Unsterblichen Geliebten«), endete in nichts anderem als in unauflösbaren Widersprüchen. Auch das Bemühen von scheinbar passenden Eintragungen Beethovens in sein Tagebuch von 1812 (»für dich gibts kein Glück mehr als in dir selbst, in deiner Kunst«) würde in fahrlässiger Weise nur spekulative Zusammenhänge konstruieren. Die Anhäufung des Humors in der VIII. ist nichts anderes als ein künstlerischer Sonderfall im symphonischen Schaffen Beethovens, der das kompositorisch potenziert, was bis dahin schon immer eine mehr oder weniger ausgeprägte Seite seines Komponierens war.

Hell auflachen wird der Hörer der VIII. Symphonie nicht, höchstens an einigen Stellen über die Musik schmunzeln. Denn trotz (oder gerade wegen?) ihres humoristischen Tonfalles stimmt sie nachdenklich und zieht den Hörer mit hinein in jene kritische Distanz zur Tradition, mit der Beethoven hier dem Rezipienten entgegentritt.

Ferdinand Georg Waldmüller
Porträt Ludwig van Beethovens
1823, Öl auf Leinwand, 66 × 57 cm
Privatbesitz, Leihgabe im Beethoven-Haus, Bonn

Ferdinand Georg Waldmüller (1793–1864) gilt als einer der bedeutendsten Wiener Porträt- und Genremaler der ersten Hälfte des 19. Jahrhunderts. Das Beethovenbild schuf er im Frühjahr 1823 im Auftrag des Leipziger Musikverlages Breitkopf & Härtel. Gottfried Christoph Härtel war in den Jahren 1809 bis 1812 Beethovens wichtigster Verleger gewesen, bei ihm erschienen unter anderem die Originalausgaben der V. und der VI. Symphonie. Im Januar 1823 ist der Auftrag zu diesem Porträt erteilt worden, Ende April kam es zur ersten und einzigen Sitzung. Waldmüller mußte das Bild, das danach erst zur Hälfte ausgeführt war, aus dem Gedächtnis vollenden, denn der ungeduldige Beethoven konnte für eine zweite Sitzung nicht mehr gewonnen werden. Dabei versuchte noch Mitte Mai Beethovens Bruder Johann ein gutes Wort für Waldmüller einzulegen, wie die Konversationshefte belegen: »der Mahler bittet dich dringend, noch 1 mal nur 1/2 Stund zu sitzen dan ist er fertig, indem er sonst einen großen Schaden hat, da er die Arbeit sonst gar nicht bezahlt bekömmt, und er davon lebt –«. Wie mühsam sich für Waldmüller die Arbeit gestaltet haben mag, schmückt eine der vielen Anekdoten Anton Schindlers allerdings äußerst banal aus: Beethoven sei verdrossen gewesen, zunächst weil ihn Waldmüller gegen das Fenster gesetzt habe; die Ungeduld Beethovens sei schließlich eskaliert, als sich herausgestellt habe, daß die Köchin in der Zwischenzeit eines seiner Lieblingsgerichte – Makkaroni mit Käse – zu Brei hatte verkochen lassen...

Das hier wiedergegebene Porträt ist eine Zweitfassung (nach anderer Auffassung eine Frühfassung) des Werkes, die Waldmüller an den Leipziger Musikverleger Friedrich Kistner um 1831 verkauft hat. Im Vergleich zum Porträt für Breitkopf & Härtel, das im 2. Weltkrieg verloren ging, fehlen am unteren Bildrand etwa fünf Zentimeter durch Beschnitt und dadurch der dritte Knopf an Beethovens Rock. Dieses Gemälde ist insgesamt weniger differenziert ausgeführt: Die widrigen Umstände während der Sitzung könnten der Grund dafür gewesen sein, weshalb Beethovens Haare nur angedeutet, nicht durchgestaltet sind, der Kontrast von Licht und Schatten weniger fein als üblich ausgearbeitet und die Kleidung offenbar erst später ergänzt wurde. Ungeachtet dessen zeigt das Porträt Waldmüllers den Komponisten, der gerade mit der Hauptarbeit an der IX. Symphonie beschäftigt war, in beeindruckender Unmittelbarkeit und schroffem Realismus. *(M. L.)*

IX. Symphonie in d-Moll, op. 125

Analyse und Essay von Wolfgang Stähr

»O Freunde, nicht diese Töne!«
Der Menschheitstraum der IX. Symphonie

Entstehungszeit: 1817–1824
Uraufführung: 7. Mai 1824 im Wiener Hoftheater nächst dem Kärntnertor in Beethovens großer musikalischer Akademie
Originalausgabe (Ende August 1826): Sinfonie mit Schluss-Chor über Schillers Ode: »An die Freude« für grosses Orchester [2 Violons, Alto, Violoncelle & Basse, 2 Flûtes, 2 Hautbois, 2 Clarinettes, 2 Bassons, grand Basson, 4 Cors, 2 Trompettes, 3 Trombones, Tymballes, Triangle, Cymbales & grande Caisse], 4 Solo- und 4 Chor-Stimmen, componirt und Seiner Majestaet dem König von Preussen Friedrich Wilhelm III. in tiefster Ehrfurcht zugeeignet von Ludwig van Beethoven

Sätze (mit Beethovens Metronomangaben):
1. Allegro ma non troppo, un poco maestoso (♩ = 88)
2. Molto vivace (♩. = 116) – Presto (♩ = 116)
3. Adagio molto e cantabile (♩ = 60) – Andante moderato (♩ = 63)
4. Finale – Presto (♩. = 66) – Allegro ma non troppo (♩ = 88)
   Allegro assai (♩ = 80)
   Allegro assai vivace – Alla Marcia (♩. = 84)
   Andante maestoso (♩ = 72)
   Adagio ma non troppo, ma divoto (♩ = 60)
   Allegro energico, sempre ben marcato (♩. = 84)
   Allegro ma non tanto (♩ = 120)
   Prestissimo (♩ = 132) – Maestoso (♩ = 60)

Was war nur mit Beethoven los? 1821 meldete die Leipziger *Allgemeine musikalische Zeitung* ihren Lesern: »Beethoven beschäftigt sich, wie einst Haydn, mit Motiven schottischer Lieder;

für größere Arbeiten scheint er gänzlich abgestumpft zu seyn.« Diese Nachricht entsprach der Stimmungslage, denn daß sich Beethoven »ausgeschrieben« habe, war die landläufig vorherrschende Meinung. War der berühmte Komponist schon am Ende? Hatten ihn seine chronischen Krankheitsbeschwerden zermürbt und in schöpferische Apathie getrieben? Auf seine Umgebung wirkte Beethoven vor der Zeit gealtert, ja heruntergekommen und so verwahrlost, daß ihn die Polizei an einem Abend in der Wiener Neustadt für einen Landstreicher gehalten und verhaftet hatte. War Beethoven an dem jahrelangen quälenden Streit um seinen Neffen Karl verzweifelt, an den würdelosen Anfeindungen, die er mit seiner verhaßten Schwägerin tauschte, an den Auseinandersetzungen vor den Gerichten und Behörden, die ihm die ersehnte Vormundschaft über den Sohn seines verstorbenen Bruders abwechselnd zusprachen, aberkannten und endlich doch zubilligten? Oder hatte Beethoven sich dem zeitgenössischen Musikleben entfremdet? 1815 war er zum letzten Mal öffentlich als Pianist aufgetreten, doch mit dem fortschreitenden Gehörleiden war an eine bestimmende, aktive Rolle auf den Konzertpodien nicht mehr zu denken. Obendrein wußte man von der Geringschätzung, mit der Beethoven das lokale Publikum bedachte, die Wiener, die er als »Phäaken«, als träges, vergnügungssüchtiges Volk, schmähte. Drohte Beethoven zu verstummen, weil er sich nicht mehr verstanden fühlte?

Tatsächlich jedoch – und ganz im Widerspruch zu der voreiligen Meldung der *Allgemeinen musikalischen Zeitung* – arbeitete Beethoven damals durchaus an »größeren«, um nicht zu sagen größten Werken: an den *Diabelli-Variationen* (op. 120) für Klavier und der *Missa solemnis* (op. 123), nachdem er im Herbst 1818 bereits die ebenfalls alles andere als geringfügige *Hammerklaviersonate* in B-Dur (op. 106) vollendet hatte. Und seit längerer Zeit kreisten seine Gedanken überdies um das Projekt zweier neuer Symphonien. Den äußeren Anstoß dazu hatte im Sommer 1817 die Londoner Philharmonic Society gegeben, die Beethoven in die englische Hauptstadt eingeladen und mit der Komposition von eben jenen zwei Symphonien beauftragt hatte, die seither in ersten Einfällen, Entwürfen und provisorischen Konzepten ein schemenhaftes Dasein in Beethovens Skizzenbüchern führten. Daß in der Öffentlichkeit gleichwohl der Eindruck entstehen konnte, Beethoven sei in Schweigen versunken, lag begründet in seinem mittlerweile überaus langwierigen, von höchstem künstlerischem Ethos ebenso getragenen wie mit Skrupeln belasteten Schaffensprozeß. »Wahre Kunst ist/eigensinnig, läßt sich/nicht in Schmeichelnde/Formen zwängen«, notierte Beethoven in einem Konversationsheft. Und gegenüber dem Musikkritiker Friedrich Rochlitz erklärte er: »Seit einiger Zeit bring' ich mich nicht mehr leicht zum Schreiben. Ich sitze und sinne und sinne; ich habs lange: aber es will nicht aufs Papier. Es grauet mir vor'm Anfange so großer Werke. Bin ich drin: Da geht's wohl.«

Obgleich Beethoven das Angebot aus London prompt akzeptiert hatte, war an eine rasche Verwirklichung des Auftrags unter diesen Vorzeichen einer selbstkritisch und verantwortungsbewußt erschwerten Arbeit nicht zu denken. Der Vorsatz und Plan, eine oder zwei Symphonien zu schreiben, blieben zwar stets lebendig, greifbare kompositorische Fortschritte jedoch lassen sich in den nächsten fünf Jahren kaum feststellen. Auffallend in die Zukunft weist allerdings ein Skizzenblatt vom März/April 1818, auf dem Beethoven Ideen zu einer Symphonie umreißt, »wo alsdenn im letzten Stück oder schon im Adagio die Singstimmen eintreten (...) Oder das Adagio wird auf gewisse Weise im letzten Stücke wiederholt wobei alsdenn erst die Singstimmen nach u. nach eintreten.« Nicht vor 1822 gelangte Beethoven wirklich zu jenem Anfang, vor dem es ihm eingestandenermaßen gegraut hatte. Am 6. Juli kam er in einem Brief auf die Londoner Einladung von 1817 zurück: »Was würde mir wohl die philharmonische Gesellschaft für eine Sinfonie antragen?« Doch noch bevor er im Dezember 1822 eine zufriedenstellende Antwort aus England erhielt, hatte Beethoven mit den Entwürfen für den 1. Satz jener Symphonie begonnen, die seine IX. werden sollte und für deren Finale er – wie schon 1818 erwogen – die Einbeziehung von Gesangsstimmen beschloß. Mit gutem Recht konnte folglich die *Allgemeine musikalische Zeitung* im Januar 1823 berichten: »Gegenwärtig soll er sich mit der Composition einer neuen Symphonie beschäftigen.«

*

»Bin ich drin: da geht's wohl«: In den nächsten Monaten widmete sich Beethoven mit zielstrebiger Konsequenz seiner IX. Symphonie. Als er im März 1824 die Komposition beendete, saßen die Kopisten bereits an der Stichvorlage, auf deren Basis dann das Uraufführungsmaterial und die – Ende August 1826 von Schott in Mainz publizierte – Erstausgabe hergestellt wurden. Wenngleich Beethovens d-Moll-Symphonie (op. 125) im Auftrag der Londoner Philharmonic Society entstand, erlebte sie nicht in England ihre Premiere, sondern in Wien: am 7. Mai 1824 im »K. K. Hoftheater nächst dem Kärnthnerthore«. Die Solisten waren Henriette Sontag, die ein halbes Jahr zuvor am selben Ort die Titelpartie bei der Uraufführung der Weberschen *Euryanthe* gesungen hatte, Caroline Unger, Anton Haitzinger und Joseph Seipelt. Die musikalische Direktion lag zwar in den Händen des Kapellmeisters Michael Umlauf, doch agierte Beethoven gleichzeitig als eine Art Nebendirigent. Der Anschlagzettel formulierte es diplomatisch: »Herr Ludwig van Beethoven selbst, wird an der Leitung des Ganzen Antheil nehmen.« Ein Mitwirkender jenes Konzertes vom 7. Mai, der Geiger Joseph Michael Böhm, erinnerte sich, daß die Blicke der Orchestermusiker jedoch ganz auf Michael Umlauf konzentriert waren, während Beethoven daneben »wie ein Wahnsinniger« gestikuliert habe. »Bald streckte er sich hoch empor, bald kauerte er bis zur Erde, er schlug mit Händen und Füßen herum als wollte er allein die sämtlichen Instrumente spielen, den ganzen Chor singen (...) Beethoven war so aufgeregt, daß er nichts sah, was um ihn vorging, daß er auf den Beifallssturm, den er freilich bei seiner Gehörschwäche kaum hören konnte, auch nicht einmal achtete. – Man mußte es ihm immer sagen, wenn es an der Zeit war, dem Publikum für den gespendeten Beifall zu danken, was Beethoven in linkischer Weise that. – Beethoven feierte einen großartigen Triumph.«

*

Beethovens d-Moll-Symphonie, genauer: deren Eingangssatz *Allegro ma non troppo, un poco maestoso* beginnt denkbar einfach und elementar, mit einem leeren Quintklang in den zweiten Violinen, den Celli und Hörnern, ein Schwebezustand, unbestimmt und formlos: Nichts ist gesagt und deshalb noch alles möglich. Die ersten 16 Takte, gewiß keine Introduktion im traditionellen Sinne, lassen vor unseren Ohren aus scheinbar zufällig niederzuckenden Quart- und Quintmotiven allmählich das Hauptthema entstehen. Und gleichzeitig baut sich nach und nach, unter dem Bogen eines Crescendos vom Pianissimo zum Fortissimo, das gesamte Orchester auf: Mit dem gleichermaßen lapidaren wie monumentalen Themenkopf in Takt 17 ist auch der Maximalzustand des Tutti erreicht. Wie in einer komprimierten Schöpfungsgeschichte gewinnt Beethoven aus dem ursprünglichen Chaos, dem »Nichts« der leeren Quinte die gestalthafte Ordnung eines Themas, das, umfangreich in jeder Hinsicht, die musikalischen Stilmerkmale des Pathetischen und Heroischen in sich vereint: die Moll-Tonart, den (doppelt) punktierten Rhythmus, die markanten Intervallfolgen, die mit gewichtigem Nachdruck durchmessenen Tonräume, die Instrumentierung mit Trompeten und Pauken:

Hans Mayer hat diesen Beginn der IX. Symphonie als »prometheische Anstrengung der Menschwerdung« gedeutet. Doch dessen Wiederkehr auf dem dramaturgischen und emotionalen Höhepunkt des Satzes – mit dem Eintritt der Reprise in Takt 301 – gerät mitnichten zur affirmativen Selbstfeier. Im Gegenteil: Was in den Anfangstakten nebelhaft und ungewiß klang, erscheint jetzt unter dem Donnergrollen der Pauken und Bässe zu einem grauenerregenden Triumph des Nichts, des zerstörerischen Chaos gesteigert. Als »Katastrophe«, als »Vernichtung«, »Zerschmetterung« und »Selbstzerfleischung« ist dieser Einbruch charakterisiert worden. »Es gäbe durchaus Gründe, hier gleichsam von einer ›Zurücknahme‹ der Eroica durch die Neunte Symphonie zu sprechen«, urteilt Hans Mayer, der die *Eroica* als »eine Apotheose der emanzipierten Menschheit« begreift. Trauermarschartig rhythmisierte Motive der Bläser beschließen den 1. Satz: Hatte Beethoven ein Menschheitsideal zu Grabe getragen?

*

Mit einem Knalleffekt – im buchstäblichen Sinne – eröffnet Beethoven den 2. Satz (*Molto vivace*): Nach einer zweimaligen Präsentation des Oktavsprungmotivs durch die Streicher setzt abrupt und verblüffend die Pauke ein. Eine Sopranistin, eine gewisse Frau Grebner, die in ihrer Jugend als Chorsängerin an der Uraufführung der IX. beteiligt war, entsann sich später in einem Gespräch mit dem Dirigenten Felix Weingartner der unmittelbaren Wirkung dieses Überraschungscoups auf das Auditorium: »Mitunter sei der Beifall während des Spieles losgebrochen. Als eines solchen Momentes erinnerte sich Frau Grebner des unvermuteten Eintritts der Pauke im Scherzo. Das hätte wie ein Blitz gewirkt und eine spontane Äußerung des Enthusiasmus erzeugt.« Und auf eben eine solche Reaktion war jenes Paukensolo auch berechnet. Den Prototypen für kalkulierte Effekte dieser Art finden wir in Haydns G-Dur-Symphonie (Hob. I/94), die für die Londoner Salomon-Konzerte geschrieben wurde: Dem plötzlichen und unerwarteten Einsatz des Orchestertutti im *Andante* verdankt die Symphonie ihren Beinamen *The Surprise*; im deutschen Sprachraum ist von der Symphonie »Mit dem Paukenschlag« die Rede. Das öffentliche bürgerliche Konzertleben, das sich in jenen Jahrzehnten formierte, verlangte nach Sensationen und Abwechslungsreichtum. Die Komponisten konnten es sich nicht leisten, ihr Publikum aus den Augen zu verlieren, und auch Beethoven ließ es sich nicht entgehen, seine Hörer in Erstaunen zu versetzen.

Durch die Plazierung an zweiter Stelle der Satzfolge scheint die enge Beziehung des Scherzos zum Finale, wie sie namentlich für Beethovens V. Symphonie entscheidend ist, aufgekündigt. Aber der erste Eindruck täuscht. Das Trio schafft mit seiner liedhaften, formelartig in sich kreisenden Melodik nicht bloß den Kontrast zu den tänzerisch belebten, rastlos vorwärtstreibenden *Molto vivace*-Abschnitten. Sein Thema weist mit der Tonart D-Dur, der bogenförmigen Melodieführung, dem geringen Ambitus und den kleinen Intervallschritten voraus auf die Freudenmelodie des Finales, des übernächsten Satzes:

Der Menschheitstraum, der in der »Katastrophe« des 1. Satzes zerstört schien, um im Trio-Thema erneut verheißungsvoll aufzuleuchten, jene Utopie einer harmonischen, friedlichen und liebevollen menschlichen Gemeinschaft, kennt zwei Denkrichtungen. Der Zukunftsvision (dem Ziel der IX. Symphonie: »Alle Menschen *werden* Brüder«) steht der Blick in die verklärte Vergangenheit, in ein unwiederbringlich versunkenes Goldenes Zeitalter gegenüber. Das *Adagio molto e cantabile*, das zwischen den entgegengesetzten Blöcken der ersten beiden und des letzten Satzes eine Abteilung ganz eigenen Rechts bildet, zeigt sich erfüllt von jener rückwärtsgewandten und melancholisch fundierten Sehnsucht nach dem »verlorenen Paradies«. Aus der Entstehungszeit der IX. sind auch Skizzen erhalten, die sich auf eine andere, die legendäre X. Symphonie beziehen: darunter Entwürfe für ein *Andante*, die unverkennbar auch den langsamen Satz der IX. charakteristisch beeinflußt haben. Beethoven hat sie mit einer bekenntnishaften Notiz kommentiert: »komm – komm –/ nimm mich ab zur Verklärung«. Ein programmatischer Schlüssel auch zum Verständnis der *Adagio*-Musik aus op. 125?

*

So eigenständig und ungebunden das *Adagio* auch im Gefüge der IX. Symphonie erscheint: In dessen Coda kündigt sich mit zwei Fanfaren, gewissermaßen Weckrufen, die den entrückten Zustand jäh durchbrechen, schon der Schlußsatz an – und seine aufrüttelnde Botschaft: »O Freunde, nicht diese Töne!« Ehe der Bariton im Finale mit jenen – von Beethoven erdachten – Worten einschreitet, ist dieselbe Ermahnung schon mehrfach zu hören gewesen. Unausgesprochen und doch unmißverständlich wird sie in den Instrumentalrezitativen beschworen, die auf die zitathaft eingeblendeten Reminiszenzen an die vorangegangenen

Sätze zurück- und zurechtweisend reagieren: »Nicht diese Töne! sondern angenehmere und freudenvollere.« Was hat Beethoven den ersten drei Sätzen, der »Selbstzerfleischung«, der entfesselten motorischen Raserei, der Resignation, entgegenzusetzen? Die Antwort, die er geben will und die er zunächst rein instrumental (in einem Thema mit Variationen) vorstellt, drängt zur Eindeutigkeit des Begriffs: »Freude!« Beethoven verläßt deshalb das angestammte Terrain der Symphonie, die absolute Musik, und wagt Anleihen bei der Kantate. Er öffnet das Finale für den menschlichen Gesang, das vertonte Wort. Er läßt den Chor und die Solisten Friedrich Schillers (1785 geschriebene, 1803 revidierte) Ode *An die Freude* vortragen – präziser gesagt: ausgewählte Strophen aus diesem Gedicht, die Beethoven zu neuem, konzentrierterem und schlüssigem Zusammenhang ordnet, um mit Schillers Worten zu sagen, was ihm selbst wesentlich war: »Alle Menschen werden Brüder« und »Überm Sternenzelt muß ein lieber Vater wohnen«.

Das erste gedankliche Zentrum, die Verbrüderung im Zeichen schrankenloser Freude, exponiert Beethoven mit einem Thema, dessen schlichte, eingängige, sozusagen zum Mitsingen anstiftende Melodik einen bewußt populären, somit verbindenden (und nicht elitär ausgrenzenden) Tonfall trifft. Es wird zuerst von Celli und Bässen eingeführt:

Der von Beethoven hochgeschätzte Musikschriftsteller Adolph Bernhard Marx schrieb dazu: »In den dumpfen Bässen geht die Weise (...) so dunkelheimlich und zutraulich still dahin, wie langverschüttete und übertäubte Jugenderinnerungen. Es ist wie ein halbvergessenes Lied, das man im Vorsichhinsummen sich wieder zusammensucht.« Die überwältigende, dynamische und klangliche Steigerungskurve, die das Thema in den sich anschließenden Variationen bis zum Zenit orchestraler Prachtentfaltung beschreibt, gleicht dem majestätischen Eindruck eines Sonnenaufgangs. Adolph Bernhard Marx interpretierte diesen Prozeß, diese Sammelbewegung der Orchesterstimmen, in einem biographischen Sinne: »Menschen! nur Menschen! in brüderlichem Verein, dunkel und anspruchslos, Arm in Arm mit ihnen dahinzuwandeln! Das ist sein [Beethovens] ganz Begehr jetzt, des Herrschens in menschenferner Abgeschiedenheit ist er so müde.« Wenn das Freudenthema nach diesen Instrumentalvariationen und dem Baritonrezitativ erneut erklingt – und diesmal gesungen vom Chor und den Solisten –, hat es seine eigentliche vokale Bestimmung erzielt. Und obendrein ist es nun den Hörern, den »Freunden« bereits bekannt und vertraut. Sein volkstümlich-einladender Charakter wird dadurch noch bestätigt.

Die vokale Exposition des Freudenthemas in drei variierten Strophen bricht ab mit einer machtvollen, die Grenzen menschlichen Fassungsvermögens übersteigenden Vision: »Und der Cherub steht vor Gott.« Aber erst nach dem folgenden *Alla Marcia* des Tenorsolos und der jubelnden Wiederholung der Freudenmelodie verkündet Beethoven in einem *Andante maestoso* die zweite zentrale Aussage des Chorfinales: »Brüder! überm Sternenzelt/ Muß ein lieber Vater wohnen.« Dem Abschnitt, der sich direkt anfügt (*Adagio ma non troppo, ma divoto*), liegen die Worte zugrunde: »Ihr stürzt nieder, Millionen?/Ahnest du den Schöpfer, Welt?/Such ihn überm Sternenzelt!/Über Sternen muß er wohnen.« Die sakrale Aura dieses *Adagio* etabliert Beethoven sogleich in den ersten Takten, einem Orchestervorspiel, dessen Instrumentation – ausgesparte Violinen, geteilte Bratschen, Celli, Flöten, Klarinetten und Fagotte in tiefer Lage – einen orgelähnlichen Klang erzeugt. Nach der beschwörenden Anrufung im Fortissimo (»Über Sternen muß er wohnen«) wird dieselbe Zeile im Pianissimo wiederholt, gleichsam verloren in der unendlichen Weite des Alls. Das Tremolo der Streicher und die Akkordrepetitionen der Holzbläser suggerieren das diffus-blinkende Sternenlicht; gleichzeitig vergegenwärtigen sie das Zittern und Erschaudern des Menschen angesichts der Allmacht Gottes. Diese »Stelle der neunten Symphonie Beethovens'«, bekannte Friedrich Nietzsche, mache »dem Denker das Herz schwer« und bringe selbst im Freigeist die »lange verstummte, ja zerrissene metaphysische Saite« zum Schwingen, wenn er sich »über der Erde in einem Sternendome schweben fühlt, mit dem Traume der Unsterblichkeit im Herzen: alle Sterne scheinen um ihn zu flimmern und die Erde immer tiefer hinabzusinken. – Wird er sich dieses Zustandes bewusst, so fühlt er wohl einen tiefen Stich im Herzen und seufzt nach dem Menschen, welcher ihm die verlorene Geliebte, nenne man sie nun Religion oder Metaphysik, zurückführe.«

War der 1. Satz der IX. Symphonie mit seiner »Vernichtung« des heroischen Hauptthemas und der Grabesmusik der Coda Ausdruck eines zutiefst pessimistischen Menschen- und Geschichtsbildes, so werden »diese Töne« im Finale wieder aufgehoben. In dem schon kurz erwähnten *Alla Marcia* – in den Skizzen als »türkische Musik« bezeichnet – vertonte Beethoven jene der Metaphorik des 19. Psalms nachempfundenen Verse Schillers: »Froh, wie seine Sonnen fliegen,/Durch des Himmels prächt'gen Plan,/Laufet, Brüder, eure Bahn,/Freudig, wie ein Held zum Siegen.« Was bei Schiller als Chorrefrain konzipiert war, überträgt Beethoven einem einzelnen, einem Vorsänger und Vorläufer. Die anderen, repräsentiert durch den Chor, schließen sich an: ein symbolischer Akt, in dem der Glaube an den unaufhaltsamen Fortschritt optimistisch bestärkt und der planmäßige Lauf des Menschen, sein Weg zum historischen Ziel einer vollkommenen Gesellschaft gefeiert werden. Denn konsequenterweise kulminiert der *Alla-Marcia*-Teil in der Wiederkehr des Freudenthemas: »Alle Menschen werden Brüder«, der Sieg ist errungen, das Ziel erreicht.

Derart ungebrochen utopisches Denken ist heute vielen fremd geworden, manchen sogar verdächtig. Kommt die »Katastrophe« des 1. Satzes unserer Realität nicht sehr viel näher, ließe sich fragen. Aber auch Beethovens Lebensumstände, die von Krankheit und sozialer Isolation bestimmten privaten wie die politischen der Metternich-Ära, waren wahrlich kein Anlaß zur »Freude«. Und doch zielt Beethovens IX. Symphonie gerade auf sie, die »Freude«, den »schönen Götterfunken«, die Verbrüderung der Millionen und den Glauben an den »lieben Vater überm Sternenzelt«. Wollen wir dagegen, am Ausgang eines von Kriegen und Diktaturen gezeichneten Jahrhunderts, entmutigt und desillusioniert, das Ende der Utopien ausrufen, Schillers und Beethovens Menschheitstraum beerdigen? O Freunde, nicht diese Töne!

Dokumente

»Mit Vergnügen nehme ich den Antrag an, eine neue Symphonie für die philharmonische Gesellschaft zu schreiben. Wenn auch das Honorar von Engländern nicht in Verhältnis mit den übrigen Nationen kann gebracht werden, so würde ich selbst umsonst für die ersten Künstler Europas schreiben, wäre ich nicht noch immer der arme Beethoven. Wäre ich nur in London, was wollte ich für die philharmonische Gesellschaft alles schreiben! Denn Beethoven kann schreiben, Gott sei Dank! – sonst freilich nichts in der Welt. Gibt mir nur Gott meine Gesundheit wieder, welche sich wenigstens gebessert hat, so kann ich allen den Anträgen von allen Orten Europas, ja sogar aus Nordamerika Genüge leisten und ich dürfte noch auf einen grünen Zweig kommen.«
(Brief an Ferdinand Ries vom 20. Dezember 1822)

»Ich danke nur oben dem über den Sternen, daß ich nun anfange, meine Augen wieder gebrauchen zu können. Ich schreibe jetzt eine neue Symphonie für England für die philharmonische Gesellschaft, und hoffe selbe in Zeit von 14 Tagen gänzlich vollendet zu haben. Lange kann ich meine Augen noch nicht anstrengen, daher bitte ich E. K. H., sich noch zu gedulden mit den Variationen von Höchstdenselben, welche mir allerliebst zu sein scheinen, aber doch eine genauere Durchsicht von mir erfordern.«
(Brief an Erzherzog Rudolph vom 1. Juli 1823)

»Ich beschuldige Sie nichts Schlechten bei der Akademie, aber Unklugheit und eigenmächtiges Handeln hat manches verdorben; überhaupt aber habe ich eine gewisse Furcht vor Ihnen, daß mir einmal ein großes Unglück durch Sie bevorsteht. – (...) überhaupt würde ich eher Ihre Dienste, die Sie mir erweisen, gern öfter mit einem kleinen Geschenke zu vergüten suchen, als mit dem Tische; (...) Kurzum ich liebe meine Freiheit zu sehr; es wird nicht fehlen, Sie manchmal einzuladen. – Für beständig ist es aber unmöglich, da meine ganze Ordnung hierdurch gestört wird. – (...) Was Freundschaft betrifft, so ist dies eine schwierige Aufgabe mit Ihnen, mein Wohl möchte ich Ihnen auf keinen Fall anvertrauen, da es Ihnen an Überlegung fehlt und Sie eigenmächtig handeln und ich Sie selbst früher schon auf eine nachteilige Weise für Sie kennen lernte, sowie andere auch; – ich gestehe es, die Reinigkeit

meines Charakters läßt es nicht zu, bloß Ihre Gefälligkeiten für mich durch Freundschaft zu vergelten, ob ich schon bereit bin, Ihnen gern zu dienen, was Ihr Wohl betrifft.«
(Beethoven an Anton Schindler im Jahr 1824)

»Beethoven dirigirte selbst, d. h. er stand vor einem Dirigentenpulte und fuhr wie ein Wahnsinniger hin und her. Bald streckte er sich hoch empor, bald kauerte er bis zur Erde, er schlug mit Händen und Füßen herum als wollte er allein die sämtlichen Instrumente spielen, den ganzen Chor singen. – Die eigentliche Leitung war in Duports [Böhm verwechselte ihn mit Michael Umlauf] Hand, wir Musiker sahen bloß auf dessen Taktstock. – Beethoven war so aufgeregt, daß er nichts sah, was um ihn vorging, daß er auf den Beifallssturm, den er freilich bei seiner Gehörschwäche kaum hören konnte, auch nicht einmal achtete. – Man mußte es ihm immer sagen, wenn es an der Zeit war, dem Publikum für den gespendeten Beifall zu danken, was Beethoven in linkischer Weise that. – Beethoven feierte einen großartigen Triumph, doch konnte auch dieser ihm nur vorübergehend genügen und erheitern! Seine Taubheit machte ihn höchst unglücklich, der Trübsinn, der ihn befangen hielt, wich nicht mehr von ihm. – Es war ein trauriges, herzzerreißendes Bild, diesen großen Geist so der Welt abgekehrt, verschlossen, mißtrauisch und in seiner Häuslichkeit vernachlässigt zu sehen.«
(Der Geiger Joseph Michael Böhm 1863 in der Brünner Zeitung, zitiert nach Alexander Wheelock Thayer)

Eine Chorsängerin (eine gewisse Frau Grebner), die bei der Uraufführung der IX. Symphonie mitwirkte, schilderte Beethoven *»als untersetzten, sehr robusten, etwas beleibten Mann mit gerötetem, pockennarbigem Gesicht und dunklen stechenden Augen. Die ergrauten Haare fielen ihm oft in dichten Strähnen über die Stirn. Seine Stimme sei ein sonorer Baß gewesen, gesprochen habe er aber nur wenig, meist sinnend in seiner Partitur gelesen. Man habe den tragischen Eindruck empfangen, daß er nicht imstande war, der Musik zu folgen. Trotzdem es den Anschein hatte, als lese er mit, blätterte er weiter, wenn die einzelnen Sätze schon zu Ende gespielt waren.«*
(Zitiert nach Felix Weingartner, Akkorde – Gesammelte Aufsätze, Leipzig 1912)

»Die Symphonie darf sich furchtlos mit ihren acht Geschwistern messen; verdunkelt wird sie bestimmt von keiner. Nur die Originalität zeugt für den Vater, sonst ist alles neu, und nie dagewesen. Der erste Satz ist ein trotzig kühnes Allegro in D moll, höchst geistreich erfunden, und mit ächter Athletenkraft ausgearbeitet. (...) Im Scherzo (gleichfalls D moll) treibt der ausgelassenste Muthwille sein arges Spiel; sämmtliche Instrumente wetteifern in der Neckerey, und ein brillanter Marsch in der frischen dur Tonart ist in der That ein ungemein reizendes Alternativ. Wer von dem Grundsatze ausgeht, dass wohl kein köstlicheres Andante ersonnen werden könne, als jenes der siebenten Symphonie, der höre dieses (in B) und er wird mindestens in seiner Behauptung zu wanken anfangen. (...) Einem niederschmetternden Donnerstreich vergleichbar kündet sich das Finale (D moll) an; (...) als aber endlich, nach einer Aufforderung des Solo-Basses, auch der volle Chor in majestätischer Pracht das Loblied der Freude anstimmt, da öffnet das frohe Herz sich weit dem Wonnegefühle des seeligen Genusses, und tausend Kehlen jauchzen: ›Heil! Heil! Heil! der göttlichen Tonkunst! Lob! Preis! und Dank deinem würdigsten hohen Priester!‹ – Ref. sitzt nun abgekühlt am Schreibepulte, doch unvergesslich wird ihm dieser Moment bleiben; Kunst und Wahrheit feyern hier ihren glänzendsten Triumph, und mit Fug und Recht könnte man sagen: non plus ultra! – Wem möchte es wohl gelingen, diese unnennbare Stelle noch zu überbieten?«
(Allgemeine musikalische Zeitung 1824, Spalten 437–442)

»In einem Nebel von hohen Worten«
Beethovens IX. Symphonie im Wandel der Gesinnungen

»Bis zum Jahre 1830 herrschte Mozart, und Beethoven vermochte nicht zu ganz allgemeiner Anerkennung zu gelangen. Die revolutionären Bewegungen brachten den Revolutionär Beethoven auf den Thron«, verkündete Franz Brendel in einem Artikel, mit dem er sich Anfang 1845 den Lesern der *Neuen Zeitschrift für Musik* als Nachfolger Robert Schumanns in der Leitung des Blattes vorstellte. Schon in seinen Dresdner Vorlesungen im Winter

1843/44 hatte Brendel nachdrücklich betont, »daß Beethoven in Sinn und Geist ein Republikaner gewesen« sei; und auch in den folgenden Jahren wurde er nicht müde, ihn als den Komponisten »der neuen Ideen von Freiheit und Gleichheit, Emancipation der Völker, Stände und Individuen« zu würdigen. Namentlich Beethovens IX. Symphonie glaubte er »mit allen Fragen der Zeit« assoziieren zu können: »Das Ideal der Zukunft ist diese rückhaltlose, unbedingte Hingebung an die Menschheit, dieser ächte Socialismus«; Beethoven habe »prophetisch ausgesprochen, wonach das Jahrhundert ringt, ein Himmelreich auf der Erde«.

Franz Brendel äußerte sich als Vertreter der »Fortschrittspartei«, einer musikästhetischen Richtung, die die Kunst nur als »Ausdruck und Spiegelbild der Zeit« gelten ließ und vom Komponisten verlangte, den überkommenen Standpunkt »alten, aristokratischen Empfindens« zu räumen und seine Werke der »Verbrüderung des Menschengeschlechtes« und der »Demokratie« zu widmen. Brendels Forderung nach einer Musik mit »demokratischer Gesinnung« provozierte den konservativen Schriftsteller Johann Schucht zu der polemischen Bitte, ihm »nur vier aristokratische und nur vier demokratische Takte als Beispiele« zu nennen. »Sie begreifen nicht, wie musikalische Kunstwerke aristokratische oder demokratische Gesinnungen ausdrücken können«, antwortete ihm empört Ernst Gottschald, ein Mitarbeiter Brendels, um mit dem Finale der IX. Symphonie sogleich das aus seiner Sicht schlagende Argument zu liefern: »Glauben Sie, daß Beethoven zu Schiller's Gedicht gegriffen, um blos einmal Gesang mit einer Symphonie zu verbinden? Finden Sie in diesen Tönen keine tiefere Bedeutung als in irgend einem Hymnus? Wenn er in gewichtigen Accorden singt: ›Seid umschlungen Millionen, diesen Kuß der ganzen Welt!‹ erkennen Sie in solchen Stimmungen gar keinen geistigen Zusammenhang mit den Ideen der modernen Demokratie, mit den Ideen der Freiheit, Gleichheit, Bruderliebe?«

Die Bedenken Johann Schuchts vermochte Gottschald gewiß nicht zu zerstreuen; doch bei gleichgesinnten und -gestimmten Zeitgenossen rannte er mit seinem Bekenntnis zum »Revolutionär« Beethoven offene Türen ein. Wenige Wochen vor dem Ausbruch der Barrikadenkämpfe des Mai 1849 studierte Richard Wagner die IX. in Dresden ein. Unter den Zuhörern der Generalprobe am 31. März befand sich auch der russische Anarchist Michail Bakunin, der am Schluß zum Podium kam und Orchester und Dirigent ermutigte, sie sollten, wenn beim nahen Weltenbrand auch alle Musik verlorenginge, für den Erhalt dieser Symphonie ihr Leben wagen. Als dann während der Kampfhandlungen, am 6. Mai, das Alte Dresdner Opernhaus ein Raub der Flammen wurde, erlebte Wagner, daß ihm einer der Aufständischen zurief: »Herr Kapellmeister, der Freude schöner Götterfunken hat gezündet, das morsche Gebäude ist in Grund und Boden verbrannt.« Dieses unerwartete Pathos habe auf ihn, bekennt Wagner rückblickend in seiner Autobiographie, »seltsam kräftigend und befreiend« gewirkt.

Der Komponist Hanns Eisler knüpfte folglich an eine lange Tradition der Beethoven-Deutung und -Vereinnahmung an, als er den 100. Todestag zum Anlaß nahm, Beethovens Musik als geistigen Besitz der »aufsteigenden Arbeiterklasse« zu beanspruchen. In der *Roten Fahne* vom März 1927 schrieb Eisler: »Und wenn dieser gewaltige Hymnus an die Freude aufbraust (...), dann kann und muß jeder klassenbewußte Arbeiter, mit Kraft und Zuversicht erfüllt, sich sagen können: Diese Töne, die schon jetzt uns, den noch kämpfenden Arbeitern, Energien zuführen, werden erst recht uns gehören, wenn wir über die jetzt herrschende Klasse gesiegt haben werden und den Millionenmassen der bis dahin Unterdrückten mit dem Triumphgesang Beethovens zujauchzen werden: ›Seid umschlungen, Millionen!‹« Die Arbeitermusikbewegung rückte die IX. ins Zentrum ihrer ehrgeizigen Konzerttätigkeit. Gerade im Jubiläumsjahr 1927 fand eine Vielzahl von Aufführungen der IX. Symphonie durch Arbeiterchöre statt, mit denen man sich – und dem Klassenfeind – die eigene musikalische Leistungsfähigkeit demonstrieren wollte (und wohl auch konnte, bedenkt man, daß unter den Dirigenten der Arbeiterchöre in den 1920er Jahren auch so prominente Musiker wie Erich Kleiber, Karl Muck, Hermann Scherchen und Anton Webern hervorragen). Auf die Initiative des Leipziger Arbeiterbildungsinstituts ging eine als »Friedens- und Freiheitsfeier« angekündigte Einstudierung der IX. zum Jahreswechsel 1918/19 zurück. Kein Geringerer als Arthur Nikisch dirigierte am 31. Dezember 1918 das Städtische Theater- und Gewandhausorchester und den durch Mitglieder des Bach- und des Riedelvereins verstärkten Gewandhauschor. Der Konzertbeginn in der Alberthalle des Kristallpalastes war auf 23 Uhr festgelegt, um den Anbruch des neuen, nach dem Ende des Krieges und der Monarchie mit größten Hoffnungen begrüßten Jahres mit Schillers Worten und Beethovens Freudenmelodie gebührend feiern zu können. Der historisch-symbolische Rang jener musikalischen Kundgebung spiegelt sich in den Kritiken wider. Nie sei die IX. Symphonie »so zeitgemäß gewesen wie heute«, hieß es im *Leipziger Tageblatt*, »wenn wir auch noch inmitten der Not, im wirren Chaos sind. Diejenigen, die in der Novemberrevolution die Erlösung erblicken, werden in ihrer Seele beim Lied an die Freude die Resonanz empfinden, die anderen werden ihre Sehnsucht nach der Lösung aller Wirrnisse, nach dem Frieden im Land in das Werk strömen lassen – ergreifen aber muß es heute alle, da wir zu keiner Zeit leidenschaftlicher um unser Schicksal rangen als jetzt.« Ideologisch eindeutiger äußerte sich der Redakteur der *Leipziger Volkszeitung*, dem das Konzert als Beweis dafür diente, daß in jener geschichtlichen Stunde das Proletariat das »Erbe der klassischen Geister des Bürgertums« angetreten habe: »Den leuchtenden Ausdruck jener Glanzzeit des menschlichen Geistes in Deutschland schuf in ihrem Ausgang Beethovens größtes Werk. So stand es jetzt am ersten Anfang eines neuen Zeitalters.« Die Idee, den Jahreswechsel mit einer Aufführung der IX. Symphonie Beethovens zu begehen, machte sich in der Zeit von 1927 bis 1932 auch die Berliner Volksbühne zu eigen. Mittlerweile sind Silvesterkonzerte mit der IX. als einzigem Programmpunkt zu einer (sinnentleerten) Gewohnheit erstarrt: ein alljährlicher Brauch, über dessen Ursprung in der Arbeitermusikbewegung sich nur die wenigsten im klaren sein dürften.

Beethovens d-Moll-Symphonie als eine Domäne der musikalischen und politischen Linken zu begreifen, wäre allerdings voreilig und einseitig. Eine ganz andere Welt- und Werksicht offenbart sich schlagartig etwa in jenem Feldpostbrief, den *Die Musik* zu Beginn des Ersten Weltkrieges dokumentierte und dessen Verfasser seinen »tatkräftigen Willen« bekundete, »einst siegreich und ohne Schatten des Hohnes der Welt den großen deutschen Freudenhymnus anzustimmen: ›Seid umschlungen, Millionen!‹« Der Musikhistoriker Hermann Abert behauptete denn auch, daß Beethovens »Kampf- und Heldensinfonien« – zu denen er die IX. zählte – »in den Tornistern unserer Feldgrauen zu finden waren«. Mit der nationalsozialistischen Machtergreifung wurde Beethoven dann apodiktisch zum »Symbol deutscher Selbstbehauptung« und zum »germanischen Meilensteinmenschen« erklärt, »geboren aus der Urkraft deutschen Menschentums«. Bei den Düsseldorfer Reichsmusiktagen von 1938 avancierte eine Aufführung der IX. zum Höhepunkt der Veranstaltung: »Es bedarf wohl keiner Beweisführung, warum der Gedanke, die große deutsche Musik der Vergangenheit auf den Reichsmusiktagen in erster Linie durch Beethovens Neunte Sinfonie repräsentieren zu lassen, ein besonders glücklicher ist«, kommentierte die *Zeitschrift für Musik*. Gleichwohl blieb Beethovens op. 125 mit seiner so gar nicht zeitgemäßen Botschaft »Alle Menschen werden Brüder« für das Dritte Reich ein heikler Fall, der unbedingt nach Klarstellung verlangte. 1941 erschien im *Stuttgarter Neuen Tageblatt* ein Beitrag von Hans Joachim Moser, in dem es hieß: »Sein ›Diesen Kuß der ganzen Welt‹ bedeutete alles andere als ein Fraternisierenwollen mit Hinz und Kunz (wie man es nachmals in Deutschlands roten Jahren allzugern mißverstanden hat), vielmehr ein glühendes Sichhingeben an die Vorstellung, den Wunschtraum, die Idee einer Menschheit schlechthin – und das war so deutsch wie möglich gedacht!« Wie in einem Brennglas bündelt sich der ganze ideologische Streit um den »Besitz« der IX. in jenen Zeilen, mit denen Hanns Eisler 1938 die Unvereinbarkeit der Beethovenschen Symphonie mit Propaganda und Realität der Nationalsozialisten unterstrich, um das Werk im selben Atemzug auf die moralisch richtige, im Klartext also auf seine Seite zu ziehen: »Die IX. Sinfonie von Beethoven endet bekanntlich mit dem Schlußchor: ›Alle Menschen werden Brüder‹ und ›Freiheit [!], schöner Götterfunken‹. Nun, können wirklich die Faschisten dieses Werk übernehmen? Bei ihnen müßten doch die Worte ganz anders lauten, nämlich so: ›Alle Menschen werden Brüder, mit Ausnahme sämtlicher Völker, deren Land wir annektieren wollen, mit Ausnahme der Juden, der Neger und vieler anderer.‹ Dieser Beethoven ist kein Zeuge für die faschistische Diktatur, aber er ist das Vorbild für den Antifaschisten, und der große Zeuge für die Wahrheit und die Gerechtigkeit unseres Kampfes.«

Mit der IX. auf die Barrikaden, mit der IX. an die Front, mit der IX. gut ins neue Jahr, mit der IX. die Völkerfreundschaft besiegeln, mit der IX. das Deutschtum bekräftigen, mit der IX. Europa besingen (1972 wurde die Freudenmelodie durch Beschluß des Ministerkomitees des Europarates zur »Europahymne« bestimmt; Herbert von Karajan arrangierte sie daraufhin für stark besetztes Blasorchester): Beethovens d-Moll-Symphonie ist wie kaum eine zweite Komposition der Musikgeschichte Gegenstand und Projektionsfläche politischer Ideale und Weltanschauungen geworden. Manifestiert sich in ihr die »Seele des Deutschen«? Spricht sie »aus den Herzen von Millionen werktätiger Menschen«? Feiert sie den Kampf gegen Tyrannei und Diktatur, wie Leonard Bernstein suggerierte, als er, nach dem Fall der Mauer, zum Weihnachtsfest 1989 Beethovens op. 125 unter dem Motto »Freiheit, schöner Götterfunken« in Berlin dirigierte? »Man hat die Neunte Symphonie in einen Nebel von hohen Worten und schmückenden Beiworten gehüllt«, schrieb Claude Debussy 1901 in der *Revue blanche*. »Sie ist – neben dem berühmten ›Lächeln der Mona Lisa‹, dem mit seltsamer Beharrlichkeit das Etikett ›geheimnisvoll‹ anhaftet – das Meisterwerk, über das am meisten Unsinn verbreitet wurde. Man muß sich nur wundern, daß es unter dem Wust von Geschreibe, den es hervorgerufen hat, nicht schon längst begraben liegt.«

Conclusio

»Das moralische Gesetz in uns, und der gestirnte
Himmel über uns«
Versuch über den Beethovenschen Ton
von August Gerstmeier

Mit dem »Beethovenschen Ton« ist Verschiedenes gemeint: Zunächst durchaus der konkrete Ton, dann aber – und hier bis ins Extrem gedacht – die gesamte Breite der Musik des Komponisten, schließlich wieder ihre Bündelung, so daß das Wesenhafte brennpunktartig aufscheint, gemäß der Vorstellung, daß im einzelnen das Ganze enthalten ist, und, umgekehrt, das Ganze lediglich als ideelle Verbreiterung des einzelnen erscheint.

Der Beethovensche Ton soll in seine Komponenten zerlegt werden, einem Lichtpunkt vergleichbar, der in seine Spektralfarben aufgefächert wird. Was Beethoven in ihn hineingelegt, in ihm zusammengedrängt hat, wurde in der Literatur mehrfach zu beschreiben versucht. So meint August Halm: »Der Eindruck des Persönlichen, des Gesichts, ist so stark, daß wir in einer Symphonie Beethovens mehr sehen als eine Existenzform von Musik, daß wir sie unwillkürlich als das Symbol einer bestimmten Art von Menschentum nehmen, wozu uns weder Mozart noch Haydn auch nur mit einer Symphonie veranlaßt« (Halm, S. 68). Halm ist der Ansicht, »daß Beethovens Musik in eigentümlicher Weise über das Musikalische hinausweist« (S. 71). Ähnliches konstatiert Ferruccio Busoni: »Das Menschliche tritt mit Beethoven zum erstenmal als Hauptargument in die Tonkunst, an Stelle des Formenspiels. Sogleich drängt sich die Frage auf, ob das einen Gewinn, eine Erhöhung für die Musik bedeuten könne, ob es die Aufgabe der Musik ist, menschlich zu sein, anstatt reinklanglich und schön-gestaltend zu bleiben« (Busoni, S. 174). Jacques Handschin faßt die Wirkung der Musik Beethovens folgendermaßen zusammen: »Und so fühlen wir hinter allem auch viel mehr den konkreten Menschen Beethoven, als wie es ehedem bei Künstlern der Fall war« (Handschin, S. 349).

Das Gemeinsame dieser Äußerungen liegt im Aufspüren des Personhaften, weiter gefaßt, des Menschlichen in Beethovens Musik. Offensichtlich schwingt in ihr etwas mit, das der Sphäre des subjektiven Ausdrucks zugehört. Daß die Musik Beethovens nicht einfach als klingendes Spiel gehört wurde, bezeugen zahlreiche Beinamen, insbesondere für die Klaviersonaten. Sie sind ein Symptom für das Bewußtsein, daß Beethovens Musik in hohem Maße mit der menschlichen Erlebniswelt kommuniziert und einer poetischen Idee entsprungen sein könnte. Der Biograph Anton Schindler berichtet über die Absicht Beethovens, im Zuge einer Neuausgabe seiner Klavierwerke bei Anton Diabelli »die verschiedenen Werken innewohnende *poetische Idee* anzugeben, von welcher sich der Tondichter leiten ließ« (Schindler, S. 451 ff.). Dieser Plan wurde jedoch nicht verwirklicht. Von Arnold Schering, der sich gewissermaßen als Vollstrecker dieses Vorhabens verstand, liegt eine große Anzahl von ausgearbeiteten literarischen Programmen vor, die verschiedenen Werken unterlegt sind (Schering, S. 45). Hierbei handelt es sich um den Versuch, die Vorlagen aufzuspüren bzw. zu rekonstruieren, die den Komponisten angeregt haben könnten. Schering ging es darum, »hinter den die Leitidee oder das Programm aufschließenden Schlüssel zu kommen« (Bekker, S. 77). Ein nicht zu unterschätzender Grund, über mögliche Programme zu den Werken Beethovens zu spekulieren, liegt in der von der Formenlehre abweichenden Gestaltung der Musik. Was innermusikalisch nicht hinreichend begründet werden konnte, mußte außermusikalische Ursachen haben. Gerade in der Instrumentalmusik wurde hinter der Abnormität der Formentfaltung ein verborgenes Programm vermutet, das der Erklärung dienen sollte. Auch Paul Bekker sieht darin eine Legitimation für musikalische Besonderheiten: »Wenn er vom Herkömmlichen abweicht, so tut er es nicht aus mutwilliger Laune, sondern unter dem Zwang einer dichterischen Idee. Sie ist für ihn oberstes formgebendes Prinzip« (Bekker, S. 77).

Derselbe Autor versucht an anderer Stelle die Werte zusammenzufassen, die durch Beethovens Musik vermittelt werden: »Freiheit in künstlerischer, politischer und persönlicher Hinsicht, Freiheit des Willens, des Handelns, des Glaubens, Freiheit des ganzen Individuums in all seinen Betätigungen äußerer und innerer Art« (Bekker, S. 89 f.).

Diese mehr ins Allgemeine gehende und besonders auf den Begriff der Freiheit gerichtete Charakterisierung der Botschaft von Beethovens Musik dürfte der Wahrheit weit näher kommen als ein detailliert ausgearbeitetes literarisches Programm.

Das Ganzheitlich-Menschliche, das der Musik Beethovens eignet, widersetzt sich einer genauen begrifflichen und bildlichen Festlegung. Sie würde einerseits die Breite der assoziativen Vorstellungskraft einengen, andererseits würde sie uns dazu zwingen, gerade das zu opfern, was die Musik auszeichnet: die Überschreitung bildlicher und sprachlicher Kategorien.

*

Der Ton Beethovens ist unter einem doppelten Gesichtspunkt zu sehen: als ein zahlenmäßig geordnetes dinghaftes Etwas und als Träger der menschlichen Ausdrucks- und Empfindungswelt.

Die erhaltenen Skizzen lassen erkennen, wie der Komponist an den Bausteinen feilt, bis sie in ihrer intervallisch und rhythmisch endgültigen Gestalt festgelegt sind. Hier gleichen die Töne einem vorstrukturierten Material, das der Handwerker bearbeitet. In diesem Fall gilt der erstaunliche Satz E.T.A. Hoffmanns über Beethoven: »Er trennt sein Ich von dem innern Reich der Töne und gebietet darüber als unumschränkter Herr« (Hoffmann, S. 37). Es werden autonome, von der Person unabhängige Gesetze der Musik zur Entfaltung gebracht. Sie zeigt sich uns als ein architektonisches Gebilde. Im Vergleich zu Werken anderer Komponisten seiner Zeit erweisen sich die Themen Beethovens als eher einfach, um nicht zu sagen: banal. Und doch entziehen sie sich der Ebene des Alltäglichen. Sie treten uns als etwas Elementares entgegen, als musikalisches Urgestein. Gleichzeitig bilden sie durch ihre rhythmisch prägnante Gestalt eine Art magnetisches Kraftfeld um sich.

Nun aber stoßen wir bei Beethoven auf ein weiteres Moment, eine andere Seite des Tons. Er wird zum Träger einer Botschaft. Der natürliche Ton nimmt, nachdem er durch die Hand des Komponisten gegangen ist, eine zweite Natur an. Er wird, tiefgreifender als bei Haydn oder Mozart, durch die menschliche Ausdruckswelt eingefärbt. Es scheint, als hätte er ein anderes spezifisches Gewicht, als fühlten wir darin die Schwerkraft der Person und, damit verbunden, ein ethisches Moment. Der Ton wirkt pathetischer als der von Beethovens Zeitgenossen.

Das absichtslose Spiel der Töne wird von einer neuartigen dramatischen Leidenschaft ergriffen. Der Ton verwandelt sich von einem klingenden, dinghaften Etwas in ein subjektives, beseeltes Wesen. Diese Beobachtung wird verstärkt durch den sprechenden Charakter. Bekker trifft etwas Richtiges mit der Feststellung: »Der Ton [Beethovens] hat den Sinn des Wortes aufgefangen, in sich aufgesogen (...) ohne die begriffliche Bestimmtheit des Wortes, ohne die durch das Wort bedingte feste Umgrenzung der Vorstellung« (Bekker, S. 77). Es ist der Gestus des Sprechens und Singens mit rein instrumentalen Mitteln. In der IX. Symphonie wird dieser latente Zusammenhang aufgedeckt, zugleich aber werden die Grenzen zwischen Musik und Sprache aufgezeigt. Im Kraftfeld der instrumentalen Sphäre droht der Sprache ihre Zerstörung durch das Zerschlagen der Worte in Einzelsilben. Sie gerät an die Grenze zur Auflösung in reines Klangmaterial. Gleichzeitig stoßen die Töne als eigenmächtig Erklingendes die Sprache als etwas ihnen Fremdes und letztlich Unübersetzbares zurück. Diese Grenzsituation gilt für den *Prestissimo*-Schlußteil der Symphonie ebenso wie für das *Presto molto* der Schlußszene des *Fidelio* (»Wer ein holdes Weib errungen«). Das Instrumentale bleibt bei aller idiomatischen Annäherung an die Wortsprache eine Sphäre sui generis, die aus der differentia specifica zwischen Musik und Sprache resultiert.

Beethoven erschließt die instrumentale Tonwelt in einem zuvor nicht gekannten Maße der menschlichen Ausdruckswelt. Die historischen Gründe für diese Haltungsänderung dürften wohl nicht allein im Willen des Komponisten liegen. Carl Philipp Emanuel Bach zählt zu den ersten Komponisten, die Beethoven hierin beeinflußten. Sah der Mensch sich zuvor in einen übergeordneten Naturzusammenhang eingebettet, so tritt er als im Kantschen Sinne mündig gewordenes Subjekt der nunmehr als objektiv wahrgenommenen Außenwelt gegenüber. Damit ist auch die Voraussetzung für eine dramatische Wirklichkeitsdarstellung gegeben. Beethoven ist ein Komponist des dramatischen Gestus und hat doch nur eine Oper vollendet. Der Schauplatz seiner Dramen ist in die Instrumentalformen verlegt, in Symphonie, Streichquartett und Sonate.

*

Eine weitere Ursache für die neue Tonsprache ist in der veränderten Stellung des Komponisten zu sehen. War er früher Bediensteter bei Hofe oder Kirche, hatte also demnach Auftragskompositionen für die entsprechenden Institutionen zu schreiben, so ist dieses Dienstverhältnis bei Beethoven gelöst. Entsprechend wurde die funktionale Bindung der Musik aufgehoben. Trat früher der Komponist im Dienst einer Gemeinschaft hinter der Funktion seiner Werke zurück, so tritt er jetzt als Subjekt vor die Gemeinschaft und wird damit auch als Person greifbar. Dieser Wandel spiegelt sich in der Musik. Im Falle Beethovens kann man von einer Zwischenstellung sprechen. Einerseits wird seine Musik noch getragen von der kunstliebenden Wiener Aristokratie, andererseits schreibt er bereits für das nachrevolutionäre breite Bürgertum. An die Stelle der Dienstfunktion tritt eine poetische oder ethische Intention, hinter der bekenntnishaft der Komponist steht.

So gesehen gehören Haydn und Mozart noch der höfischen Kultur an, dem Ancien régime. Ihre Musik wahrt bei aller Leidenschaftlichkeit des Ausdrucks stets die Grenzen des Schicklichen. Sie bleibt »höflich«. Mit der III. Symphonie, möglicherweise bereits mit dem Finalthema der II. Symphonie, überschreitet Beethoven diese Grenzen. Im Konversationsheft formuliert er 1820 seine Position in einem Bild: »Die Welt ist ein König, und sie will geschmeichelt seyn, soll sie sich günstig zeigen – Doch wahre Kunst ist eigensinnig, läßt sich nicht in schmeichelnde Formen zwängen.« Das Ethische tritt in Opposition zum Ästhetischen, das Wahre erscheint als eine dem Schönen übergeordnete Kategorie.

Beethovens Symphonien sind aus dem Gegenüber von Individuum und Gemeinschaft geboren. Der subjektiv gefärbte Ton tritt in ein Spannungsverhältnis zum vielschichtigen Gefüge der Partitur. Im Oboensolo nach der Reprise des 1. Satzes der V. Symphonie tritt der einzelne als sprechendes Wesen heraus aus der Gesamtheit. In der Hervorkehrung und Würdigung des Individuums liegt ein Gewinn. Wir staunen über die bezwingende Kraft dieser kurzen, kadenzierenden Kantilene, der das ganze Orchester lauscht und die inmitten der atemberaubenden Dramatik dieses Satzes wie eine Unendlichkeit währt. Zugleich aber ist das Klagende des Tons nicht zu überhören. In ihm vernehmen wir die Kehrseite der Individuation: Der Preis, den das selbstbestimmte Subjekt für das Heraustreten aus der Gemeinschaft zu entrichten hat, ist das Herausfallen aus der Gemeinschaft, ist Einsamkeit.

*

Wo steht Beethoven in der Musikgeschichte? Er wird zu Recht zu den Wiener Klassikern gezählt, markiert jedoch gleichzeitig die Epochengrenze zur Romantik, die in ihm ihr großes Vorbild sah. Die Bausteine seiner Musik erscheinen als Wahrnehmungsfragmente. Seine Kompositionen gleichen dem geistigen Akt des Menschen, der die in Einzelteile zerfallene Wirklichkeit sinnstiftend zu einem geschlossenen Ganzen zusammenfügt. Hierin unterscheiden sich die Werke Beethovens grundsätzlich vom kontinuierlich ableitenden Satz des Generalbaßzeitalters, der die Welt als homogenes Gebilde voraussetzt: Was dort vorausgesetzt wird, versucht Beethoven erst herzustellen. In seiner Musik steht das Rohe neben dem Fein-Ziselierten, das Harte neben dem Zarten. Die Ausgangslage ist eine immanent dramatische. Beethovens Werk ruht nicht auf dem metaphysischen Goldgrund einer *musica mundana*. Sie erscheint vielmehr als *musica humana*, verstanden als Darstellung des menschlichen Dramas, als der Zusammenprall von Geist und Natur, von Idealität und Realität. Ihr Ziel aber ist Ausgleich, Versöhnung, *harmonia* – und diese *harmonia* ereignet sich im einträchtigen Zusammenwirken gegensätzlicher Kräfte. Der oft heroisch anmutende, leidenschaftliche Kampf, von dem Beethovens Musik Zeugnis gibt, gilt der Restitution von *harmonia*. Mit ihr ist der Begriff der Musik schlechthin verknüpft, sie erweist sich bei Beethoven jedoch nicht als etwas Gegebenes, sondern als erst Aufgetragenes.

In der Zeit nach Beethoven tritt die Auseinandersetzung mit der objektiven Wirklichkeit zurück. Wir beobachten eine zunehmende Verselbständigung des subjektiven Ausdrucks. Durch die Darstellung der persönlichen Erlebnis- und Empfindungswelt schwindet die verbindliche Aussagekraft der Musik. Das Gefühl wird zu einem Genußmittel per se. Als Endpunkt wäre, etwa hundert Jahre nach Beethoven, die Musik Alexander Skrjabins anzusehen. Sie erntet die Früchte, die im Laufe des 19. Jahrhunderts herangewachsen sind. Ein autistischer Sensualismus sucht durch die Steigerung ins Rauschhaft-Ekstatische die Selbsterlösung.

In den Symphonien Beethovens rückt der Mensch ins Zentrum. Ihr Ton bezeugt den Menschen. Das Musikalische wird also nicht gesondert angesprochen, vielmehr tritt der Mensch als freiheitliches Wesen hervor, getragen von einer bis dahin unbekannten, scheinbar alles bezwingenden Willensenergie. Zur Freiheit tritt aber die Verantwortlichkeit und – als Resultat dieses Spannungsverhältnisses – das Gewissen, das wesentlich das Bewußtsein konstituiert und den Menschen als moralisches Wesen definiert. Die Symphonien verkörpern das Drama, in dem das Subjekt den Ausgleich mit der Gemeinschaft sucht. Die vollkommene Integration wird nicht als Vorgegebenes, sondern als Aufgetragenes erfahren. Um dieses Ziel zu erreichen, gilt es, die Kräfte des Willens zu mobilisieren. Hierin liegt ein wesentlicher Impuls für den kämpferisch-heroischen Zug der Beethovenschen Musik.

Der Ton in der Musik Beethovens verkörpert den Menschen als spielendes, empfindendes, aber auch als moralisch handelndes Wesen. Er ist in seiner naturstofflichen Gesetzlichkeit mit der subjektiven Ausdruckswelt des Menschen verbunden, die ihrerseits auf eine objektive Weltordnung gerichtet ist. Beide Sphären, die des Menschen (Ausdruck) und die der Natur (Tonspiel), werden in einem Satz Kants, »der bestirnte Himmel über mir und das moralische Gesetz in mir« (Kant, S. 186), komplementär einander gegenübergestellt. Diesen Satz hat Beethoven im Jahre 1820 leicht variiert in sein Konversationsheft eingetragen: »das moralische Gesetz in uns, und der gestirnte Himmel über uns«.

ÜBER DIE AUTOREN

Klaus Döge, 1951 in Schrobenhausen geboren, studierte Musikwissenschaft und Geschichte in Freiburg i.Br. (1993 Promotion über *Dvořák – Leben, Werke, Dokumente*); zunächst freischaffend als Herausgeber und Autor für Musikverlage, Rundfunk und Fernsehen tätig; heute Mitarbeiter an der Richard Wagner-Gesamtausgabe in München.

Martin Geck, geboren 1936 (1962 Promotion, 1974 Habilitation), ist seit 1976 Professor für Musikwissenschaft an der Universität Dortmund. Veröffentlichte viele Bücher und Aufsätze zur deutschen Musikgeschichte des 17. bis 19. Jahrhunderts mit den Forschungsschwerpunkten Bach, Beethoven und Wagner, zuletzt *Von Beethoven bis Mahler – Die Musik des deutschen Idealismus*. 1995 erscheint seine rororo-Bildmonographie *Beethoven*.

August Gerstmeier, geboren 1947 bei Donauwörth, studierte Schulmusik an der Münchner Musikhochschule sowie Musikwissenschaft, Germanistik und Philosophie an der Ludwig-Maximilians-Universität in München (1979/1980 Promotion über *Die Lieder Robert Schumanns*). 1980 Akademischer Rat für Musikwissenschaft an der Katholischen Universität Eichstätt; 1986 Habilitation und Ernennung zum Privatdozenten; seit 1988 Universitätsdozent in Tübingen.

Rüdiger Heinze wurde 1956 in Zwickau/Sachsen geboren. Studium an der Hochschule für Musik und Darstellende Kunst in Frankfurt am Main (Orchestermusik) und der Musikwissenschaft an der Universität Frankfurt am Main. Veröffentlichungen in Tageszeitungen, Fachzeitschriften und im Rundfunk. Seit 1983 Musikredakteur in Augsburg.

Michael Ladenburger, geboren 1953, studierte in Wien Musikwissenschaft und Kunstgeschichte an der Universität sowie Orgel an der Hochschule für Musik und Darstellende Kunst (1985 Dissertation zu *Justin Heinrich Knecht. Leben und Werk – thematischer Katalog*). Von 1982 bis 1984 arbeitete er in der österreichischen Sektion des Internationalen Quellenlexikons der Musik (RISM); seit 1984 Mitarbeiter des Beethoven-Hauses in Bonn (Kustos der Sammlungen).

Armin Raab, geboren 1956, studierte Musikwissenschaft, Theaterwissenschaft und Neuere Deutsche Literaturgeschichte in Erlangen. 1988

Promotion über *Funktionen des Unisono. Dargestellt an den Streichquartetten und Messen von Joseph Haydn*, danach Mitarbeit an der Beethoven-Gesamtausgabe; seit 1992 am Beethoven-Archiv in Bonn tätig.

Peter Rummenhöller, geboren 1936 in Wuppertal, studierte Musikwissenschaft, Germanistik und Philosophie. Er ist ausgebildeter Pianist. 1963 Promotion über *Moritz Hauptmann als Musiktheoretiker,* 1972 Berufung auf den Lehrstuhl für Musikwissenschaft der Pädagogischen Hochschule Berlin, seit 1980 Hochschule der Künste Berlin. Veröffentlichungen u. a. *Musiktheoretisches Denken im 19. Jahrhundert* (1967), *Einführung in die Musiksoziologie* (1978), *Die musikalische Vorklassik* (1983), *Romantik in der Musik* (1989). (Mit-)Herausgeber der *Zeitschrift für Musiktheorie (ZfMth)* und der *Neuen Berlinischen Musikzeitung (NBM).*

Wolf-Dieter Seiffert, geboren 1959 in Frankfurt am Main, studierte Musikwissenschaft, Neuere Deutsche Philologie und Philosophie an der Ludwig-Maximilians-Universität in München (1990 Promotion über *Mozarts frühe Streichquartette*); seither wissenschaftlicher Lektor beim G. Henle Verlag; Veröffentlichungen vorwiegend zur Musik Mozarts.

Doris Sennefelder, geboren 1966 in München, studierte Musik- und Theaterwissenschaften sowie Italienische Philologie an der Ludwig-Maximilians-Universität in München. Nach Hospitanzen und freier Mitarbeit u. a. in den Bereichen Musiktheater und Hörfunk seit 1992 redaktionelle Tätigkeit für die Klangkörper des Bayerischen Rundfunks.

Wolfgang Stähr, geboren 1964 in Berlin, lebt als freier Autor in seiner Heimatstadt; zahlreiche Beiträge für Programmpublikationen, Festspiele, Schallplattengesellschaften und Rundfunkanstalten; Radiosendungen u. a. über Haydn, Mozart, Schubert und Prokofjew.

Renate Ulm, 1957 bei Augsburg geboren, studierte Klavier in Augsburg, Musik- und Theaterwissenschaften sowie Lateinische Philologie des Mittelalters an der Ludwig-Maximilians-Universität in München. Seit ihrer Promotion (*Glucks Orpheus-Opern*) arbeitet sie als Redakteurin in der Hauptabteilung Musik des Bayerischen Rundfunks.

Egon Voss, geboren 1938 in Magdeburg, aufgewachsen in Ostwestfalen/ Lippe. Studium der Schulmusik in Detmold, Germanistik und Philosophie in Kiel und Münster sowie Musikwissenschaft in Köln, Kiel und Saarbrücken (Promotion 1968 mit *Studien zur Instrumentation Richard*

Wagners). Seit 1969 bei der Richard Wagner-Gesamtausgabe, zunächst als Redakteur und Bandbearbeiter, dann als Editionsleiter gemeinsam mit Carl Dahlhaus, schließlich als alleiniger Editionsleiter. Veröffentlichungen vor allem zu Wagner, zur Operngeschichte und zur Musikgeschichte des 19. und 20. Jahrhunderts.

LITERATUR

Adorno, Theodor W.: Beethoven – Philosophie der Musik, Fragmente und Texte, hrsg. von Rolf Tiedemann, Frankfurt am Main 2/1994
Ambros, August Wilhelm: Allerlei Beethoven'sche Humore, in: Bunte Blätter – Skizzen und Studien für Freunde der Musik und der bildenden Kunst, Leipzig 1874
Ansermet, Ernest: Die Grundlagen der Musik im menschlichen Bewußtsein, München-Zürich 1985 [französische Originalausgabe: 1961]
Appel, Bernd R.: Robert Schumanns Humoreske für Klavier op. 20. Zum musikalischen Humor in der ersten Hälfte des 19. Jahrhunderts unter besonderer Berücksichtigung des Formproblems, Saarbrücken 1981
Becking, Gustav: Studien zu Beethovens Personalstil – Das Scherzothema, Leipzig 1921
Beethoven, Ludwig van: Konversationshefte in 10 Bänden; hrsg. von Karl-Heinz Köhler, Dagmar Beck und Grita Herre, Leipzig 1968 ff.
Beethovens sämtliche Briefe, hrsg. von Emerich Kastner, überarbeitet von Julius Kapp, Leipzig 1923, Nachdruck Tutzing 1975
Bekker, Paul: Beethoven, Berlin 2/1912
Bernstein, Leonard: Freude an der Musik, München/Mainz 1985
Biba, Otto (Hrsg.): »Eben komme ich von Haydn...«, Georg August Griesingers Korrespondenz mit Joseph Haydns Verleger Breitkopf & Härtel, Zürich 1987
Bielitz, Matthias: Zur Geschichte des Anfangsmotivs der 5. Symphonie von Beethoven als Geschichte der kompositorischen Verwendung eines Archetyps elementarer musikalischer Gestaltbildung, in: Studien zur Musikwissenschaft, Bd. 39, 1988
Blume, Friedrich: Haydn und Beethoven – Bemerkungen zum Stand der Forschung, in: Kongreßbericht Bonn 1970
Bockholdt, Rudolf: Beethoven, VI. Symphonie F-Dur, op. 68, Pastorale (Werkmonographie), in: Meisterwerke der Musik, Heft 23, München 1981
Bockholdt, Rudolf: Proportion der Tempi und Metamorphose des Tempos im ersten Satz von Beethovens Vierter Symphonie, in: Cappella antiqua München, Festschrift zum 25jährigen Bestehen, Tutzing 1988, S. 127 ff.; zitiert nach dem Wiederabdruck in: Münchener Beethoven-Studien, München-Salzburg 1992
Boetticher, Wolfgang (Hrsg.): Robert Schumann in seinen Schriften und Briefen, eingeleitet und mit biographischen und kritischen Erläuterungen versehen von Wolfgang Boetticher, Berlin 1942
Brandenburg, Sieghard: Beethovens Skizzen zum zweiten Satz der 7. Symphonie, op. 92, in: Bericht über den Internationalen Musikwissenschaftlichen Kongreß Bonn 1970, hrsg. von Carl Dahlhaus, Hans Joachim Marx, Magda Marx-Weber, Günther Massenkeil, S. 355–357
Brandenburg, Sieghard: Ein Skizzenbuch Beethovens aus dem Jahre 1812 – Zur Chronologie des Petterschen Skizzenbuches, in: Beiträge zur Musikwissen-

schaft, Aufsätze und Annotationen zu Beethoven, hrsg. von Harry Goldschmidt, Berlin 1979, S. 117–148

Brandenburg, Sieghard: Once Again: On the Question of the Repeat of the Scherzo and Trio in Beethoven's Fifth Symphonie, in: L. Lockwood und P. Benjamin (Hrsg.), Beethoven Essays – Studies in Honor of Elliot Forbes, Cambridge, Mass. 1984

Brandenburg, Sieghard: Die Skizzen zur Neunten Symphonie, in: Zu Beethoven 2 – Aufsätze und Dokumente, hrsg. von Harry Goldschmidt, Berlin 1984

Bresch, Sigrid: Beethovens Reisen zu den böhmischen Bädern in den Jahren 1811 und 1812, in: Beethoven und Böhmen, Beiträge zu Biographie und Wirkungsgeschichte Beethovens, hrsg. von Sieghard Brandenburg und Martella Gutiérrez-Denhoff, Bonn 1988

Busoni, Ferruccio: Über Beethoven, in: Vom Wesen und Einheit der Musik, hrsg. von Joachim Herrmann, Berlin 1956

Cadenbach, Rainer: Mythos Beethoven (Ausstellungskatalog), Laaber 1986

Canisius, Claus: Beethoven – »Sehnsucht und Unruhe in der Musik« – Aspekte zu Leben und Werk, München 2/1992

Cholopow, Juri: Modulation und Formbildung – Zur Analyse des Allegretto scherzando aus der Sinfonie Nr. 8 F-Dur von Beethoven, in: Bericht über den Internationalen Beethovenkongreß Berlin 1977, hrsg. von Harry Goldschmidt, Leipzig 1978

Czerny, Carl: Erinnerungen aus meinem Leben, hrsg. von Walter Kolneder, Straßburg u. Baden-Baden 1968

Czernys Erinnerungen an Beethoven, hrsg. von Georg Schünemann, in: Neues Beethoven-Jahrbuch IX (1939)

Dahlhaus, Carl: Bemerkungen zu Beethovens 8. Symphonie, in: Schweizer Musikzeitung 110 (1970)

Dahlhaus, Carl: Beethovens »Neuer Weg«, in: Jahrbuch des Staatlichen Instituts für Musikforschung, Berlin 1974

Dahlhaus, Carl: Beethoven – IV. Symphonie B-Dur op. 60 (Meisterwerke der Musik, Heft 20), München 1979

Dahlhaus, Carl: Beethoven und seine Zeit, Laaber 3/1993

Debussy, Claude: Die »Neunte Symphonie«, in: Monsieur Croche, Sämtliche Schriften und Interviews, hrsg. von François Lesure, aus dem Französischen übertragen von Josef Häusler, Stuttgart 1974

De la Motte, Dieter: Scherzando für wen? Analyse des zweiten Satzes der 8. Sinfonie von Beethoven, in: Bericht über den Internationalen Beethovenkongreß Berlin 1977, hrsg. von Harry Goldschmidt, Leipzig 1978

Eichhorn, Andreas: Beethovens Neunte Symphonie – Die Geschichte ihrer Aufführung und Rezeption, Kassel 1993

Feder, Georg: Stilelemente Haydns in Beethovens Werken, in: Kongreßbericht Bonn 1970

Feil, Arnold: Zur Satztechnik in Beethovens Vierter Sinfonie, in: Archiv für Musikwissenschaft 16 (1959)

Fischer, Kurt von: Die Beziehungen von Form und Motiv in Beethovens Instrumentalwerken, Baden-Baden 2/1972

Forbes, Elliot (Hrsg.): Beethoven – Symphony No. 5 in C Minor, New York 1971

Frimmel, Theodor von: Beethoven-Handbuch, Leipzig 1926

Fuchs, Mechthild: »So pocht das Schicksal an die Pforte« – Untersuchungen und Vorschläge zur Rezeption sinfonischer Musik des 19. Jahrhunderts, München/Salzburg 1986

Gal, Hans: Die Stileigentümlichkeiten des jungen Beethoven, in: Studien zur Musikwissenschaft 4, 1916

Geck, Martin: Von Beethoven bis Mahler – Die Musik des deutschen Idealismus, Stuttgart/Weimar 1993

Geck, Martin/Schleuning, Peter: »Geschrieben auf Bonaparte« – Beethovens »Eroica«: Revolution, Reaktion, Rezeption, Reinbek 1989

Goldschmidt, Harry: Beethoven – Werkeinführungen, Leipzig 1975

Goldschmidt, Harry: »Und wenn Beethoven selber käme ...« – Weitere Aspekte zum Mälzelkanon, in: Zu Beethoven 2 – Aufsätze und Dokumente, hrsg. von Harry Goldschmidt, Berlin 1984

Goldschmidt, Harry: Die Erscheinung Beethoven (Beethoven-Studien I), Leipzig 2/1985

Grove, George: Beethoven and his Nine Symphonies, London 1898, deutsche Ausgabe, London 3/1906

Gülke, Peter: Introduktion als Widerspruch im System, in: Deutsches Jahrbuch der Musikwissenschaft für 1969

Gülke, Peter: Beethovens Bestimmung des Sinfonischen als Ausdruck seines Realismus, in: Internationaler Beethovenkongress Berlin 1970 (S. 349–358), hrsg. von Heinz Alfred Brockhaus und Konrad Niemann, Berlin 1971

Gülke, Peter: Zur Neuausgabe der Sinfonie Nr. 5 von Ludwig van Beethoven, Werk und Edition, Leipzig 1978

Gülke, Peter: Zum Allegretto der 8. Sinfonie, in: Bericht über den Internationalen Beethovenkongreß Berlin 1977, hrsg. von Harry Goldschmidt, Leipzig 1978

Halm, August: Beethoven, Berlin 1927

Hamann, Heinz Wolfgang: Zu Beethovens Pastoral-Sinfonie, in: Die Musikforschung XIV, 1961

Handschin, Jacques: Musikgeschichte im Überblick, Basel 1948, 2/1964

Hauschild, Peter: Beethoven, Sinfonie Nr. 6 (Editionsbericht), Leipzig/Dresden 1987

Hegel, Georg Wilhelm Friedrich: Vorlesungen über die Ästhetik, in: Theorie Werkausgabe, Band 13, Stuttgart 1970

Hess, Willi: Zum ursprünglichen Schluß des 1. Satzes von Beethovens achter Sinfonie, in: ders.: Beethoven-Studien, München/Duisburg 1972

Hill, Cecil: Early Versions of Beethoven's Second Symphony, in: Musicology 6, 1980 (Musicological Society of Australia)

Hitzig, Wilhelm: Die Briefe Joseph Wölfls an Breitkopf & Härtel, in: Der Bär, Jahrbuch von Breitkopf & Härtel auf das Jahr 1926, Leipzig 1926

Hoffmann, E. T. A.: Ludwig van Beethoven – 5. Symphonie, in: Schriften zur Musik, Aufsätze und Rezensionen, hrsg. von Friedrich Schnapp, Darmstadt 1978

Howell, Stanley: Der Mälzelkanon – eine weitere Fälschung Schindlers?, in: Zu Beethoven 2 – Aufsätze und Dokumente, hrsg. von Harry Goldschmidt, Berlin 1984

Huch, Felix: Beethoven – Roman, Ebenhausen 1958

Jalowetz, Heinrich: Beethoven's Jugendwerke in ihren melodischen Beziehungen zu Mozart, Haydn und Ph. E. Bach, in: Sammelbände der Internationalen Musikgesellschaft 12, 1911

John, Kathryn: Das Allegretto-Thema in op. 93, auf seine Skizzen befragt, in: Zu Beethoven 2 – Aufsätze und Dokumente, hrsg. von Harry Goldschmidt, Berlin 1984

Johnson, Douglas: The Beethoven Sketchbooks – History – Reconstruction – Inventary, Oxford 1985

Kant, Immanuel: Kritik der praktischen Vernunft, hrsg. von Karl Vorländer, Hamburg 1974

Kerman, Joseph: Taking the Fifth, in: H. Danuser u. a. (Hrsg.), Das musikalische Kunstwerk, Festschrift für Carl Dahlhaus, Laaber 1988

Kerman, Joseph/Tyson, Alan: Beethoven – The New Grove, Die großen Komponisten, hrsg. von Stanley Sadie, deutsche Redaktion von Uwe Schweikert, aus dem Englischen übersetzt von Annette Holoch, Stuttgart 1992

Kinsky, Georg/Halm, Hans: Das Werk Beethovens – Thematisch-Bibliographisches Verzeichnis seiner sämtlichen vollendeten Kompositionen von Georg Kinsky, nach dem Tode des Verfassers abgeschlossen und herausgegeben von Hans Halm, München 1955

Knowles, John Keith: The Sketches for the first Movement of Beethoven's seventh Symphony (Volumes I–III), Diss. Brandeis University 1984

Konold, Wulf: Einführung und Analyse zu: Ludwig van Beethoven, Sinfonie Nr. 5, Taschenpartitur, München/Mainz 1979

Kretzschmar, Hermann: L. v. Beethoven, F-dur-Sinfonie Nr. 8, in: Führer durch den Konzertsaal, I. Abteilung: Sinfonie und Suite Leipzig 4/1913

Kunze, Stefan: Ludwig van Beethoven – Die Werke im Spiegel seiner Zeit, gesammelte Konzertberichte und Rezensionen bis 1830, herausgegeben und eingeleitet von Stefan Kunze in Zusammenarbeit mit Theodor Schmid, Andreas Traub und Gerda Burkhard, Laaber 1987

Kunze, Stefan: Die Sinfonie im 18. Jahrhundert – Von der Opernsinfonie zur Konzertsinfonie, Handbuch der musikalischen Gattungen, hrsg. von Siegfried Mauser, Band 1, Laaber 1993

Laaff, Ernst: Der musikalische Humor in Beethovens achter Symphonie, in: Archiv für Musikwissenschaft 19/20 (1962/63)

Ladenburger, Michael: Der Wiener Kongreß im Spiegel der Musik, in: Beethoven – Zwischen Revolution und Restauration, hrsg. von Helga Lühning und Sieghard Brandenburg, Bonn 1989

Magnani, Luigi: Beethovens Konversationshefte, übersetzt von Ragni Maria Gschwend, München 1967

Marx, Adolph Bernhard: Ludwig van Beethoven, Leben und Schaffen, 2 Bände Berlin 1859

Mayer, Hans: Neunte Symphonie und Song of Joy, in: Ein Denkmal für Johannes Brahms – Versuche über Musik und Literatur, Frankfurt am Main 1983

Mersmann, Hans: Beethoven – Die Synthese der Stile, Berlin o.J. (1921) (= Kulturgeschichte der Musik in Einzeldarstellung, 1)

Mersmann, Hans: Musikhören, Potsdam 1938

Metzger, Heinz Klaus/Riehn, Rainer (Hrsg.): Beethoven – Das Problem der Interpretation, Musik-Konzepte 8, München 2/1985

Mies, Paul: Die Bedeutung der Pauke in den Werken Ludwig van Beethovens, in: Beethoven-Jahrbuch 1971/72, Bonn 1975

Müller, Erich H.: Beethoven und Simrock, in: Simrock-Jahrbuch II (1929)
Nef, Karl: Die neun Sinfonien Beethovens, Leipzig 1928, Nachdruck Wiesbaden 1970
Neitzel, Otto: Beethovens Symphonien, Köln 1924
Orel, Alfred: Der ursprüngliche Schluß des 1. Satzes in Beethovens VIII. Sinfonie, in: Schweizerische Musikzeitung 90 (1950)
Ortlepp, Ernst: Beethoven – Eine phantastische Charakteristik, Leipzig 1836
Osthoff, Wolfgang: Zum Vorstellungsgehalt des Allegretto in Beethovens 7. Symphonie, in: Archiv für Musikwissenschaft, Jg. 34, Heft 1, 1977
Reichardt, Johann Friedrich: Vertraute Briefe geschrieben auf einer Reise nach Wien und den österreichischen Staaten zu Ende des Jahres 1808 und zu Anfang 1809, 2 Bände, eingeleitet und erläutert von Gustav Gugitz, München 1915
Reinöhl, Fritz von: Neues zu Beethovens Lehrjahr bei Haydn, in: Neues Beethoven Jahrbuch 6, 1935
Rexroth, Dieter: Beethoven – Monographie, Mainz 1982
Ries, Ferdinand: Briefe und Dokumente, hrsg. von Cecil Hill, Bonn 1982
Riezler, Walter: Beethoven, Zürich 10/1971
Rosen, Charles: Der klassische Stil, Haydn – Mozart – Beethoven, München/ Kassel 1983
Rummenhöller, Peter: Die Funktion der langsamen Einleitung in Beethovens op. 13, ein Beitrag zum Problem der inneren und äußeren Form bei Beethoven, in: Bericht über den musikwissenschaftlichen Kongreß Bonn 1970, Kassel o.J. (1972)
Rummenhöller, Peter: Totale Durchführung – vorläufige Vollendung, zu Beethovens Dritter und Achter Symphonie, in: Spätlese, Abhandlungen aus der Pädagogischen Hochschule Berlin VII, Berlin 1980
Rummenhöller, Peter: Ludwig van Beethoven, in: Jahrbuch für Verstehende Tiefenpsychologie und Kulturanalyse, Berlin 3/1983
Sandberger, Adolf: Zu den geschichtlichen Voraussetzungen der Pastoralsinfonie, in: Ausgewählte Aufsätze zur Musikgeschichte, zweiter Band, München 1924
Sandberger, Adolf: Mehr Ausdruck der Empfindung als Malerei, in: Ausgewählte Aufsätze zur Musikgeschichte, zweiter Band, München 1924
Schenker, Heinrich: Beethoven: V. Sinfonie, in: Der Tonwille, Heft 1, 5 und 6, Wien 1921–1923
Schering, Arnold: Zur Sinndeutung der 4. und 5. Symphonie von Beethoven, in: Zeitschrift für Musikwissenschaft 16 (1934)
Schering, Arnold: Beethoven und die Dichtung – Mit einer Einleitung zur Geschichte und Ästhetik der Beethovendeutung, Berlin 1936
Schindler, Anton: Biographie von Ludwig van Beethoven, Münster 1860, Neudruck der 3. Auflage von 1860, Leipzig 1970
Schleuning, Peter: Das Uraufführungsdatum von Beethovens »Sinfonia eroica«, in: Die Musikforschung 44 (1991)
Schmidt-Görg, Joseph: Artikel »Beethoven«, in: Die Musik in Geschichte und Gegenwart. Allgemeine Enzyklopädie der Musik, Bd. 1, hrsg. von Friedrich Blume, Kassel 1949
Schmitt, Ulrich: Revolution im Konzertsaal – Zur Beethoven-Rezeption im 19. Jahrhundert, Mainz 1990

Schneider, Frank: Das Allegretto scherzando aus der 8. Sinfonie von Beethoven, in: Bericht über den Internationalen Beethovenkongreß Berlin 1977, hrsg. von Harry Goldschmidt, Leipzig 1978

Schneider, Herbert: Ludwig van Beethoven, 8. Sinfonie F-Dur, op. 93, Einführung und Analyse, Mainz/München 1981

Schröder, Heribert: Beethoven im Dritten Reich – Eine Materialsammlung, in: Beethoven und die Nachwelt, Materialien zur Wirkungsgeschichte Beethovens, hrsg. von Helmut Loos, Bonn 1986

Solomon, Maynard: Beethoven – Biographie, aus dem Amerikanischen übersetzt von Ulrike von Puttkamer, München 1979

Solomon, Maynard: Beethovens Tagebuch, hrsg. von Sieghard Brandenburg, Mainz 1990

Spiel, Hilde (Hrsg.): Der Wiener Kongreß in Augenzeugenberichten, Düsseldorf 1965

Spohr, Louis: Selbstbiographie von 1860, hrsg. von Eugen Schmitz, Kassel und Basel 1954

Strauss, Richard: Betrachtungen und Erinnerungen, Zürich 1949

Suder, Alexander L.: Ludwig van Beethoven, 1. Sinfonie C-Dur, op. 21, Werkeinführung und Analyse mit Partitur, Mainz/München 2/1988

Thayer, Alexander Wheelock: Chronologisches Verzeichnis der Werke Ludwig van Beethoven's, Berlin 1865

Thayer, Alexander Wheelock: Ludwig van Beethovens Leben (5 Bände), übersetzt von Hermann Deiters, bearbeitet von Hugo Riemann, Leipzig 1923, Neudruck Wiesbaden 1971

Tovey, Donald Francis: Essays in musical analysis – Symphonies and other orchestral works, Oxford 1981 (Neuausgabe der 1935–1939 veröffentlichten Essays)

Trémont: Une visite à Beethoven, in: Le Mercure Musical II (1906)

Tusa, Michael C.: Die authentischen Quellen der *Eroica*, in: Archiv für Musikwissenschaft 42 (1985)

Volek, Tomislav/Macek, Jaroslav: Beethoven's Rehearsals at the Lobkowitz's, in: The Musical Times (Februar 1986)

Voss, Egon: Zur Frage der Wiederholung von Scherzo und Trio in Beethovens fünfter Sinfonie, in: Die Musikforschung, Jg. 33, 1980

Wade, Rachel W.: Beethoven's Eroica Sketchbook, in: Fontes Artis Musicae 24 (1977)

Wagner, Richard: Das Kunstwerk der Zukunft (1849), zitiert nach: Richard Wagner, Dichtungen und Schriften, Jubiläumsausgabe in zehn Bänden, herausgegeben von Dieter Borchmeyer, Frankfurt am Main 1983

Wagner, Richard: Sämtliche Schriften und Dichtungen, Leipzig o.J.

Waltz, Matthias: Kontrastierende Werkpaare in Beethovens Symphonien, in: Archiv für Musikwissenschaft, 4/1986

Wasiliewski, Wilhelm Joseph von: Ludwig v. Beethoven, Leipzig 1888

Wegeler, Franz Gerhard/Ries, Ferdinand: Biographische Notizen über Ludwig van Beethoven, Koblenz 1838

Weingartner, Felix: Ratschläge für Aufführungen der Symphonien Beethovens, Leipzig 1906

Weinstock, Herbert: Rossini – Eine Biographie, aus dem Englischen übersetzt von Kurt Michaelis, Adliswil 1981

Westphal, Kurt: Vom Einfall zur Symphonie – Einblick in Beethovens Schaffensweise, Berlin 1965

Wieck, Friedrich: Über eine Aufführung von Beethovens VII. Symphonie, in: Klavier und Gesang, Leipzig 1853

Wörner, Karl Heinrich: Das Zeitalter der thematischen Prozesse in der Geschichte der Musik, Regensburg 1969

Zimmermann, Reinhold: Schindler über Beethovens 8. Symphonie, in: Neue Musikzeitung 42 (1921)

Zobeley, Fritz: Beethoven – Mit Selbstzeugnissen und Bilddokumenten, hrsg. von Kurt Kusenberg, Reinbek bei Hamburg 1965

Personenregister

Abercromby, General Sir Ralph 101
Abert, Hermann 261
Adam, Adolphe Charles 113
Albrechtsberger, Johann Georg 19, 74, 93, 194
d'Alembert, Jean Baptist le Rond 198
Alexander I., Zar aller Reußen 219, 221
Ambros, August Wilhelm 240
Ansermet, Ernest 133
Appel, Bernd R. 240
Artaria, Domenico III. 226

Bach, Anna Magdalena 72
Bach, Carl Philipp Emanuel 18, 59, 68, 70–75, 194, 267
Bach, Johann Christian 73
Bach, Johann Sebastian 11, 18, 59, 65f., 71ff., 116, 146, 170f., 194f.
Bakunin, Michail 260
Bartók, Béla 11
Becking, Gustav 95
Beethoven, Johann van [Vater] 17ff.
Beethoven, Johanna van, geb. Reiss [Schwägerin, Mutter des Neffen Karl] 23, 247
Beethoven, Karl van [Neffe] 23f., 247
Beethoven, Kaspar Anton Karl van [Bruder] 19f., 23, 80f., 101, 247
Beethoven, Louis van [Ludwig; Großvater] 17
Beethoven, Margarete van [Schwester] 19
Beethoven, Nikolaus Johann [Bruder] 19f., 24, 229, 245
Bekker, Paul 57, 125, 240, 265, 267
Berlioz, Hector 15, 145, 147, 198
Bernadotte, Jean Baptiste, später: Karl XIV. Johann König von Schweden und Norwegen 100
Bernard, Carl Joseph 28, 218
Bernstein, Leonard 263
Bertolini, Andreas 101
Bertuch, Carl 221
Blücher, Gebhard Leberecht Fürst von 218
Blume, Friedrich 96, 145
Bockholdt, Rudolf 128, 130, 190
Böhm, Joseph Michael 249, 257
Boetticher, Wolfgang 144
Bonaparte, Jérôme, König von Westfalen 21, 120, 165, 184

Bonaparte, Napoleon I., Kaiser von Frankreich 21f., 75, 100ff., 113–121, 169f., 175, 184, 212, 218, 223, 226
Boßler [Verlag] 195
Bouilly, Jean Nicolas 22
Brahms, Johannes 11, 57, 145, 147
Brandenburg, Sieghard 208, 227
Braun, Baron von 80
Breitkopf & Härtel [Verlag] 67, 71, 80, 101f., 119, 121, 125f., 141, 165, 183f., 194, 215, 228f., 245
Brendel, Franz 258f.
Brentano, Antonie von 22f., 27f., 229
Brentano, Bettina von 69
Brentano, Franz von 27f.
Breuning, Gerhard von 25
Breuning, Stephan von 24f., 78, 98, 231
Bridgetower, George Polgrin 118
Bruch, Max 157
Bruckner, Anton 127
Brunsvik, Franz von 123, 231f.
Brunsvik, Josephine von 22, 126
Brunsvik, Therese von 126
Bürkli, Georg 180
Burney, Charles 71, 73
Busoni, Ferruccio 264

Canisius, Claus 20
Castelli, Ignaz Franz 202
Castlereagh, Robert Stewart Viscount 219, 223
Clement, Franz 100f.
Cramolini, Eduard 202
Czerny, Carl 55, 71, 101, 120, 168f.

David, Jacques Louis 226
Dahlhaus, Carl 129, 134, 147, 168f.
Debussy, Claude 182, 263
Diabelli, Anton 60, 247, 265
Dressler, Ernst Christoph 59
Dürck, Friedrich 28
Dussek, Johann Ladislaus 216

Einstein, Albert 68
Eisler, Hanns 260, 262
Elisabeth Alexiewa, Zarin aller Reußen 221ff.
Engel, Johann Jakob 199
Esterházy, Nikolaus Fürst von 91, 123
Eybler, Josef 99

281

Feder, Georg 95f.
Feil, Arnold 134
Ferdinand IV., Prinz von Sizilien 221
Fischer, Gottfried 55
Franz I., Kaiser von Österreich 27, 218
Freystädtler, Franz Jacob 197f.
Friedrich I., König von Württemberg 219
Friedrich August I., König von Sachsen 219
Friedrich II., König von Preußen 73
Friedrich Wilhelm III., König von Preußen 219, 221, 246
Friedrich VI., König von Dänemark 219
Fries, Moritz Graf von 203, 223
Frimmel, Theodor von 95, 100
Füger, Friedrich Heinrich 78, 98
Fux, Johann Joseph 95

Gänsbacher, Johann 197
Gal, Hans 95
George (IV.), (Prinzregent) von England, König von Hannover 223
Geck, Martin 173, 212
Giuliani, Mauro 215
Gleichenstein, Ignaz von 150, 165
Gluck, Christoph Willibald Ritter von 142, 195, 197
Goethe, Johann Wolfgang von 20, 69f., 93, 175, 191, 194, 199, 217f., 229
Goldschmidt, Harry 85, 173, 232f.
Gossec, François Joseph 212
Gottschald, Ernst 259
Graff, Anton 98
Grebner, [Chorsängerin] 251, 257
Grillparzer, Franz 24f.
Grove, George 82, 88, 240
Gülke, Peter 162f., 175, 206, 209

Habeneck, François 31
Händel, Georg Friedrich 59, 65f., 73f., 142, 195
Härtel, Gottfried Christoph 183, 245
Haitzinger, Anton 249
Halm, August 264
Hamann, Heinz Wolfgang 198
Handschin, Jacques 264
Hardenberg, Karl August Fürst von 219
Hasse, Johann Adolph 72
Hauschild, Peter 190
Haydn, Joseph 19, 29–33, 35f., 39ff., 43, 47, 50, 55–60, 71, 73, 78, 86, 88, 90–96, 119, 123, 126, 144f., 182, 194f., 197f., 233, 246, 251, 266, 268
Hegel, Georg Wilhelm Friedrich 145
Hegi, Franz 179f.
Heine, Heinrich 59

Hess, Willi 230
Hill, Cecil 82
Höfel, Blasius 225f.
Hoffmann, Ernst Theodor Amadeus 266
Hoffmeister, Franz Anton 55, 66, 116f., 197
Homer 199
Hornemann, Christian 77f., 98
Humboldt, Wilhelm Freiherr von 219
Hummel, Johann Nepomuk 99, 215
Howell, Stanley 233

Jalowetz, Heinrich 95
John, Kathryn 232
Joseph II., Kaiser von Österreich 92

Kanka, Johann von 218, 222, 224
Kant, Immanuel 199, 267, 270
Karajan, Herbert von 263
Kinsky, Ferdinand Johann Nepomuk Fürst von 21, 150, 184, 218, 222, 224, 228
Kistner, Friedrich 245
Kleiber, Ernst 260
Klein, Franz 201f.
Klopstock, Friedrich Gottlieb 76
Knecht, Justin Heinrich 195f., 198
Knowles, John Keith 204, 210
Korff, Hermann August 69
Kraft, Anton 221
Kretzschmar, Hermann 148, 242
Kreutzer, Rodolphe 113, 118
Krommer, Franz 99
Kunze, Stefan 145

Laudon, Gideon Ernst Freiherr von 119
Lavater, Johann Kaspar 68, 71
Le Sueur, Jean-François 198
Letronne, Louis 226
Lichnowsky, Carl Fürst von 79, 81, 94, 123, 223
Lichnowsky, Moritz Graf von 120, 125, 219
Ligne, Karl Joseph Fürst von 220
Liszt, Franz 145, 176
Lobkowitz, Franz Joseph Maximilian Fürst von 21, 98, 100, 103, 113f., 118, 125, 150f., 165, 181, 184f., 192, 218
Ludwig XVIII., König von Frankreich 219

Mähler, Willibrord Joseph 27, 97ff., 123
Mälzel, Johann Nepomuk 23, 65, 214, 231ff.
Mahler, Gustav 127, 147, 188, 212
Malfatti, Anna von 150
Malfatti, Therese (Mutter) 150

Malfatti, Therese (Tochter) 150, 191
Maria Theresia, Kaiserin von Österreich 65
Marpurg, Friedrich Wilhelm 71
Marx, Adolph Bernhard 83, 253f.
Maximilian I., König von Bayern 27, 219
Maximilian Franz, Kurfürst und Erzbischof von Köln 18f., 92f.
Mayer, Hans 250
Mayseder, Joseph 215
Mendelssohn Bartholdy, Felix 11, 145, 147
Mersmann, Hans 213
Metternich, Klemens Wenzel Fürst von 218, 255
Milder-Hauptmann, Pauline Anna 238
Moser, Hans Joachim 262
Mozart, Leopold 91, 195f., 198
Mozart, Wolfgang Amadeus 11, 18f., 29, 32f., 35f., 39ff., 47, 50, 56–60, 66, 71, 73f., 85, 90–96, 126, 142, 144ff., 170, 188, 193f., 197, 258, 266, 268
Muck, Karl 260

Naegeli, Hans Georg 180
Napoleon I., s. Bonaparte
Neate, Charles 226
Neefe, Christian Gottlob 18, 74, 92, 199
Neesen, Joseph 55
Nef, Karl 133, 137f., 148, 209
Neidl, Johann Joseph 55
Neitzel, Otto 85
Nelson, Horatio Viscount 101
Neugaß, Isidor 78, 122f.
Nietzsche, Friedrich 254
Nikisch, Arthur 260
Nostitz, August Graf von 220

Obermeyer, Therese 229
Oliva, Franz 28
Oppersdorff, Franz Graf von 124f., 140f., 163
Orel, Alfred 229f.
Ortlepp, Ernst 114, 121
Osthoff, Wolfgang 207, 209
Ottenberg, Hans Günter 71

Paer, Ferdinando 142
Paul, Jean 105, 141, 240
Paumgartner, Bernhard 66
Peters, C.F. [Verlag] 24
Petter, Gustav Adolf 203, 227f.
Pfitzner, Hans 190
Pleyel, Ignaz Joseph 94, 216
Polledro, Giovanni Battista 229
Potter, Cypriano 82
Prokofjew, Sergej 11

Rasumowsky, Andreas Kyrillowitch Graf (später Fürst) von 22, 74, 126, 151, 165, 181, 184, 221f.
Reichardt, Johann Friedrich 71, 73, 192, 199
Rexroth, Dieter 18, 21ff.
Riedel, Karl Traugott 54f.
Ries, Ferdinand 21, 55, 80–83, 93, 102, 113f., 117f., 120f., 182, 256
Rochlitz, Friedrich 71, 248
Rossini, Gioacchino 17
Rouget de l'Isle, Claude Joseph 163
Rousseau, Jean-Jacques 196, 198
Rudolph, Erzherzog von Österreich 21, 150, 184, 203, 213, 218, 221, 230, 256

Salieri, Antonio 19, 99, 215
Salomon, Johann Peter 238
Sandberger, Adolf 195, 199
Schenk, Johann Baptist 19, 93
Scherchen, Hermann 260
Schering, Arnold 133, 265
Schikaneder, Emanuel 22
Schiller, Friedrich von 93, 133, 171, 175, 194, 253, 255, 259, 261
Schindler, Anton 25, 69, 94, 120f., 170, 177, 209, 231ff., 240, 245, 257, 265
Schlegel, Friedrich 75, 191
Schleuning, Peter 172f.
Schnorr von Carolsfeld, Ludwig Ferdinand 149f.
Schott [Verlag] 24, 55, 249
Schubart, Christian Friedrich Daniel 72, 199
Schubert, Franz 17, 84, 139, 145, 147, 170f.
Schucht, Johann 259
Schumann, Clara 211
Schumann, Robert 143ff., 147f., 161, 166, 182, 211, 258
Schuppanzigh, Ignaz 215
Seipelt, Joseph 249
Shakespeare, William 191
Siboni, Giuseppe 215, 238
Simrock, Nikolaus 82, 113, 117f., 226
Simrock, Peter Joseph 226
Simrock [Verlag] 24, 102
Skrjabin, Alexander 269
Sontag, Henriette 249
Spiel, Hilde 220f.
Spohr, Louis 145, 162, 215f.
Stadler, Maximilian (Abbé) 211
Stainhauser von Treuberg, Gandolph Ernst 54f.
Stieler, Joseph Karl 26ff.

Strauss, Richard 134, 182
Strawinsky, Igor 46, 53
Streicher, Johann Andreas 202
Streicher, Nannette 202
Sturm, Christoph Christian 199
Stutterheim, Joseph Baron von 24
Sulzer, Johann Georg 198
Swieten, Gerhard Baron van 65
Swieten, Gottfried Bernhard Baron van 56, 65f., 198

Talleyrand-Périgord, Charles-Maurice de 219
Thayer, Alexander Wheelock 83, 98, 101, 211, 229, 257
Tovey, Donald Francis 87
Treitschke, Georg Friedrich 217
Trémont, Baron L. von 120

Umlauf, Michael 249, 257
Unger, Caroline 249

Vanhal, Johann Baptist 99
Varena, Josef 229, 237
Vering, Julie von 98
Viganò, Salvatore 60
Vivaldi, Antonio 195
Vogler, Georg Joseph (Abbé) 195–198

Wagner, Cosima 176
Wagner, Richard 17, 146, 176, 178, 207, 259f.
Waldmüller, Ferdinand Georg 244f.
Waldstein, Friedrich Ernst Ferdinand Graf von Dux 19f., 58, 92, 132
Wallenstein, Albrecht von 171
Warhol, Andy 27
Weber, Carl Maria von 142, 145, 148, 211
Webern, Anton 260
Wegeler, Franz Gerhard 19, 28, 55, 80, 82f., 89, 93, 123
Weigl, Josef 99
Weingartner, Felix 139, 157, 251, 257
Weinmüller, Carl Friedrich 238
Weißenbach, Aloys 217
Wellesley, Arthur Herzog von Wellington 223
Wieck, Friedrich 211
Wiedebein, Gottlieb 118
Wild, Franz 223
Westphal, Kurt 80
Wölfl, Joseph 102

Young, Edward 68

Zimmermann, Reinhold 240
Zmeskall, Nikolaus von 215, 222f.

Bärenreiter Studienbücher Musik

Sprache und Musik
Geschichte · Gattungen · Analysemodelle

Eine Reihe praktischer Arbeitsbücher für Studenten, Dozenten, Schüler, Lehrer und Musiker.

Die Bücher eignen sich für das Selbststudium, als Begleitmaterial für Seminare und Orientierungshilfe und Stoffsammlung für Lehrer und Dozenten. Sie enthalten Übungsaufgaben zum Mit- und Weiterarbeiten, kommentierte Literaturverzeichnisse, Quellentexte sowie eine Fülle an Musikbeispielen.

Herausgegeben von Silke Leopold und Jutta Schmoll-Barthel.

Band 7	Walther Dürr: **Sprache und Musik** Geschichte - Gattungen - Analysemodelle
Band 6	Konrad Küster: **Das Konzert** Form und Forum der Virtuosität
Band 4	Clemens Kühn: **Analyse lernen** (2. Auflage 1994)
Band 3	Bernhard Meier: **Alte Tonarten** dargestellt an der Instrumentalmusik des 16. und 17. Jahrhunderts (2. Auflage 1994)
Band 2	Silke Leopold (Hg.): **Musikalische Metamorphosen Formen und Geschichte der Bearbeitung**
Band 1	Nicole Schwindt-Gross: **Musikwissenschaftliches Arbeiten** Hilfsmittel - Techniken - Aufgaben (2. Auflage 1993)

Die Reihe wird fortgesetzt.

Bärenreiter
Kassel · Basel · London · New York · Prag

Grundlagenbücher und »Gegendarstellungen«

Mathias Hansen
Arnold Schönberg
Ein Konzept der Moderne
240 Seiten, kartoniert
ISBN 3-7618-1146-2

Hier ist sie, die lang ersehnte Einführung in das kompositorische und theoretische Werk Schönbergs und darüber hinaus auch in eine Zeit und ein Kunstkonzept, das unser Jahrhundert prägt. Sachlich, klar verständlich und spannend geschrieben, wird das Buch sicherlich zum Standardwerk werden.

Christian Kaden
Des Lebens wilder Kreis
Musik im Zivilisationsprozeß
248 Seiten und 24 Tafeln mit Abbildungen, kartoniert.
ISBN 3-7618-1147-0

Ein provokativer, undogmatischer Gegenentwurf zur offiziellen Musikgeschichte, der die Grundlagen unseres Musikbegriffs in Frage stellt und zu eigener, kritischer Auseinandersetzung mit unserer (Musik-) Kultur und deren Alternativen herausfordern will.

Bärenreiter

Man hört nur, was man weiß

Alain Pâris:
Lexikon der Interpreten klassischer Musik im 20. Jahrhundert
dtv/BVK 3291

Ein umfassendes, zuverlässiges und aktuelles Lexikon für alle Liebhaber klassischer Musik: 2352 Biographien von Sängern, Instrumentalisten und Dirigenten, 615 Einträge zu Opernhäusern, Chören, Symphonieorchestern und Kammermusikensembles. Register mit rund 6000 Musikernamen, geordnet nach Instrument oder Stimmlage. Register der Orchester und Ensembles.

Rudolf Kloiber
Wulf Konold:
Handbuch der Oper
dtv/BVK 3297

Ein unentbehrliches Nachschlagewerk für alle Opernfreunde: das klassische Opernrepertoire in 270 ausführlichen Werkbeschreibungen, nach Komponisten geordnet. Es informiert über Handlung, Schauplätze und Spieldauer, über Solisten, Stimmfächer und Orchesterbesetzung, über die Textdichtung und den historischen Hintergrund. Anhang: Besetzungsfragen, historisch-stilistische Entwicklung der Oper, Literaturhinweise, Titelregister

Gerhard Dietel:
Musikgeschichte in Daten
dtv 3321/BVK 1174

Die ›Musikgeschichte in Daten‹ ist ein einzigartiges Nachschlagewerk: Die Werke der abendländischen Musikgeschichte werden in chronologischer Reihenfolge dargestellt. Die rund 3000 Einträge reichen vom 2. Jahrhundert bis 1993 und erläutern Entstehung, Überlieferung, Stil und Kompositionen. Mit Einführungen in die Epochen der Musikgeschichte und Personenregister.